SAMBA

Alios plants!
こどもプロジェクト
「あそび工房
2011.8.1(月) 14:00～16:0
カンティ―ネ会場
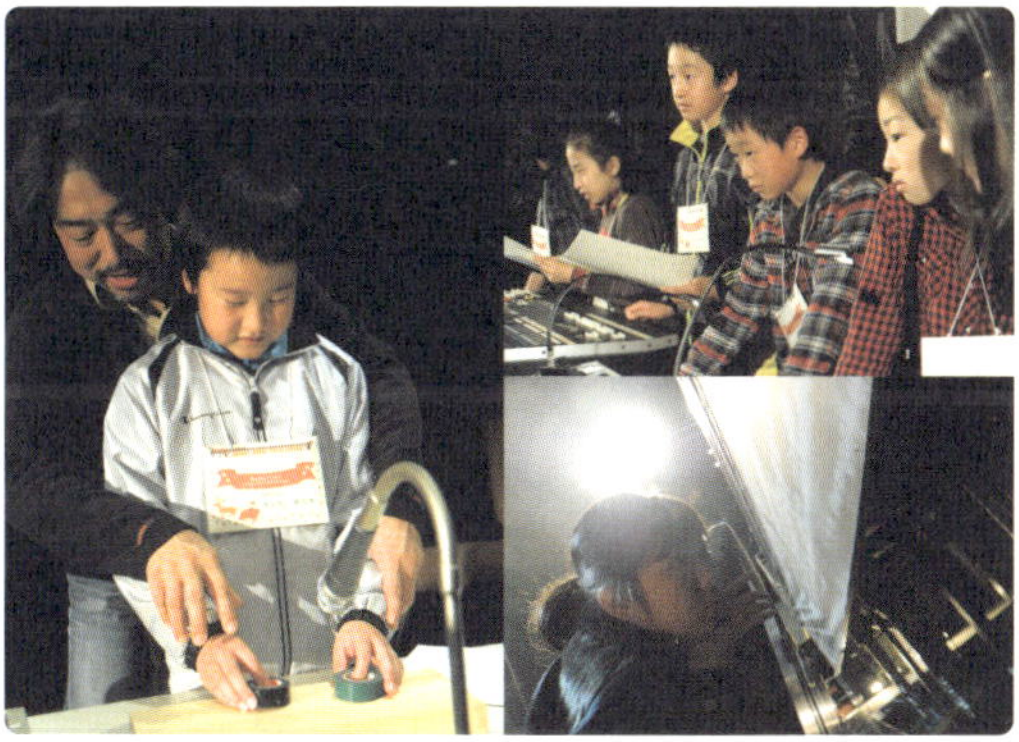

文化からの復興

市民と震災といわきアリオスと

ニッセイ基礎研究所
いわき芸術文化交流館アリオス

水曜社

震災の記録と記憶をとどめ、文化から未来を語るために

東日本大震災から1年と4カ月が過ぎた。

あの時、「震災前」と「震災後」では何かが変わるはずだ、という思いを多くの日本人が抱いたはずだ。今やその感覚は徐々に薄れ、被災地以外の場所では震災前と同じ空気が漂いつつある。しかし、津波で壊滅状態になった東北の沿岸部を訪ねれば、私たちがいまだ震災直後の時代を生きていることを否応なく突きつけられる。

記憶は時とともに色あせる。忘却は人間にとって都合の良い能力だ。でも、忘れてはならないこともある。震災で何が起き、その時人々は何を思い、どのように行動したのか。それを記録に残し、人々の記憶を後世に語り継ぐことは、震災に遭遇した我々の大きな責務だろう。それは、日本のどこかで同じような災害が起きたときの備えにもなるはずだ。

この本はそういう発想から誕生した。福島県いわき市に立地するいわき芸術文化交流館アリオスも震災で被害を受けた。最新の建築技術と設備を備えていたため、むしろ建物の被害は小さかった。それが幸いして震災直後から急遽、避難所となった。避難所が終息してほどなく、施設の閉館が続く中、市内の学校などにアーティストを派遣する「おでかけアリオス」を再開。震災前に築いた市民との連携から「アートおどろく いわき復興モヤモヤ会議」が立ち上がった。建物は眠っていても、この文化施設が培ってきたことが文化からの復興を強く押し進めた。その1年間をドキュメントに残せないか。それが本書の原点である。

ご存じのように1990年前後から、公立文化施設は全国各地に乱立した。建物は立派でも、事業や運営が十全な施設は限られている。税金の無駄遣い、「ハコもの」批判の目が向けられた。でもすべて

の施設がそれに当てはまるわけではない。90年代半ばから、芸術監督やプロデューサーを置き、新しい舞台作品の制作や音楽公演を積極的に実施する館が各地に開館した。いわきアリオスは、そうした流れの中で誕生した。東北随一の規模と設備を誇る公立の劇場・ホール複合施設だ。

しかし、大都市に立地し「創造型」と呼ばれる劇場といわきアリオスは必ずしも同じ方向を向いていない。芸術専門施設としての活動よりも、いわきという地域とそこに暮らす市民にとっていかに役立つ施設になれるか、それが最優先されている。大石時雄支配人がいわきアリオスを「巨大な集会所」と断言するのはそのためである。そうした運営方針に基づいて震災前から蓄積してきた地域や市民との関係が、この施設を核にした文化からの復興につながっている。

政府の「東日本大震災復興構想会議」が2011年6月にまとめた「復興への提言~悲惨のなかの希望~」でも、「地域における文化の復興」に一節が割かれている。そこに「地域における文化は、順境にあってのみ育つものではない。逆境の只中に立ち尽くすことによって、地域の文化の底力は試されるのだ」というくだりがある。その指摘のとおり、被災地では東北の芸能やお祭りの復興に情熱が注がれ、地域や住民の誇りと連帯に結びついている。

被災地にかけつけ、泥かきをしながらアートならではの復興活動に取り組むアーティストやNPOたちの活動も見逃せない。そんな中、各地の公立文化施設はどんな役割を担うことができるのか、それが厳しく問われている。

そうした問いにも答えられるよう、本書は4部構成とした。第1部はいわきアリオスの震災からの1年間を、現場の声に基づいてドキュメントにまとめた。第2部では、いわきアリオスと地域をつなぐユニークな取り組み「アリオス・プランツ!」の実践を振り返り、そこから生まれた市民の復興会議を紹介した。第3部では、いわきアリオスを含め、東北3県の主要な文化施設のキーパーソンに集まっていただき、各地の文化による復興の取り組みやこれからの文化施設のあるべき姿について座談会を開催した。そして第4部では、いわきアリオスの創設のねらいに立ち戻りつつ、未来に向けた文化からの復興の意味を考察した。

ニッセイ基礎研究所は、芸術文化プロジェクト室長の吉本光宏を中心に、2004年からいわきアリオスのパートナーとしての業務に従事してきた。開館前は事業・運営計画の策定を、開館後はマーケティングや事業運営評価の調査をお手伝いしている。研究所ならではの方法で震災復興に貢献したい、という思いを快く受け入れ、本書の企画に賛同して共同編著者となっていただいた大河原薫館長をはじめ、いわきアリオスの方々に心からお礼申し上げたい。

8年間の我々のパートナーシップの成果である本書が、全国の公立文化施設や芸術文化に携わる方々ばかりか、震災復興や文化による地域づくりに取り組むすべての方にとってなにがしかの参考になれば、この上ない喜びである。

2012年7月

ニッセイ基礎研究所

目　次

震災の記録と記憶をとどめ、文化から未来を語るために

第1部　いわきアリオスと震災復興の1年

第2部　市民とアリオス
対話と実践から生まれたもの——

※第１部いわきアリオスのスタッフは敬称略、全体の肩書きは２０１２年３月現在のものです。

第1部　いわきアリオスと震災復興の1年

2011年3月11日に発生した東日本大震災は、東北地方最大規模のアートセンター「いわき芸術文化交流館アリオス」の運命も変えた。最新鋭の舞台設備を有する施設は、震災のその日から「避難所」として周辺の住民を受け入れ、福島第一原子力発電所から約40キロに位置する施設ならではの緊迫した状況に直面する。さらに、4月11、12日に発生した本震と同レベルの余震では、隣接するいわき市役所本庁舎が大きな被害を受け、施設内にはいわき市の「分庁舎」が開設された。

56日間にわたる避難所としての役割を終えた後も、再オープンへの道のりは決して平坦だったとは言えない。約2000枚、1500万円にのぼるチケット料金や、約550件、1000万円に達した施設使用料の払い戻し、改修工事と施設ごとの再オープン日のパズルのようなスケジュール調整、100時間をかけて準備した防災訓練と防災マニュアルの改訂……。

しかし、施設が使えなくてもいわきアリオスの活動は停滞していたわけではない。6月にはいわき市内の学校や、市民のもとに本物の舞台芸術を届ける看板事業「おでかけアリオス」を再開。被災した子どもたちや先生方にとって、それがどれほど大きな意味を持つものだったか、コミュニティサービス担当の証言が物語る。そして迎えた11月1日の全館再オープン、それは、いわきアリオスが迎える3回目のオープニングであった。

震災を経験するなかで、いわきアリオスは、アートは、地域のなかでどんな役割を果たしたのか？ 第1部では、震災当日からかつてない日々の連続だったいわきアリオスの1年間を、「あの日」館内にいたスタッフの視点で報告する。

1 〝避難所いわきアリオス〟開設まで

200万人目のメモリアル・デーの予定が……

2011年3月11日、金曜日。

その日、いわき芸術文化交流館アリオスでは、[1][2]2008年4月8日に第一次オープンをしてからの来館者数が200万人に達する記念日を迎えるはずだった。

午後に入り、施設を管理する中央監視室にある人流計測のカウンターは、199万9850人を超えた。市内のマスコミへのプレスリリースも準備を終え、あとはその記念すべき来館者を待つのみだった。

いわきアリオスは、4つのホール・劇場系施設と、16の練習施設のほか、キッズルームやフリーの交流スペース、レストランやショップを抱える複合文化施設である。

この日、館内のホール・劇場系施設を使ったイベントの予定は入っていなかった。大ホールではステージ上で2台のピアノの保守点検作業を行っていた。中劇場では照明機材の点検。そして小劇場では照明の仕込みをしていた。10日後に本番を控えた、市民参加で本格的なシェイクスピア作品を上演する演劇プロジェクト「いわきでつくるシェイクスピア『から騒ぎ』」の公演準備のためである。来館者は、別館の練習室で合唱の稽古をしていた十数人と、フリースペースにいた数人。あとはレストラン、カフェ、ショップの店員に、清掃と施設管理のスタッフに警備員、それに事務所のスタッフ。合計約100人が館内にいた。普段よりは少ない人数だった。

順当にいけば、夕方にはラウンジで勉強する高校生のグループやレストラン利用者が訪

1　いわきアリオス概要
〔名称〕いわき芸術文化交流館アリオス
Iwaki Performing Arts Center “Alios”
〔開館〕第1次オープン：2008年4月8日
グランドオープン：2009年5月2日
〔所在地〕福島県いわき市平字三崎1番地の6
敷地面積：約11,228㎡、延床面積：約27,547㎡
（地下2階・地上6階）
〔施設構成〕本館：大ホール、中劇場、小劇場、大・中リハーサル室、スタジオ（4部屋）、カスケード（交流ロビー）、カンティーネ、レストラン、ショップ（2店舗）、カフェ、総合案内
別館：音楽小ホール、小練習室（4部屋）、中練習室（2部屋）、稽古場（4部屋）

2　アリオス
いわきアリオスの愛称「Alios」は、「A=Art」「L=Life」「I=Information」「O=Oasis」「S=Sightseeing」の頭文字を組み合わせた造語。

れ、「そのとき」を迎えるはずだった。

14時46分。

長い地響きとともに、そこにいる誰もが経験したことがない揺れが襲った。腰が砕け、とても立っていられる状態ではなく、建物が地面から剥がされ滑っているような横揺れが、数分間続いた。

1階でもこうだった。4階の小劇場はどうだったのか。

「吊ってあった照明の灯体の一つひとつが、不規則にくるくる回っていました。客席部分にいたら、おそらく吹き飛ばされるような揺れだったと思いますね」

小劇場で作業をしていた照明スタッフの芳賀《はが》敦子《あつこ》はそう振り返った。

すぐに事務所のテレビがつけられた。福島県浜通りは震度6弱と、ＮＨＫテレビが報じていた。

尋常ではないことが起きた。とにかく避難だ！　揺れが収まると、事務所のスタッフは館内に散り、お客さまや店員たちを全員、館の正面玄関に隣接する平《たいら》中央公園へと誘導した。

10分後にはすべての避難を終えた。幸いケガ人はいなかった。

やがて隣のいわき市役所や周辺の庁舎からも職員が続々と避難してきた。築38年、8階建ての市役所には約1000人の職員が勤務していた。公園には周辺の住民も集まり、またたく間に黒山の人だかりとなった。

この日のいわき市の最高気温は9度、曇り。3月とはいえ、外は真冬の寒さだ。避難した人々は、着の身着のままで外に出てきていた。みな両手で体をさすり、足踏みしながら、互いの無事を確認しあっていた。だがその後も強い余震が続き、建物の大きなガラスが震えると、そのたびに悲鳴に近い声があがった。

いわきアリオスの外観
（Photo：株式会社ナカサアンドパートナーズ）

やがて「トイレに行きたい」「練習室に荷物を取りに行きたい」という声が聞こえ始めた。この時点でいわき市内は断水が始まっていたが、雨水を貯めて使用している館内のトイレは使用できる。安全が確認できた1階ショップ前のトイレでの受け入れを決めた。人々は、店内の商品が散乱している店の前に並び始め、公園前まで100人以上の列ができた。

本震から1時間ほど経過したころ、雨が降り始めた。ほどなくして、それはみぞれ混じりの雪に変わった。

それまでに、事務所にいた男性舞台スタッフを中心に、館内のフリースペース部分（普段自由に入れる場所）の安全確認を行っていた。また、大ホールの舞台に出しっ放しになっていたスタインウェイのグランドピアノを収納しに走った。ピアノは、揺れのせいで1台がステージの端までスライドしていたという。そして、目視点検で安全の確認がとれた1～2階のフリースペースに、避難者を受け入れることを決めた。

館長の大《おお》河《か》原《わら》薫《かおる》が拡声器で「これより、安全が確認できた館内に、みなさまをご案内します。自宅へ帰ることができる方は、どうか気をつけてお帰りください。また自宅へ帰れない方、ご家族等と連絡がつかない方は、館内でお待ちください」と告げた。1～2階のスペースが、あっという間に人でいっぱいになった。事務所内にはテレビがあり、利用可能な固定電話があり、インターネット環境が生きており、安全な施設ということで、隣の市役所から、作業服を着た市職員も数多くつめかけた。事務所のあちこちで市内の地図を広げ、今後の対応を協議し始めた。一時期、災害対策本部が館内に設置されるという話も浮上した。いわきアリオス内部も、にわかに非常事態の色彩が濃くなった。アリオスはこの時点で、3月11日の営業を終了し、臨時休館することを決めた。

アリオスの宣伝・営業担当、佐《さ》藤《とう》仁宣《よしのり》は、翌3月12日（土）にチケットの発売を控えた公

舗装部分が隆起した入口付近
（2011年３月16日撮影）

演と、週末に本番を迎えるコンサートの扱いを検討しなければならなかった。いわき市出身のメンバーが所属する人気バンド、Ａｑｕａ《アクア》 Ｔｉｍｅｚ《タイムズ》のコンサートの先行予約のほかにも、発売を予定している公演があった。翌日のことなので、各事務所の営業が終了する18時までには結論を出したいが、東京の主催者も、仙台のイベント会社も、青森に本社のあるチケット管理業者も、電話はどこもつながらない。ファクスもだめ。「仙台、震度7ですよ。それどころの話ではないでしょう。うちだけの判断で発売延期を決め、アナウンスするしかないですね。事後承諾で」

いわきだけでない。東北全体で事態は深刻だった。18時前に、いわきアリオスは、「当面の間の臨時休館」を決め、「チケットの発売延期」を発表した。

館内の電話は何回に1回しか通じなくなっていた。スタッフのなかには、東京に帰省中の者、出張中の者もおり、全員の安否が確認できたのは翌日になってからであった。

「避難所いわきアリオス」開設へ

そのころ事務所に1本の電話がかかってきた。

「いわきアリオスが避難所になっていると聞いたが、そちらに行ってもよいか?」

寝耳に水の話だった。

たしかに館に隣接している平中央公園は市の避難所に指定されていたが、アリオスはその時点で「避難所」ではなかった。あくまで一時待機所であった。しかし電話の主は、「宿泊している施設から、建物が危険なので、アリオスに避難するように指示された」と言う。

その電話からほどなく、館内には布団や当面の生活用具を抱えた周辺住民の方々が押し寄せてきた。

すでにスタッフは、もし避難所となった場合に避難してきた住民の滞在場所をどこに確保するか、シミュレーションだけは行っていた。目視点検で安全が確認され、大人数が収容可能なスペースとしては、館の中央にある2階のカスケード（交流スペース）がある。しかし吹き抜けの6階の天窓はガラス製で、万が一のことを考えると難しい。ホールの楽屋部分？　頑丈な別館の音楽小ホールの椅子を取り払うか？　いや、避難者全員にすぐに声が届く位置がいいだろう。結局、2階の大ホールと中劇場のホワイエ（ロビー）部分を開放することに決めた。事務所からも近く、床はじゅうたん敷きで、大きなガラス窓があるが、危険は少ないと判断したためだ。貯水槽に限界があるから、使用できるトイレは大ホールのトイレに限定しよう……。

「じゃあ、舞台用のパンチカーペットをあるだけ持ってきて。それから畳も。バリケードをつくるから、テープパーテーションやカラーコーンも。考えられる物は全部運び込もう」

アリオスの舞台スタッフを統括する舞台技術サブマネージャーの小宮山忠彦《こみやまただひこ》が、事務所に待機中の舞台スタッフたちに呼び掛けた。

もとより舞台のセッティングが本職の彼らである。舞台裏や館内からかき集めた資材を駆使し、館内のソファやベンチを運び込み、避難者が休息できるスペースを短時間で設営していった。照明機材を投入し、避難者の受付や、情報スペースを照らした。中劇場のホワイエに2台の大型テレビを運び込むと、避難者は最新ニュースを食い入るように見始めた。

準備が整うのと前後して、市の災害対策本部から「いわきアリオスを避難所にしたい」との正式な要請があった。そのころ災害対策本部は、アリオスから2キロ離れたいわき市消防本部平消防署に設置することで落ち着いていた。

避難所が落ち着き始めると、赤ちゃんのミルクをつくるお湯がほしい、携帯電話を充電し

大ホールのホワイエにはパンチカーペットが敷かれた
（2011年 3 月16日撮影）

たい、パソコンを使いたい、水がほしい……そういう要望が事務所に寄せられるようになり、スタッフは対応に追われた。

アリオスはもともと災害時の避難所に指定されていなかったため、館内には食料の備蓄はなかった。そのため震災当日の夜は、避難者1人に紙コップ1杯の水を配るのがやっとであった。避難所になることが決まると同時に、災害対策本部には食料の要請をした。

夜になると携帯電話は麻痺して通じなくなっていた。携帯メールも送受信できるのは何十回に一度がやっとだった。そこで、1階のインフォメーションで館内の電話回線を開放し、避難者の安否確認用に使えるようにした。

22時半。普段ならいわきアリオスの閉館時間となるこのタイミングを、一応の消灯時間にした。眠れない避難者は、テレビの前で不安な一夜を過ごした。

この夜からスタッフの勤務は24時間体制になり、各セクションのマネージャーは、翌日からの1日3交代制シフトの作成を急いだ。日付が変わるころ、徹夜組のスタッフを残して、それ以外のスタッフはひとまず帰宅することになった。

こうして、56日間にわたる「避難所いわきアリオス」の運営が始まった。

2 市民といわきアリオスの3年間

様々な「顔」を持つまち「いわき」

ところで、いわきアリオスのある「福島県いわき市」とは、どのようなまちなのか。

関東の北端、東北の最南端。いわき市は、1966年（昭和41年）に、周辺の14市町村——平《たいら》市、常磐《じょうばん》市、磐城《いわき》市、内郷《うちごう》市、勿来《なこそ》市、遠野《とおの》町、田人《たびと》村、好間《よしま》村、小川《おがわ》町、三和《みわ》

中劇場のホワイエでテレビを見る避難者
（2011年3月16日撮影）

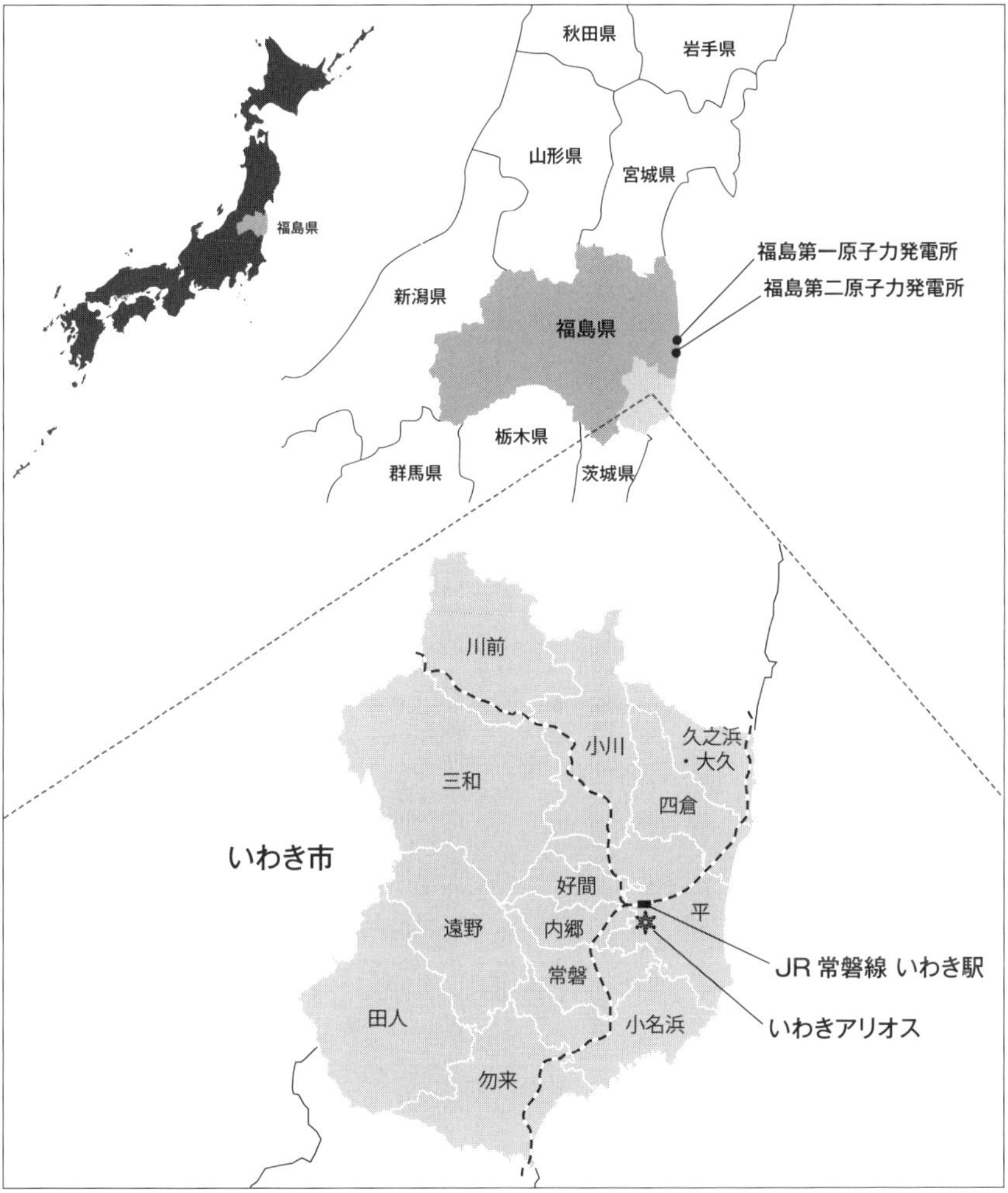

いわき市の地図

固定電話で安否確認する避難者（同）

村、四倉《よつくら》町、川前《かわまえ》村、久之浜《ひさのはま》町、大久《おおひさ》村――が合併して誕生した中核市である。

市の面積は1231平方キロメートル。東京23区の約2倍という、とにかく広いまちだ。平成の大合併で、2003年に静岡市が誕生するまでは、日本一広大な市として知られていた。直線距離にしても南北に約50キロあり、まちを車で縦断するだけで軽く1時間はかかる。

震災前の人口は、2010年10月の国勢調査で34万2249人。仙台市に次いで東北2位、福島県一の人口を誇っていた。そのうち約10万人が、江戸時代から磐城平藩の城下町として栄えた平《たいら》地区に集中していた。次いで、水揚げ量全国第26位の小名浜《おなはま》漁港やアクアマリンふくしま（水族館）などの観光施設に加え、東北の工業地帯が立地する小名浜地区が7万7000人。いわき市南部の勿来地区に約5万人。戦前から日本のエネルギーを支え1976年に閉山した常磐炭鉱や、今はスパリゾートハワイアンズやいわき湯本温泉で知られる常磐地区に3万5000人。いわき市のベッドタウンとして知られる内郷地区が約2万7000人といった順に続いていく。一方、中山間部では過疎化が進み、限界集落と呼ばれる地域も抱えてきた。

様々な文化と土地柄を持つ地域が合併したということもあり、いわき市は多彩な「文化」の交差点になった。たとえば、関東と東北の境目にあるため、市の南部の人たちは福島県のローカル局のテレビ番組ではなく、東京のキー局の番組を見て暮らしている。市内でも昨日見たニュースの話題が合わないこともあるのだ。また「潮目《しおめ》の海」といって、暖流と寒流が交わる豊かな漁場にめぐまれ、新鮮な魚が食べられるというメリットもあった。加えて、東北なのに「日本のハワイ」「東北の湘南」と呼ばれることからもわかるように、大らかで開放的な気質を持った市民が多かった。

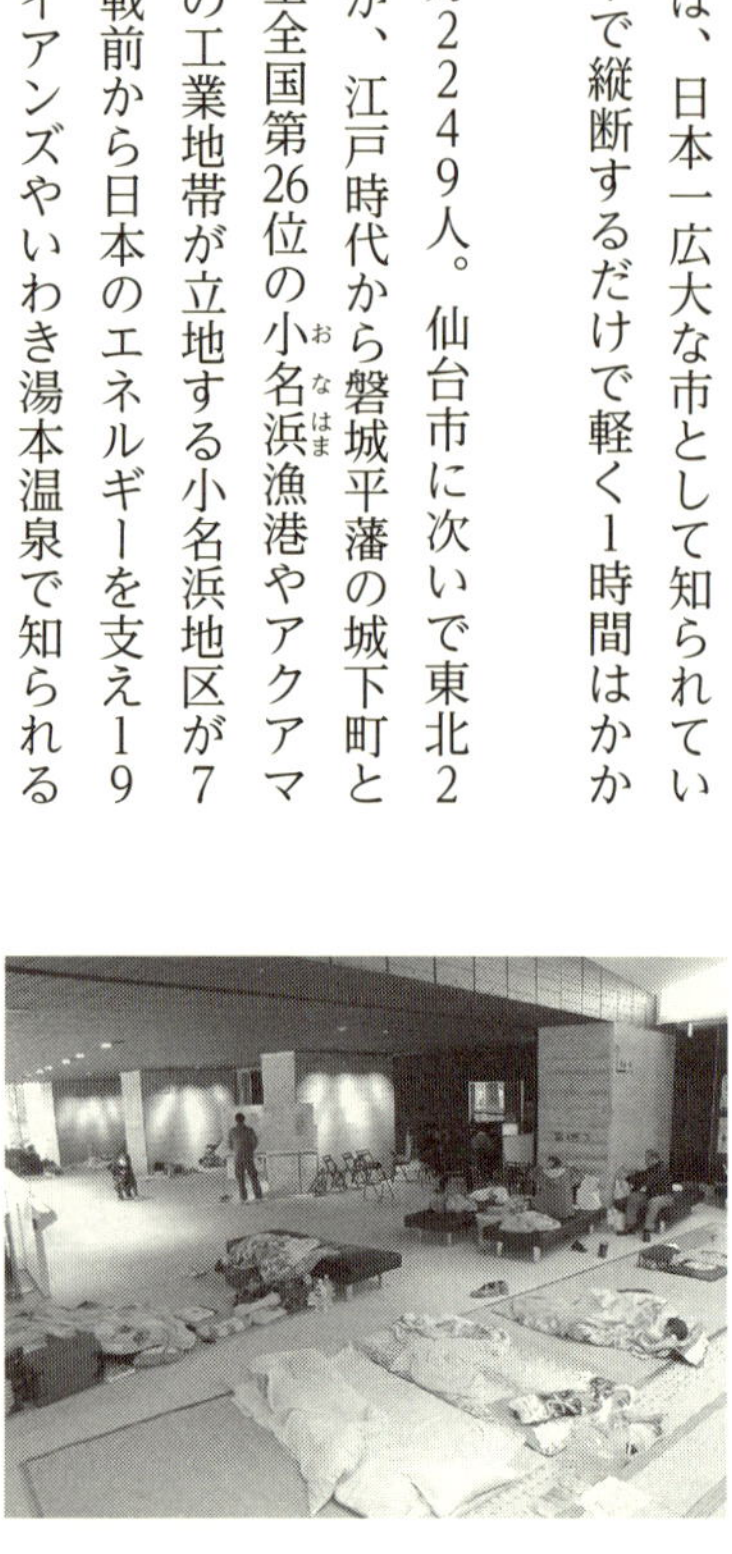

大ホール入口前
（2011年３月16日撮影）

いわきアリオス完成までのあゆみ

そのようなまちで２００８年（平成20年）４月8日、いわきアリオスは第一次オープンを果たした。

ＪＲいわき駅から歩いて15分。常磐自動車道いわき中央インターチェンジからは車で10分。いわき市役所本庁舎や国・県の合同庁舎などが立ち並ぶ好立地。そこにはもともと約40年間にわたっていわき市民に愛された平《たいら》市民会館(3)が建てられていた。

新しいホール建設の話が浮上したのが２００１年。この年に策定された「新・いわき市総合計画」の中に、老朽化した平市民会館に代わる新たな文化ホールを、中心市街地に整備することが盛り込まれたのを受けて、企画調整部内に「文化交流施設準備室」が設置された。

その後、市民との協働体制で2年間に及ぶ検討を重ねるなかで、このホールは「単に老朽化した平市民会館を建て替えるのでなく、いわき市における芸術文化の拠点として、また、あらゆる世代にわたる市民の交流空間として整備することによって、中心市街地の賑わいづくりや交流人口の拡大にもつなげることをミッションとする」という方向性が打ち出された。

この方向性を実現するために、２００３年からは劇作家・演出家の佐藤信《さとうまこと》さんをリーダーとして、全国のトップクラスの劇場設計・運営の専門家によって「劇場計画プロジェクトチーム」が編成された。その後、本書の共著者であるシンクタンクのニッセイ基礎研究所なども加わり、劇場の具体的なスペック（仕様）や運営方法の検討を行っていった。

その結果、大ホールは１７０５席の音楽主目的のホールとし、演劇・ダンスを主目的とする中劇場（最大６８７席）には、世界的に見ても珍しい移動式客席ユニットを導入した。ホーバークラフトの原理を使い、客席部分に高圧の空気を送り込んで浮かせ、様々な舞台形

3　いわき市の市民会館は、平市民会館（1966年開館・1771席）、旧磐城市のいわき市小名浜市民会館（1960年開館・約1010席）、勿来市民会館（1968年開館・874席）、旧常磐市の常磐市民会館（1967年開館・1108席）があった。震災後、小名浜、勿来、常磐の各市民会館は避難所の機能を果たしていた。勿来、常磐の市民会館のホール部分は2012年５月現在、まだ利用を再開していない。

式が実現できる施設にしたのだ。そして福島県にはなかった演劇専用の２３３席の小劇場。別館の音楽小ホールは、20年前から市民に愛されていた「いわき市音楽館」の1階にあった大練習室を改装し、２００席の親密な空間をもつ室内楽ホールに生まれ変わった。

音響設計は、ロサンゼルスのウォルト・ディズニー・コンサートホールや東京のサントリーホールなど、世界の名ホールを手掛けた永田音響設計が担当し、施設全体の設計監理は、東京国際フォーラムや吉祥寺シアターを手掛けた佐藤尚巳《さとうなおみ》さんが担当した。

「いわき方式」で、かつてない劇場運営を模索

「劇場計画プロジェクトチーム」では、このいわきの地に相応しい、施設の整備・運営形態を模索した。

様々な先行事例をリサーチした結果、ユニークな方式を採用することになった。民間の資金やノウハウを活用して施設整備をする「ＰＦＩ方式」を福島県内で初めて導入し、施設の設計、建設と、オープンから15年間の維持管理は、特別事業目的会社「いわき文化交流パートナーズ」が担うことでコストダウンを図った。総工費は約１８１億円だったが、ＰＦＩ方式によって市の負担は15年間の合計で約52億円、およそ25％の縮減効果が得られることになる。

一方、館の運営や主催事業の企画・実施は、いわき市による直営を採用した。それまで市の市民会館では行っていなかった「主催事業」を実施し、舞台芸術を通して、まちの文化振興を推進していこうという構想からだ。

そして人材。オープニング時の運営の主力を担う、音楽、演劇等の企画制作担当や、舞台技術のマネージャーやチーフクラスのスタッフは、全国各地のホール・劇場等から経験豊富な専門スタッフが招聘された。

中劇場（※）

大ホール

「いわきは東北なのに雪はほとんど降らない。地震や、台風、津波などの天災もない。日照時間は東京よりも年間で200時間も長い。暖流と寒流が交わる〝潮目の海〟があるから、魚はどれもうまい。何にもないけど、人はラテン系でいいまちだよ」

そんな言葉に誘われて、北は北海道から、南は九州まで、様々な出身地の専門スタッフがいわきに集結した。その下に就く20代～30代の若手スタッフは、地元出身者から募集した。その結果、33名の専門スタッフがいわき市の嘱託職員として採用された。また、市との調整や総務・経理といった業務は、いわき市の正規職員10名と連携し、事業運営にあたることにした。企画制作スタッフのほか、舞台・音響・照明のスタッフまでを市の嘱託職員として抱えるというのは、指定管理者制度が浸透した昨今では、たいへん珍しいことといえる。しかし、実力と、業界での人脈のあるベテランスタッフのノウハウを、中長期的な視点に立って教え込み、ゆくゆくは地元の人材でいわきの舞台芸術を支えられるよう育成できるというメリットは大きかった。

こうして、20代前半から50代まで多士済々の人材がいわきに集まり、オープン1年前の2007年から開館準備を行っていった。

「かつてない劇場へ」

これがスタッフ間の合言葉になった。

「文化の殿堂」でなく「屋根のある公園」として

いわきアリオスでは、これまでいわき市になかったホールの「主催事業」を実施するにあたり、「鑑賞・創造系事業（みる・つくる）」「普及・アウトリーチ系事業（ひろげる・ふれあう）」「育成・支援系事業（そだてる・ささえる）」の3本柱を事業方針に据え、「プロ

小劇場

音楽小ホール

(Photo: 株式会社ナカサアンドパートナーズ　※を除く)

デューサー制度」を導入した。チーフプロデューサー児玉真《こだましん》（地域創造プロデューサー）の監修のもと、クラシック音楽は元・三鷹市芸術文化センターの足立優司《あだちゆうじ》、演劇・ダンス事業はつくばカピオホールに在籍していた今尾博之《いまおひろゆき》の両プロデューサーが、オープニング・シリーズの企画を立案した。２００８年の第一次オープン初年度は、クラシック音楽、演劇・ダンス公演、ワールドミュージックといった公演に加え、多彩な演劇、ダンス系のワークショップ事業、合わせて１１１公演の主催事業を実施した。２００９年５月には中劇場の完成とともに全館オープンを果たした。またこの年、いわき市とＮＨＫ交響楽団が業務提携を結び、東北で初めての「ＮＨＫ交響楽団 定期演奏会」が年に一度開催されるようになった。２年目は、１３４公演の主催事業を実施した。

　館内だけではない。いわきアリオスの事業の目玉として、広大ないわき市の隅々にアーティストと出かけ、生の舞台芸術の魅力やワークショップをお届けするアウトリーチ事業を「おでかけアリオス」と名づけ、第一次オープン半年前の２００７年10月から実施してきた。オープン後は、市内の小中学校を中心に年間40回近い学校公演を行ってきたほか、市内の中山間部や、限界集落と呼ばれる地域にアーティストとともに滞在する「アーティスト・イン・レジデンス」事業を展開してきた。たとえば、いわきアリオスを拠点に活動する弦楽四重奏団ヴィルタス・クヮルテットは、地域住民のために無料の公開リハーサルを行ったり、コンサートや食のイベントをいっしょにつくりあげたりすることで、普段なかなかアリオスまで足

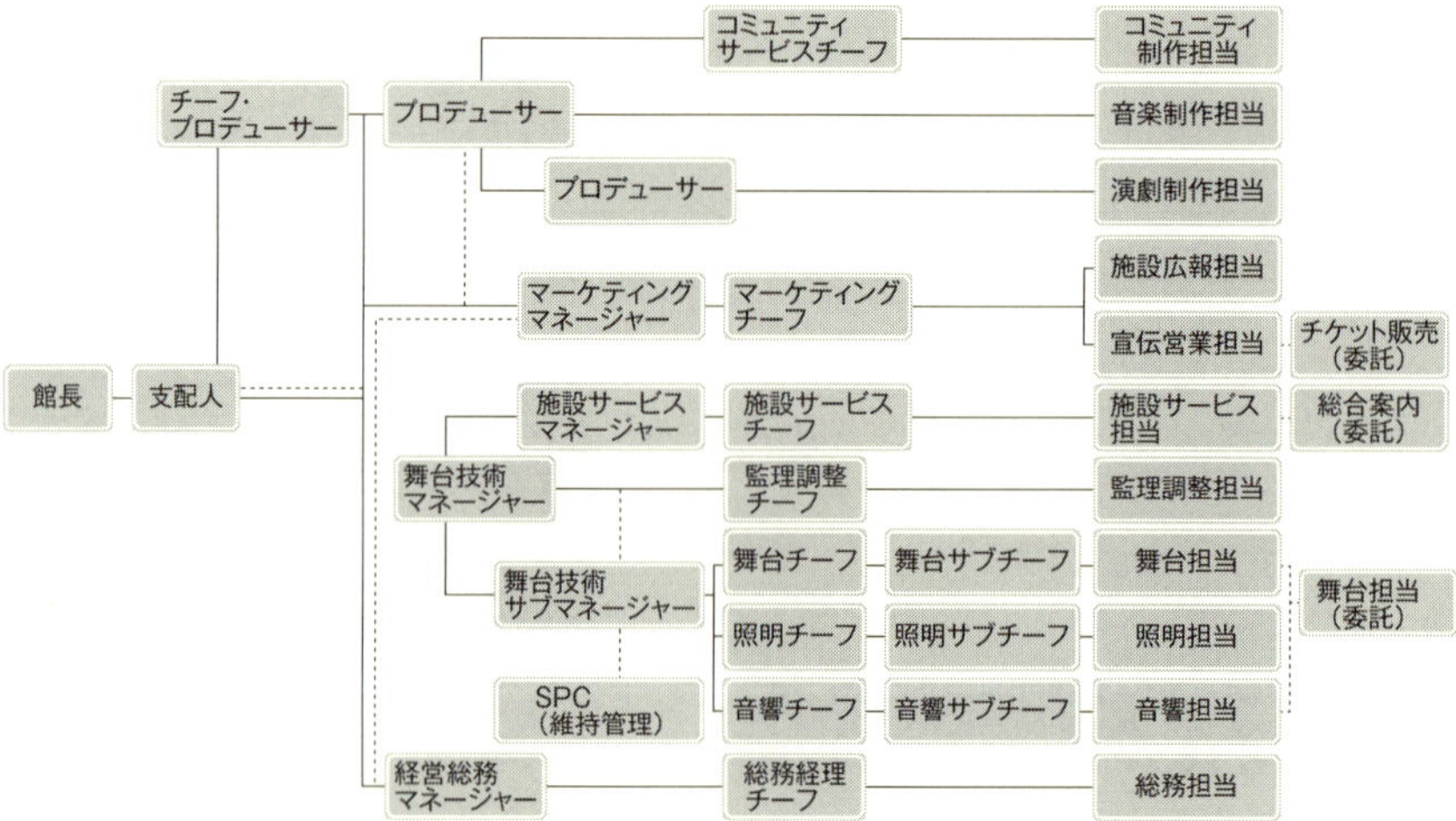

いわきアリオス運営組織図

を運ぶことができない遠隔地の方々と交流を図ってきた。こうした「おでかけアリオス」事業のために、企画制作課のなかにコミュニティ担当の専任スタッフ2名が置かれた。新潟県佐渡の和太鼓集団「鼓童《こどう》」の制作担当などを務めた前田優子《まえだゆうこ》がコミュニティサービスチーフに招聘され、いわき市出身の若手・矢吹修一《やぶきしゅういち》とのコンビで事業を展開してきた。

また経営総務課には、全国の公立文化施設としては初めてとなるマーケティンググループが設置された。マーケティングマネージャーには、東京都江東区の文化施設「ティアラこうとう」から森隆一郎《もりりゅういちろう》が着任。彼の主導で、オープン前にはいわき市内の市場調査や、WEBサイトの立ち上げ、地元マスコミとの関係づくり、広報紙「アリオスペーパー」の創刊といった活動を行ってきた。加えてオープン後は、既存の劇場やアートセンターが持つ「鑑賞」「体験」機能だけではない、新たなお客さまとの接点を開発する事業を推進した。子ども向けのおもちゃの無料交換会「かえっこバザール」や、著名人を招いたトークイベント「トーク・アリオス」に、ラジオ番組の公開収録。第2部で詳しく論じられる市民協働型のプロジェクト「アリオス・プランツ!」、それに公立文化施設の常識では考えられないロックフェス「アリロック」などのイベントも数多く取り組んできた。ひとことで言うと「お客さまの声を聞き、市民を巻き込みながら事業展開を図る」のがマーケティンググループの仕事だった。

いわき市は、もともと市民の表現意欲が高いまちである。全国の吹奏楽ファンの間では、「いわき」は「吹奏楽王国」としてその名が轟いていた。福島県立磐城高等学校と、湯本高等学校の2校の吹奏楽部は全国大会の常連で、上位入賞を争ってきた。バレエ・スクールも10校以上ある。人口約34万人のまちで、音楽、演劇、舞踊、合唱など、市内のあらゆる芸術団体が加盟する「いわき市文化協会」は、震災前の時点で約１５０団体、1万５０００人の会員を抱えていた。それだけではない。毎年秋の週末にいわき駅周辺で開かれる市民音楽祭「いわき街なかコンサート」には、2日間で約150以上のバンドや音楽グループ、ダンスチームがエントリーし、市内10カ所の野外スペースで賑やかにパフォーマンスを繰り広げてきた。

　そのようなまちに誕生したいわきアリオスの利用方法を、オープン以来、市民はそれぞれに見つけ、日常生活のなかに少しずつ溶け込ませていった。

　施設の平均稼働率を見てみると、オープンから2年間の平均が大ホールで80％を超えていたほか、他のホール系施設も60％を超えていた。また、リハーサル室など練習系の施設も、80％前後の高い稼働率を維持していた。

　来館者数は、オープン初年の2008年度に53万4000人。全館オープンを果たした2009年度には、76万2000人を記録した。オープン1年半後の2009年10月には、早くも100万人目の来館者を迎えた。全国の公立ホールでこのような数字をカウントしている施設は珍しく、比較は難しいが、参考までにいわき市内の有名レジャー施設の入場者数をあげておくと、スパリゾートハワイアンズの入場者数は年間約160万人（2007年度）、そして、県立の人気水族館、アクアマリンふくしまの入館者数は年間約90万人（2009年）であり、かなりの健闘と言えるのではないだろうか。

　いわきアリオスが考える「お客さま」とは、コンサートや表現活動のために来館する人だけを対象にしていない。33人の専門スタッフチームを束ね、アリオスの設計段階から携わってきた支配人の大石《おおいし》時《とき》雄《お》は言う。いわきアリオスの「お客さま」とは、昼休みに館内でお弁当を食べるだけでも、お手洗いを使うために立ち寄るだけでもいい。放課後に勉強しに来るだけの高校生や、キッズルームで遊んでくれる子どもたちも「お客さま」だ。いわきアリオ

沿岸部の薄磯地区は津波で壊滅的な被害に遭った

スは、市民一人ひとりの「生活」に密接に寄り添いながら、交流していける拠点になっていくのだと。

また2008年から09年に初代館長を務めた阿部直美《あべなおみ》も、ことあるごとに言っていた。「いわきアリオスは文化の殿堂じゃない。屋根のある公園になるんだよ」

東日本大震災は、いわき市にできた巨大な文化施設《ハコもの》「いわきアリオス」が、いわき市民の生活のなかに浸透しつつあった3年目のシーズンが終わる直前に、突然起こったのだった。

3 危機的状況が続く日々……

いわき市の被害状況

震災の話に戻る。

地震が発生した直後から、館内の避難所対応で精一杯だった我々スタッフも、テレビやラジオ、インターネットを通して次第に明らかにされていくいわき市の被害の大きさに、ただならぬショックを受けた。

市の最北端の久之浜地区から、小名浜、勿来地区まで、つまり沿岸部は60キロほぼすべてが津波の被害を受けていた。なかでも、アリオスから10キロも離れていない薄磯《うすいそ》、豊間《とよま》地区は、集落そのものが津波に呑み込まれ丸ごと消滅し、がれきだけが

大きな被害を受けた沿岸部の久之浜地区（写真提供：日々の新聞社）

残った。小名浜漁港やアクアマリンふくしま、いわき・ら・ら・ミュウなどの観光施設がある小名浜地区も、甚大な被害を受けた。

市内の死者、行方不明者は合わせて約350名に達した。

まちなかでも、いわき駅前の中心市街地のシンボル的な商業建築がいくつも倒壊し、電柱は至るところで斜めに傾いていた。地盤沈下がそこかしこで起き、歩道はデコボコになっていた。中心市街地でもガス漏れが起き、火災も発生した。交通網は、JR、バス、タクシーなどの公共交通機関が被災直後からすべて麻痺し、常磐自動車道、磐越自動車道も通行止めとなった。市内のガソリンスタンドには、数百メートルにわたって車の列が延び、震災翌日まで営業していたコンビニエンスストアも、品切れになると次々と営業を停止し、看板の明かりを消していった。

「避難所いわきアリオス」を目指す避難者たち

3月12日（土）。震災翌日から、「避難所いわきアリオス」には、ラジオや新聞で発表された情報で、市内各地から避難者が集まり始めていた。

食料は、災害対策本部から、おにぎりが1日1～2回配給されるようになった。菓子パンの日もあった。それと水。この状況は3月20日（日）ころまで続いた。そんななか、市内のイタリア料理店が、お店に保存していた卵とミルクでプリンを作り、2日連続で避難所に差し入れてくれた。また、近所のコンビニエンスストアからは鳥のからあげなどが届けられた。食料の差し入れがあると、避難者の有志とスタッフとで入口まで取りに行き、配布していった。紙皿に食品用ラップを敷いて、何度も使えるようにした。

「いわきアリオスが避難所になった」という情報が広がると、市内外から滞在者の安否を

2階の情報掲示板
（2011年3月16日撮影）

尋ねる電話がかかり始め、スタッフは対応に追われた。そこで、固定電話を開放した1階インフォメーション前に伝言板を置き、避難された方々には定期的に確認してもらい、それぞれ連絡をとってもらうようにした。また、2階の大ホール前には、最新の交通情報や災害対策本部からの情報を掲示し、地元の新聞社から無料で配布された新聞を置いた。

一方、出勤したスタッフで数名ずつのチームをつくり、館内のあらゆる場所の被害状況を詳しく確認していった。ホール、バックステージ、リハーサル室等をくまなく見てまわり、チェックリストにそって、異常箇所をリストアップした。建物の構造には問題ないことがいち早く確認されているが、ところどころで機材が転倒したり、床が盛り上がったり、壁の塗装が落ちている箇所が確認できた。そしていつ大きな余震があるかわからないため、ホール部分は立入禁止にした。

同時に、避難者がそれ以上増えた場合のことを考えて、お客さまをどこに収容するか想定だけはしておいた。

市民生活を支えたラジオ

震災発生後、市民生活の「命綱」となったのは、地元のコミュニティFM「SEA WAVE FMいわき」から流れてくる情報だった。館内でも、1階の事務所内と2階の避難所受付の2カ所で24時間聴けるようにした。市内各地の避難所開設の情報に、給水所の開設時間、スーパーやガソリンスタンドの営業時間に交通情報、市民の安否情報が、断続的に流れていた。前日まで、華やかなトークと笑い声でリスナーを楽しませていたパーソナリティたちが、声を抑え、災害対策本部から発表される情報を、淡々とした調子で読み上げる。その声を聞くことで、市民は落ち着くことができた。館内に残ったスタッフのなかで、演劇プロ

2階の避難所受付（同）

デューサーの今尾博之は放送内容を書き起こし、それらを「いわきでつくるシェイクスピア」参加者や、市内の演劇関係者が登録しているメーリングリストに投稿し、参加者の安否確認を兼ねた情報提供を行った。出張したまままいわきに帰ることができなくなったスタッフも、電話やメールを使って、事務所で手のまわらない情報収集やＷＥＢの更新を手伝った。

スタッフたちは疲れがたまると、事務所の応接室のソファや持ち込まれた布団のなかで仮眠をとった。

震災前、早番のスタッフは、隣の市役所の職員と同じ朝8時30分に出勤していた。地震発生後は、その時間に徹夜組と早番とが入れ替わるようになった。そのタイミングと、17時すぎの1日2回、幹部スタッフはミーティングを開き、災害対策本部から発表された市内の情報の共有と、館内で刻々変わる避難者からの要望への対応を協議していった。

「通常開館」しているものと思い来館する人も

「避難所いわきアリオス」はこのような状況だったが、そんなときでも「いわきアリオス」は通常開館していると思ったお客さまからのお問い合わせも、時おり入ってきた。「チケットを予約したいのだが」「施設の予約をしたい」「アリオスで公演を見たいので早く営業を再開してほしい」……。また、震災2日後の3月13日（日）には、ホールやリハーサル室でのコンサートが予定どおり開催されるものと思って、おしゃれをして来館した方も数組あった。いわき市内の被害の状況と、市民の受け取り方は、地域、個人によってまちまちだった。

3月14日（月）に入ると、館内の貯水槽の水が尽き始めた。そのため午前中にはトイレの使用を中止し、別館前に設置した簡易トイレの使用に切り替えた。

そして、避難所の役割が当面の間続くであろうという予測のもと、主催者に了承をいただいたうえで、ホール・劇場系施設で3月中に開催予定だったすべての公演・イベントの中止を正式に決定した。中止の情報は、アリオスのＷＥＢサイトとマスコミ各社へのファクス、それにツイッターで発表した。ツイッターは、いつのまにかフォロワーの数が１０００を超えていた。

福島第一原発が水素爆発

そんななか、いわきアリオスから40キロ余り離れた福島第一原子力発電所が、のっぴきならない事態になっていた。

3月12日（土）に1号機が、14日（月）には3号機が相次いで爆発を起こしてから、館内では様々な情報が錯綜し、対応について長時間、協議を重ねていた。

避難者の内訳も変わり始めた。すでに館内にいた避難者のなかで、当座のガソリンと、市外への避難先のあてがついた人たちは、アリオスを後にし始めた。入れ替わりで、避難指示区域となった双葉郡大熊町、双葉町などからアリオスを訪ねてくる方が増え始めた。

3月15日（火）、とどめとなる4号機の水素爆発が起こった。

テレビの速報で、「いわき市」が屋内退避区域に指定されたとテロップが流れた。館内は大きく動揺した。正しくは、いわき市の北端部分が福島第一原発から30キロ圏内の屋内退避区域に入ったということだったが、このことが、さらなる混乱を起こす原因となった。つまり、放射能被害を恐れ、食料や物資が入ってこない「風評被害」が起こり、「いわきはゴーストタウン」という報道につながっていったのだった。

避難者からは、館内に放射性物質が入ることを不安視する声が上がり始めていた。そこでスタッフで協議をし、館内の空調をすべて止め、外気が入り込まないよう対策を講じた。自動ドアは手動に切り替え、素早く出入りしてもらうようにお願いした。また、館内に滞在している避難者には「不要不急の外出はお控えください」というメッセージを繰り返した。

この日の天気は雨だった。アリオスを訪れた避難者に対しては、入館前に、傘は外のラックに置き、靴や衣類は、タオルか新聞紙でよく拭いてから入るようお願いする掲示を作った。イラストの得意なスタッフが、新たに入ってくる避難者に不快感を与えないよう、急いでポスターに仕上げた。

避難者も、スタッフも、極限状態が近づいていた。

再び大きな爆発が起こるのか、被害はこれ以上拡大するのか……スタッフは対応に追われながら、事務所内のテレビに映る、枝野幸男官房長官（当時）や原子力安全・保安院の職員による記者会見とニュース解説を絶えず気にしていた。

館内の避難者の数は、この3月15日（火）に記録した250人が最大となった。

その後も、明日のことすら予想がつかない生活が続いた。自分たちが生きている間に経験をするとは思わなかったことが、次々と起こっていた。市内のガソリンは底を尽き、市街地から車が消えた。外出しなければならない人は、全身完全防備でマスクをして外出した。歩行中にすれ違う人には「こんにちは」と声を掛け合い、不審者でないことを確認しあった。そして毎日給水所の列に並んで、生活用水を確保した。中心市街地は停電していなかったが、駅前も、夜、明かりがついているマンションや集合住宅の部屋はほとんどなかった。

安定ヨウ素剤の配布場所に

地震発生から1週間が経過した3月18日（金）からは、万が一に備え、妊婦及び40歳未満

館の入口に掲示されたポスター
（2011年３月16日撮影）

の市民を対象に放射線障害を予防するための安定ヨウ素剤の配布が始まり、いわきアリオスも配布場所に指定された。配布は、普段、大道具や音響機材が運び込まれる大ホールの搬入口付近で行った。この場所は1週間近く誰も立ち入っていなかったため、床には黄色いスギ花粉が降りたての雪のように薄く積もっており、そこにヨウ素剤を求めて訪れた人々の足跡がついた。２０１１年、いわき市のスギ花粉の飛散量は日本一という予想が出ていた[4]。

3月19日（土）には、4月、5月にアリオスのホール・劇場系施設で予定されていた公演と、リハーサル室等の練習施設の利用を、5月31日（火）まですべて中止することを発表した。

「アート」には本当に「力」があるのか？

震災からまだ10日もたっていなかった。しかし一瞬一瞬が気の遠くなるほど長く感じられる日々であった。それでも館内の避難者のなかではコミュニティが形成され始め、朝晩の食事の配給や、全国各地から寄せられるようになった支援物資が館の入口に到着すると、生活空間まで運び入れるボランティアが機能しだした。また、身の回りの世話をしてくださるボランティアも入ってくれるようになった。

一方、大ホールと中劇場のホワイエの「生活空間」は、家庭ごとにダンボール製のつい立てで区切られるようになった。自宅から本格的に生活用品を持ち込み、なかにはテントを張って暮らしだす方もいた。館の周辺は断水が続いており、シャワーはおろか、手や顔も洗えない状態が続いていた。

原発事故が依然予断を許さない状況が続くなか、館内にはなんとも言えない空気が流れていた。

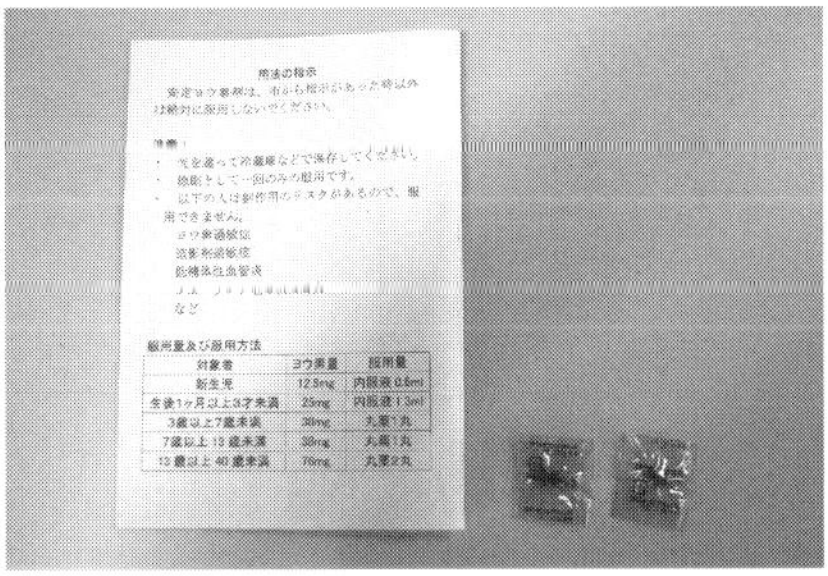
安定ヨウ素剤と説明書

4　ＮＰＯ法人日本花粉情報協会の2011年の予報による
http://pollen-net.com/KAFUNFC/kafunfc.html

被災から数日間は、スタッフの間でも「楽器が弾けるスタッフが避難スペースで演奏して、みなさんに少しでも和んでいただけるようにしたらどうか」という話がされ、実現に動こうとしたこともあった。しかし避難所には、地震のため、津波のため、原発事故のため、長年暮らしてきた家と故郷を突然追われた人々が身を寄せ合っていた。いわきアリオスは「アートセンター」として、何も期待されていないことだけは明らかだった。スタッフも対応に追われそれどころではなくなり、考える余裕は失われていた。

そもそも、避難所暮らしをしていたスタッフたちすら、舞台芸術に触れようとする意欲が失せ、舞台芸術の持つ「力」が信じられなくなっていた。

我々は、いわきに何をするために来たのか。自分たちも音楽、演劇、アートの力をよりどころとして生き、舞台芸術の魅力を広めるために雇われたはずなのに、今はそれを聴きたくもない。観たくもないし、考えることすらできない。そんなところまで追い込まれていた。

震災後しばらくしてから「舞台芸術や、アートの力を本当に信じ、それをよりどころにしている者なら、こういうときにこそ真っ先にアートの力を活かすべく行動を起こすべきだ」という声を聞いた。「あのとき」原発から40キロ余り離れた地点に残っていた、いわきアリオスのスタッフの反応は「臆病」に映るかもしれない。しかし、音楽や演劇を愛し、生きる糧として生きてきたという自負を強く持っていたスタッフにすら、被災からしばらくは「アート」や「舞台芸術」は「効かなかった」。第一、舞台芸術を「マネジメント」する側にいるはずのスタッフの感覚も、恐怖や疲労で狂っていた。自分がいつ泣き、心動かされたりするのか、予測がつかなかったし、あとになってもその理由がわからない出来事が続いた。そのようなかでアートの「力」を行使しようとするのは、正直なところ怖かった。罪なことだとさえ感じられた。原発事故がどうなるかは、誰にもわからなかった。ただ、劇の世界

3月25日には、館内の避難者とスタッフを対象に放射線量を検査するスクリーニングが行われた

でも、映画の世界でもない現実が、一人ひとりの前に立ちはだかっていたのだ。
いわきアリオスが本来機能を取り戻す日は来るのだろうか――スタッフたちは思っていた。でもそのときはこの巨大な建物のなかで、避難してこられた方たちの安全が守られるのなら本望だった。

ガソリンで、まちが息を吹き返す

3月20日（日）。FMいわきのニュースで、3月20日（日）、22日（火）、24日（木）と、1日おきに市内のガソリンスタンドで給油が行われるという情報が流れた。その報せを聞き、あらゆるガソリンスタンドに再び数百メートルの車の列ができた。そして、ガソリンひとつで、まちがここまで息を吹き返すのかと思えるほど、道には車があふれるようになった。このころ、閉店していた周りのコンビニエンスストアも時間を短縮して営業を再開した。一度に買えるおにぎりや飲料水などは制限された。飲食店や商店も少しずつ営業を再開し、どん底から這い上がろうとしていた。節電のため、夜は明かりが乏しい状態が続いた。
また数日前の「ゴーストタウン」報道を受け、各地から運ばれる支援物資や食料の量は爆発的に増え、災害ボランティアが様々なルートから駆けつけてくれるようになった。事務所には「今何が足りないのか」という問い合わせの電話が頻繁に鳴った。支援物資は、最初は直接受け入れていたが、その後、市への支援物資は近くの競輪場で一括して預かり、そこから各避難所に分配されることになった。

ある「差し入れ」

県外からも様々な「炊き出し」の相談が、日に何件も入るようになった。館内はガスも使えないし、においも充満するので調理スペースは用意できなかったが、ボランティアのみなさんが隣の公園にガス器具や調理器具を運び込み、おにぎり、豚汁、カレーなどを提供してくださった。毎日、市の福祉班のスタッフとボランティアが、炊き出しのスケジュール表をつくり、受け入れ態勢を整えていった。

そのころ、事務所に一人の女性から電話が入った。これまで市内10カ所以上の避難所で、単身、歌を歌ってきた。アリオスでも歌うことで避難している人たちを元気づけたい……という。

この時期にボランティア演奏を受け入れることについては、スタッフのなかでも意見が割れた。

「ここは、今機能していなくても『アートセンター』だ。クオリティがわからないまま受け入れて、避難された方に安らぎを提供すると言っていいのか」

「そもそも、ここはアートセンターでなく『避難所』なのだ。その現実を受け入れないと。避難している方たちの気持ちをまず考えようよ」

「避難している方で、『今は必要ない』と思っている方に押し付けるのだけは避けたい」

「ならば、聴きたい方たちが聴きたいと思えるようスペースを分け、時間帯も考慮するべきだ」

いろんな意見が出た。だまって聞いていた館長の大河原が、ひとこと言った。

「わかった。これから受け入れるかどうかは、自分が窓口になって決めよう」

ボランティアの演奏場所は、生活スペースになっていた2階ではなく、公園に面した1階の入口前のスペースにし、時間になるとパイプ椅子を並べた。

「今からボランティアの方が歌を歌ってくれます。よかったら1階に聴きに来てください」

そう呼びかけると、避難者がぞろぞろと集まってきた。20人くらいだったろうか。椅子ではなく、2階への大階段に座って聴く方もいた。

伴奏のないア・カペラでの歌唱だった。どちらかといえば、紙に書いてある歌詞を見ながら、歌謡曲、童謡、フォークソングに流行歌、覚えている限りの歌を30曲近く歌いあげる。そんな「コンサート」だったが、客席からは途中から小さく手拍子も入るようになった。いっしょに童謡を口ずさむ人が現れた。ひととおり歌い終えると、アンコールを求める声があがった。そして終演後、ボランティアの方に「また来てください」と握手を求める光景が見られたのだった。

その後、連日というわけではないが、徐々にパフォーマンスのボランティアも訪れるようになった。条件としては、今はホール・劇場としての機能を失っているため、アリオスからは音響、照明等の機材は提供できない。プロもアマチュアも、同じ条件と会場でやっていただく。「それでもいい」と言ってくださった方たちには、実演をお願いすることにした。食事の時間帯を避け、昼食が終わった午後の時間を中心に調整していった。

「いわき芸能倶楽部」の方々が落語やマジックを披露したり、ハワイアン・バンドとフラダンスのダンサーたちが華やかな音楽とダンスを披露したりしたこともあった。運動不足の避難者にストレッチを教える人や、中高生のダンスチーム、子ども向けの指あそびを教えてくれる人、様々な方が訪れた。

見ている方もそうだったが、歌う方も、演じる方も、何かに夢中になり、お互いの反応を直接感じ合うことで、一瞬でもいいからすべてを忘れようとしているようだった。避難所にでもならなかったら出会えなかった方たちが、ここで交流していた。

「いわき芸能倶楽部」による演芸会
(2011年 3 月26日)

通常業務は麻痺したまま、年度末を迎える

例年なら、3月末の事務所内は年度末の書類の処理に追われ、市の正規職員の人事異動が発表される時期だ。だがスタッフたちには、通常業務にたどりつく余力が残されていなかった。館内のあらゆる業務は麻痺したままだった。その一方で、県内外の公演主催者からは、夏や秋に予定している大きなイベントが、いわきアリオスで確実に開催できるか否かを見極めたいという問い合わせや、中止が決まった公演のチケット料金の払戻しについての質問も増え始めていた。しかし、避難所機能が続いているなかで払戻し業務の準備をすることはできなかった。テレビのニューステロップでは、依然として「いわきアリオス　5月までの公演と施設の貸し出しを中止」と流れているだけだった。

館の通常業務再開への見通しがまったく立たないまま、2010年度が終わろうとしていた。

4 「聞くこと」「話すこと」からの再スタート

市街地に戻ってきた「活気」

4月に入った。市内のホテルは、いつのまにか予約でいっぱいになり、宿泊できない状況になっていた。いわき市が福島第一原発の作業員の宿泊拠点になったからである。夜は作業服姿の人々で駅周辺の飲食店が満席になり、朝晩には駅前のホテル前に原発への送迎バスが列をなして停まっていた。まち並みは傷ついていたが、10日ほど前の「ゴーストタウン」報道がうそのように人の流れができていた。中心市街地では、日中、いたるところで大工仕事やドリルの音が聞かれるようになった。

一方、自主退避区域の住民や地震や津波被害を受けた市民が、市の方針で、借り上げ住宅や、老朽化のため使用していなかった雇用促進住宅に移り始めた。住む場所が変わり、朝夕のラッシュの渋滞場所に変化が生じ、交通量が増えた。市内で新しいマンションやアパート物件を見つけにくくなったのも、このころからだった。4月6日（水）には小中学校も始業式を迎えるため、各地に避難していた市民も少しずついわき市に戻るようになっていた。

凍結した新年度の事業予算

いわきアリオスの新年度はどうだったのか。

いわき市の2011年度の予算は、「不要不急の事業予算の凍結」の方針が示され、市の正規職員の人事異動も6月1日まで延期が発表された。アリオスも市の直営施設であることから、すでに市議会で承認されていた事業予算は、一旦保留されることになった。

避難所には、全国の自治体から災害派遣の職員や、医療ボランティアが滞在してくれるようになり、ある程度安定した運営ができるようになっていた。館内の避難者の数は4月に入って100人を切った。

そのため、避難所の運営とアリオスの館の運営を切り離し、通常業務に向けた準備を少しずつ始めることになった。

4月に入り、震災以来、様々な事情でいわきに戻って来られなかったスタッフもいわき入りし、ほぼすべてのスタッフが事務所に顔を揃えた。4月1日から採用が決まっていた舞台サポートグループの19歳の新人スタッフ佐藤《さとう》南《みなみ》も、実家のある二本松市からいわきに引っ越し、予定通り初出勤を果たした。

4月4日（月）には、アリオスの建設を手がけた建設会社の設計担当者と、音響、照明、舞台機構を担当した会社の担当者が、震災後初めて一堂に会し、館内の損傷の点検をしてまわった。複雑な構造の施設であるために、点検にはそれぞれの専門的見地からの検証が必要だった。この作業によって、地盤沈下による外構部分の損傷はあるものの、改めて建物の躯体そのものに異常がないことが確認された。だがホール・劇場系施設の舞台機構は、大地震の影響を少なからず受けていた。大ホールは、ステージ上に吊られた音響反射板が、強い揺れのため壁面に衝突していた。中劇場では、ステージ上の照明のブリッジ部分が揺れでぶつかり、鉄骨が曲がったり、舞台機構のプログラムをつかさどる基盤が損傷したりするなどの被害が出ていた。地盤沈下による水道やガスの配管の損傷も多かった。いずれにしても施設の補修工事が必要だった。

スタッフの考え方の違いが浮き彫りに

コンサートやワークショップといった主催事業を企画する企画制作課と、マーケティンググループのスタッフは、新年度早々ミーティングを開いた。そこにチーフプロデューサーの児玉真と支配人の大石時雄が加わり、事業予算は凍結しているなか、新年度の事業をどうするべきかを話し合うことになった。

当初計画したとおりの事業を行えるはずがないことだけは確実だった。「復旧」が一段落したあとの「復興」の過程で、自分たちはどのような役割を果たしていくべきか……。ミーティングでは、スタッフが、すでに決まっていた2011年度の事業ラインアップのなかから実施すべき事業にそれぞれ優先順位をつけ、その理由を説明していくことになった。

しかしそれ以前のところで、スタッフ一人ひとりが、地に足がついていない感じだった。そして予算が凍結しているなかでも「今すぐ動きたい」という者と、「時期尚早」という者とで意見が分かれた。

市内では、有名無名を問わず様々なジャンルのプロの演奏家たちがいわき入りし、各地の避難所でボランティア演奏をするようになっていた。そうしたアーティストの現地でのサポートを、自分たちが積極的に担うべきではないだろうか……。

各省庁や、様々な企業、団体が、アートを起点にした復興支援プロジェクトに着手しようとするなか、アリオスは、現地でのそれらの活動の拠点として積極的に関わっていったらどうか……。

いや、今こんなところで話し合っていることに、どれだけ意味があるのか。それよりも沿岸部のがれき撤去のボランティアに出かけた方が、よほどまちに貢献できるのではないか……。

震災から20日余りが経過し、いわきアリオスのほとんどの機能が麻痺している間に、周辺の「復旧」活動は一歩も二歩も進んでいるように映ったのは事実だった。

ミーティングでは、オープン前から4年間かけてゼロから築き上げてきたはずだったスタッフの一体感が、すべて白紙に戻ったような雰囲気が漂った。震災によって受けた心のダメージの違い、原発事故や放射能に対するスタンスの微妙な違いなどが、話していくうちに浮き彫りになっていったのだ。

会議のなりゆきを見守っていた、支配人の大石とチーフプロデューサーの児玉、企画制作マネージャーの中村《なかむら》千寿《ちず》は「まずい」と思ったという。

そして会議の終わりに、だまって聞いていた大石は口を開いた。

「これは、ここにいる誰かに対して言うことではない。ぼくの個人的な考えを言う。要は本当に『弱い者』のことを考えているかということだ。ぼくは今回、仙台で震度7を経験し、9日間、仙台駅近くの小学校で避難生活を送った。また、ぼくは小さいときからたくさん病気をして、大変な思いをいっぱいしてきた。君たちは、目の前に死や、命を脅かすような危険が迫っているときの、弱者の気持ちを本当に知っているか。目先のことを生きるので精一杯だ。『生活』を立て直すだけで精一杯だ。音楽とか、芸術とか、そんな先のことまで考えることができるとは、ぼくには到底思えない……。これから世の中には『復興』という言葉があふれるようになるが、あなたたちは『復興』が今すぐできると思うか。ぼくは本当の『復興』までには、これから30年はかかると思っている。30年後から見て今やれることを考えられるのなら、アリオスは、これから1年でも2年でも休館したって構わないと、ぼくは思う。まずは、これからここに暮らし、生きようとしている人たちが、今本当に何を必要としているのかを、見て、考えるべきではないか。それなしに、自分たちの『思い』だけで走れば、断言するが、アリオスは市民にとって『要らないもの』と思われるはずだ」

まず「リサーチ」だ

児玉と大石からは一つの提案がなされた。まず「まちに出て市内の状況をリサーチし、各地区に住む方々が何を考えているか把握すること」、そのうえで事業計画を見直そうということだった。

翌週から、企画制作課のスタッフは二人組で、市内の小中学校の先生や、市役所の支所、まちづくり団体、地域のボランティアセンター等にアポイントをとり、聞き取り調査に出かけた。その結果をシートにまとめ、課内のスタッフで共有するようにした。チーフプロデューサーの児玉は、アリオスを「情報センターにする」と言っていた。その意味と重要性は、調査を進めていくにつれ鮮明になっていった。

予想していたことではあったが、市内は地域によって被害状況や、反応の違いが大きく、スタッフたちはうろたえた。

甚大な津波被害に遭った沿岸部の住民は、震災から1カ月が過ぎようとしている時期であったが、「それどころじゃない」という状況で、面会すら困難なことが続いた。

内陸部、中山間部の支所からは、家屋の倒壊などの地震被害は少なく、人的被害もほとんどなかったが、水道が復旧するまでは苦労したという報告が多く聞かれた。また、地元農家からは、原発事故の影響で春の作付けができるだろうかという不安の声が多く返ってきた。そして、逆に「自分たちは大丈夫だから、沿岸部の人たちを早く何とかしてあげてほしい」という気遣いがうかがえた。

震災の「復旧」が一段落し、「復興」に向けて動き出したときに、まちづくり団体や支所、地元商店会がアリオスと連携して動きたい。それが各地区からいわきアリオスに寄せられた要望だった。それは、「まちの復興」を「精神的に」支えてほしいというアリオスへの期待の表れでもあった。


外遊びができず、欲求不満やストレスを抱える子どもたち

小中学校からの聞き取りでは、新学期が始まったばかりでまだ校内が混乱している最中ではあったが、10校以上の先生が、かなりの時間を割いて応対してくれた。いわき市の小中学校は、教育委員会の決定で4月6日から新学期が始まっていたが、津波によって移転している学校、避難した児童・生徒が戻りきれていない学校、避難所と共存している学校等があり、状況は様々だった。先生たちには、
・地震が起きた時の状況

・地震後の対応
・春休みの児童・生徒の過ごし方
・新学期に入ってからの児童・生徒たちの様子
・保護者たちの反応
・先生たちが今考えていること
・いわきアリオスに望むこと

などを聞いた。

新学期が始まり、授業が始まり児童・生徒たちは、どの学校でも意外と落ち着いているという報告が多かった。地震で体育館が損壊したり、避難所の機能が続いたりしている学校があった。そして、どの学校も原発事故と放射能への不安から、屋外での遊びや体育の授業はできない状況で、子どもたちがストレスや欲求不満を抱えているとの声が聞かれた。これには、遠足や運動会といった1学期の学校行事が中止になったことも影響しているようだった。体を動かすことができないために廊下を走る子どもが出てきたり、体育館の代わりに、教室でダンスの授業を行ったりしている学校もあった。再開した学校給食についても、食べる子、食べないでお弁当を持ってくる子など、様々な反応が見られた。

先生たちは一様に明るい笑顔で応対してくれるが、その奥に、これまでとは違う何かが隠れているようだった。しかし、児童・生徒たちが抱えているストレスや欲求不満を少しでも解消していきたいという声が、どの先生からも聞かれた。

アリオスに対しては、生徒が抱えるこうしたストレスや心の不安を、音楽や文化の力で緩和し、なるべく早く子どもたちを通常の状態に戻してあげたいという期待の声が多く寄せられ、機会があれば「おでかけアリオス」などを実施してほしいという要望も出てきた。

4月から5月にかけては、誰とでも「時間をかけて話す」ことが必要だった。震災前からの知り合いでも、初対面の人と関係性をつくるくらいの労力を要した。震災が起きたときのこと、起きてからのこと、避難先でのこと、今考えていることなどを、時間がある限り2時間でも3時間でも聞き、話し合った。みんな「恐怖」や「不安」を抱えていたが、その質感は一人ひとりまるで違っていた。話すことでお互いがわかり合い、近づき合うことが、以前にも増して重要になった。スタッフのこうした実感が、6月から始まる「アートおどろくいわき復興モヤモヤ会議」(第2部参照)や、地域での「おでかけアリオス」終演後に交流会を設けようという動きにつながっていった。

震度6弱の最大余震が襲う

企画制作課が市内各地の聞き取り調査を始めた矢先、調べた情報がすぐに役に立たなくなる事態におちいった。

震災からちょうど1カ月目を迎えた4月11日(月)と、翌12日(火)に2日続けて、本震と同じ震度6弱の余震が市内を襲ったのだ。

幸いにして津波の被害はなかったが、今度は沿岸部のことを気にかけていた内陸部で大きな被害が出た。とりわけ、いわきアリオスのオープン初年度から「おでかけアリオス」等で関係の深かった中山間部の田人《たびと》地区は、大規模な土砂崩れで死者が出たほか、小学校のプールが損壊した。

また11日夜のFMいわきの放送では「市内の水道は壊滅的な状態です」との情報が繰り返し流れた。その日午後の館内の会議では、市内の水道は98%、すなわち津波被害を受けた地域を除く全域で復旧したという災害対策本部からの報告を聞き、スタッフも安堵したばかりだった。

アリオスの施設に被害はなく、避難者にも大きな混乱はなかったのは救いだった。しかし、60人近くまで避難者の数が減少していた「避難所いわきアリオス」に、自宅で夜を過ごすのが不安な方々などが訪れ、約120名が館内で一夜を過ごした。「壊滅的」という言葉の響きの重さに、スタッフは「またすべてが振り出しに戻るのだろうか」と肩を落とした。そのショックは3月11日の本震のときよりも大きかったかもしれない。

アリオスに待っていた、もう一つの運命「市役所分庁舎」

幸いなことに「壊滅状態」とまで言われた水道は、翌12日には復旧の知らせがあったが、いわきアリオスは、この相次いで襲った最大余震によってもう一つの運命と対面することになった。

隣のいわき市役所本庁舎1階部分が余震で損傷が進み、極めて危険な状態になっていた。そのためアリオスも所属する市民協働部の4課の機能を、一刻も早く庁外に移す必要が出てきた。その移転先の候補に挙がったのが、音楽小ホールや練習施設のある「アリオス別館」だった。約20年前に建てられ、アリオスの第一次オープンに合わせて改装された別館は、建物の構造がシンプルなこともあり、4月4日の建設会社による点検でもいち早く躯体の安全が確認されていた。また市役所の隣という利便性からも、別館への移転が適切であるのは明らかだった。

こうしてアリオスには、「避難所」としての機能のほかに、4月18日（月）から「いわき市役所分庁舎」という機能も加わることになった。まず、住民票などを取り扱う市民課の窓口が、別館1階のロビー部分に移された。そして音楽小ホールは客席が取り払われ、床面に

市民課の執務室になった音楽小ホール
（提供：日経アーキテクチュア）

養生がなされたあと、職員のデスクやパソコンがセットされ、市民課の執務室に生まれ変わった。その後、国保年金課、市民協働課、市民生活課が、2～4階の練習室や稽古場に移転してきた。

分庁舎の機能がいつまで続くかは、この時点では誰もわからなかった。だが少なくとも本庁舎の改修工事が終わるまでは、市民の文化活動の拠点として愛されてきた別館の利用を再開できなくなることに、スタッフは心を痛めた。

4月15日（金）には、8月末までに本館・別館のホール・劇場系施設で予定されていた公演・イベントの中止と、リハーサル室やスタジオ等の練習系施設の貸出しをすべて中止することを新たに決定した。利用中止については、施設サービスグループのスタッフが利用予定の方々に1件ごと電話をかけて説明していったが、利用者の多くは館の決定に理解を示し、スタッフに励ましの言葉をかけてくださった。閉館中、顔が見えないなかでの会話だったが、スタッフはずいぶん勇気づけられた。

避難所終息に向けたスケジュールを探る

4月11日（月）、12日（火）の最大余震のあと一時的に増加した避難所いわきアリオスの避難者数は、下旬に入ると、40人を切るようになった。この前後から災害対策本部では避難所の統廃合を進め、避難者の方々に借り上げ住宅や雇用促進住宅に入居していただく話を少しずつ進めていた。そんななか「避難所いわきアリオス」も本来業務に戻るべく、避難所終息の時期について災害対策本部と調整を始めた。その結果、5月5日（木・祝）の大型連休最終日を最後に、避難所としての役割を終えることが濃厚となった。

「避難所終息」が現実的になりつつあるなか、事務所内では最優先事項として、震災で中止になった公演チケット料金と、ホールと練習施設の利用料金の払戻し業務を始めるべく、調整作業が慌ただしく始まった。避難所仕様に活用した資材の撤収と、館内の清掃スケジュールの確定、払戻し期間の設定、館内の払戻しの場所の検討（多額の現金を扱うので、セキュリティ面の確保できる場所が必要だった）とスタッフの確保、それに合わせた広報予定の調整を一気に進めた。

館内の避難者には、4月27日（水）に、避難所終息の告知を掲示した。

5 「避難所」終息と「再オープン」への道のり

業務再開の準備を急ぐ

5月5日をもって「避難所いわきアリオス」は終息した。残っていた避難者の皆さんは、市内のほかの避難所や、避難先へと移られた。

56日間にわたる「避難所」を終えた空間には、様々な「生活」の跡が残っていた。空調を止めていたことによるにおいや、食べ物のしみが館内に残り、床面にはほこりが点在していた。生活空間となった2階大ホールのホワイエから見る景色は、枯れた芝生の色から、満開の桜、そして新緑へと変わっていた。

「避難所」終了後も、8月末までは臨時休館というアナウンスをしており、点検のため一般の方の館内への立入りは禁止としていた。しかしゴールデンウィーク明けの館内は、にわかに「日常業務」再開に向けた準備が加速した。避難所のために使用された舞台資材と機材の撤収、それに清掃作業が始まった。事務所内の勤務体制だけを取れば、震災前の朝8時半～22時半までの勤務時間を、20時半までに短縮した2交代制シフトを敷いてはいるものの、ほぼ「通常通り」に戻りつつあった。このころの館内の動きは、主に以下の3つに集約される。

①払戻し業務の開始

公演中止となったチケット料金と、施設利用料の払戻し業務の開始は、5月16日からと決められた。しかしそれまでに大きな余震が起こらないとは限らない。そこで発表のタイミングは開始日直前に設定し、5月11日に、利用者への告知ＤＭを発送し、5月16日の払戻し開始日に、福島の県内紙2紙の朝刊と地元夕刊紙「いわき民報」に広告を掲載した。

このころは事業予算が凍結していたこともあり、広報紙アリオスペーパーの制作ができなかったため、「いわきアリオスから 大切なお知らせ」と題した臨時の広報紙を編集した。そこには館内の現状報告と払戻しの手順、Ｑ＆Ａをまとめ、ＤＭ会員と施設利用者の方々、約３０００人に発送した。

いわきアリオスは、オープンから3年弱の間「公演中止」を経験したことがない施設だった。そんななか初めての「チケット料金払戻し」となったのが、よりによってこの震災に伴う払戻し業務だった。２０１１年3月11日の時点でいわきアリオスが扱っていたチケットの公演数は13件、すでに売り出していたチケット枚数は２０００枚、総額にして約１５００万円にのぼった。これだけの件数を扱うマニュアルはなかったから、すべてのプロセスが手探りだった。

払戻しの最終期限は、遠方に避難している方なども安心して手続きできるよう余裕をもって設定し、２０１１年8月末までとした。これには市役所の２０１０年度予算の執行期限となる、6月末の出納閉鎖を越えても処理ができるよう、総務スタッフが市の財政課と調整を

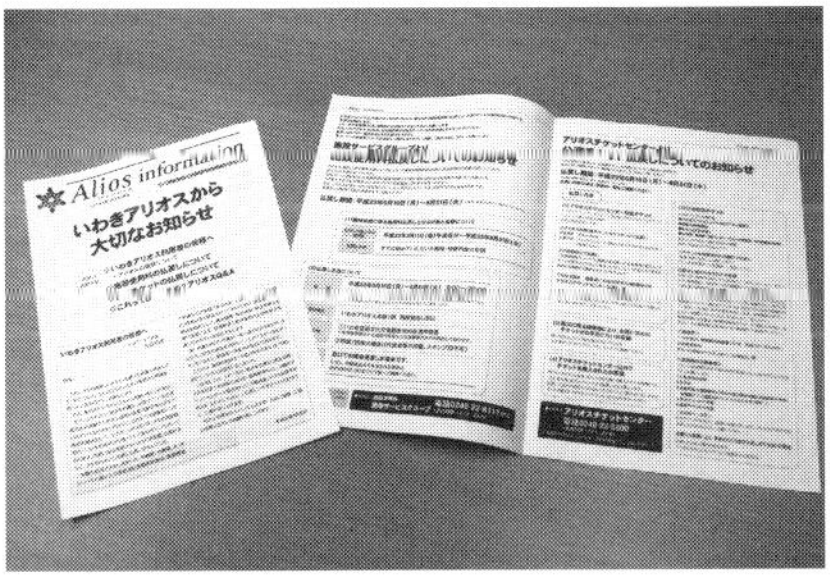

広報紙
「いわきアリオスから 大切なお知らせ」

行っていった。

5月16日、いわきアリオスは震災発生後、67日ぶりにお客さまを迎え入れた。福島第一原発が3回目の水素爆発を起こした3月15日以来、停止したままだった公園口の自動ドアを2カ月ぶりに動かし、市民が帰ってきた。常連の利用者の顔を久しぶりに館内で目にする。それだけでスタッフは安堵した。業務は粛々と行われた。

8月末までの払戻し期間内に、ほとんどすべてのチケット料金の払戻しが完了した。施設使用料の払戻しは約550件、総額1000万円を超えていたが、こちらも期間内に滞りなく終えることができた。とくにこの期間、県内の3つのラジオ局は、繰り返しチケット料金と施設使用料の払戻しについての情報を流してくれることができた。その結果、中止になった公演の開催予定日に、中止と知らずに来館した方は皆無だった。

DM会員からの反応

広報紙「いわきアリオスから 大切なお知らせ」には、毎年度末に封入していた「DM会員の更新希望はがき」も同封していた。このはがきは、5月末までに500通近くが「更新希望」で返ってきた。

DMの管理をしていた施設広報担当の村上《むらかみ》千尋《ちひろ》は驚いた。例年ならば半数くらいの方しか書き込まない「いわきアリオスへの要望」欄に、8割以上の方が記入して返送してくれたからだ。市内に残っている方からのメッセージも多かったが、県外に避難している方が「福島との接点を保ちたいから購読を継続していいか?」と記入してきたものも多かった。また、市外のDM会員のなかにはいわき市に避難してきたと知らせてくれた方もいた。

「アリオスを修復するために費用が必要なら、自分も募金したい」

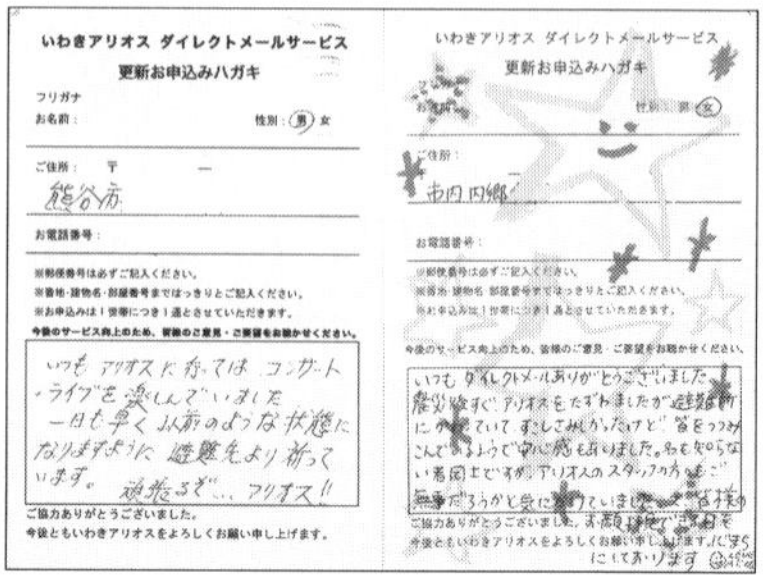
いわきアリオス ダイレクトメールサービス
更新お申込みハガキ
フリガナ
お名前：　性別：男 女
ご住所：〒　－
熊谷市
お電話番号：
※郵便番号は必ずご記入ください。
※番地・建物名・部屋番号まではっきりとご記入ください。
※お申込みは1世帯につき1通とさせていただきます。
今後のサービス向上のため、皆様のご意見・ご要望をお聞かせください。
いつもアリオスに行っては、コンサート・ライブを楽しんでいました
一日も早く以前のような状態になりますように　避難先より祈っています。　頑張るぞ…アリオス!!
ご協力ありがとうございました。
今後ともいわきアリオスをよろしくお願い申し上げます。

いわきアリオス ダイレクトメールサービス
更新お申込みハガキ
性別：男 女
ご住所：
市内内郷
お電話番号：
※郵便番号は必ずご記入ください。
※番地・建物名・部屋番号まではっきりとご記入ください。
※お申込みは1世帯につき1通とさせていただきます。
今後のサービス向上のため、皆様のご意見・ご要望をお聞かせください。
いつもダイレクトメールありがとうございました。
ご協力ありがとうございました。
今後ともいわきアリオスをよろしくお願い申し上げます。

DM継続希望ハガキ

「しばらく利用できずに残念ですが、きっと芸術が必要となる日がすぐにやってくると信じています」

「いわきの芸術文化復興の灯となってください」

「震災対応でのアリオスの活用法もあると思いますが、いわき市だからこそできる文化の発信もあると思う。心の癒される、勇気づけられる、アリオスだからできる企画を、早くプランニングしていただきたい」

「がんばってください、というより、お互いがんばろう。がんばっぺいわき、がんばっぺアリオス！　ですね」

そして、メッセージを記入した多くの方々が書いてくださったメッセージがあった。

「1日も早い再開を祈ります」

実に100人近いお客さまがそう書いていた。

市内にはまだこうした声すらあげられず、生活の復旧のために精一杯という方々が大勢いらっしゃることを認識しつつも、一方で、いわきアリオスという場と、そこで展開される舞台芸術が望まれるようになってきた……スタッフはそんな手応えを得た。

②主催事業のラインアップの決定

5月中旬には、企画制作課のスタッフが市内各地でのリサーチ結果をもとに、2011年度の主催事業のラインアップの絞り込みに入った。

まず事業方針が決められた。主催事業は、これまで「鑑賞・創造系事業」「普及・アウトリーチ系事業」「育成・支援系事業」の3本柱を軸に実施してきたが、今回はそれらの方針を継続しながら、特に震災からの復興を支援するために、

・市民のみなさまを元気づける
・子どもたちの心に平穏を取り戻す

この2点を重点目標に事業を展開していくことにした。

とくに震災に伴うストレスや不安を抱える子どもたちの心の平穏を取り戻すために、小中学校へのアウトリーチ「おでかけアリオス」を最優先事業に位置づけ、例年より本数を増やして対応することにした。「おでかけアリオス」の小中学校公演は、6月から試験的に実施し、まずは子どもたちの反応を見てみようということになった。併せて、就学前の子どもたちとその保護者への支援と、地域コミュニティへの支援にも努めることにした。

この時期はまだ、市民生活や経済状態がどこまで回復するか、まったく予測ができない状況下にあった。そのため、アリオス内のホールや劇場施設で行う主催事業については当初予定していた公演の一部見直しを図りながら、(1)市民に活力を与える事業、(2)いわきアリオスの復活を象徴する事業、(3)子育て支援のための事業の3種類に絞って実施することにした。

2011年度　いわきアリオス主催事業ラインアップ（2011年6月～2012年3月）

鑑賞・創造系事業

事業名	実施会場	実施日
いわき街なかコンサート in TAIRA　中劇場会場	中劇場	10月15日、16日
小林研一郎指揮 日本フィルハーモニー交響楽団 特別演奏会	大ホール	11月20日・
第6回いわきアリオス落語会　柳家花緑独演会 &「おでかけ落語会」	中劇場 市内各施設	12月26日 （おでかけ落語会7月13日、14日）
NHK交響楽団 いわき特別演奏会	大ホール	3月8日・
いわきでつくるシェイクスピア ファイナル「十二夜」	稽古：中劇場、稽古場ほか 公演：中劇場	ワークショップ11月19日～27日 稽古・公演1月21日～3月11日

普及・アウトリーチ系事業

事業名	実施会場	実施日
柴幸男 いわき市内の高校演劇部のためのワークショップ 同時開催　リーディング公演　ままごと「わが星」	県立いわき総合高等学校	6月4日、5日
おでかけアリオス研究会アーティストによる「おでかけアリオス」	市内小中学校	6月、10月、11月、1月
珍しいキノコ舞踊団（ダンス）による「おでかけアリオス」	市内小学校	6月22日、23日
ko-ko-ya（ショーロバンド）による「おでかけアリオス」	内郷支所・市内小学校	6月28日、29日
渡辺亮 サンバ&アートワークショップ	市内各施設	8月、10月、1月、2月、3月
カスケード・コンサート&「おでかけアリオス」交流コンサート	カスケード・市内施設	9月、12月・2月
いわき・わくわく・キッズミーティング&「おでかけアリオス」	カスケード・市内小学校	9月19日、20日
NHK交響楽団メンバーによる「おでかけアリオス」	市内小中学校	9月26日、1月30日
人形劇俳優たいらじょうによる「おでかけアリオス」	市内小学校・幼稚園	10月26日～28日、30日
北谷直樹（チェンバロ）による「おでかけアリオス」	市内小中学校	11月9日、10日
0さいからのコンサート	市内各施設・大リハーサル室	11月21日、3月19日、20日
菅家奈津子（メゾソプラノ）による「おでかけアリオス」	市内小学校	2月1日～3日

育成・支援系事業

事業名	実施会場	実施日
アリオス・プランツ！ （アートおどろくいわき復興モヤモヤ会議・あそび工房 等）	カスケード・キッズルームほか	通年
戯曲朗読研究会　ドラマリーディングワークショップ＋発表会	カンティーネ・小劇場	9月23日、24日、1月7日、8日
演劇と映像のワークショップ　うまれたまちの物語	カンティーネほか	10月8日～10日

※そのほかピアニスト小山実稚恵さんの公演として10月13日にピアノ“再会”ミニ・コンサートと、11月29日に「おでかけアリオス特別編」を実施

結果として全28事業のうち8事業は予定通り実施するが、12事業は縮小して実施、そして8事業の中止を決めた。

③全館再オープンに向けたスケジュールの調整

4月4日の総点検以来、館内と劇場系施設の改修工事に向けた準備も着々と進められていた。損傷箇所を挙げ、改修工事予算の見積もりを大急ぎで作成し、震災からの復興を掲げた第二次補正予算の要求に間に合わせた。約1億8000万円の工事費は、いわき市長の専決処分により確保された。

続いて工事スケジュールの調整が急がれた。たとえば大ホールの場合は、ステージ上には、3枚合わせて約100トンもの重さの音響反射板を吊りこんでいる。これがもし、再び大きな地震を受けたときにどのように動くのか、建設会社がシミュレーションを行い、それに合わせた改修計画が立てられた。被害の少ない施設からなるべく早く再オープンできるように、劇場部分と練習施設、そして館内のフリースペースと、パズルのような工事予定が組まれ、5月下旬にはその工程表が出揃おうとしていた。

それらと平行して、館内では、どのようなスケジュールでアリオス全館を再オープンさせるか議論が交わされた。

何を差し置いても「安全」が確保されなくてはならない。

万が一、次に東日本大震災よりも大きな地震が起きたときに、大ホールに満員の1700人の観客を収容していたとしても、1人のケガ人もなく安全を確保し誘導すること。それが至上命題だ。「100%絶対安全」と断言はできないが、スタッフが自信をもって「これなら大丈夫」と確証が得られるまでは、絶対に再オープンするべきではない。

そのためにも、劇場施設の工事が終わった後、舞台、照明、音響スタッフによる安全点検作業を念入りに行う必要があった。これは、舞台スタッフ全員が参加し、3年前の第一次オープンの準備期間と同様、様々な舞台形式や状況を試し、舞台装置や照明機材が安全に稼動するか、一つひとつ確かめていくという作業だった。アリオスのホール・劇場系施設にはコンピュータ制御の最新の機構を導入している。それらすべての施設で十分な安全確認をするには、やはり1カ月以上の作業期間が必要だった。

6月から館内の工事が始まったとしても、約3カ月。そのあとの安全作業の確認に1カ月強。そうすると、少なくとも4カ月以上の期間が必要だった。

そして「いわき市役所分庁舎」になっていた別館の返還予定。市の総務課と調整するなかで、別館で業務中の4つの課は、本庁舎の改修工事が終わる10月中旬には戻れることが判明した。そのあとの清掃と安全点検を入れると、再オープンはおそらく11月がギリギリのタイミングになりそうだ……。

スタッフの頭には「1日も早い再開」という言葉がちらついていた。

全館を一斉に再オープンさせるか、それとも市民のみなさんの要望に応え、安全確認ができた施設から順次開放していくか……悩ましいところだった。この時点で8月末までの公演と施設貸出しの中止は発表していたが、少なくとも9月末まではホール・劇場系施設を再オープンできないことは確実だった。秋は市民文化祭や、小中学校の文化祭や合唱コンクールの予約が目白押しだった。どこで区切っても、新たに利用をお断りしなければならない学

いわきアリオス 再オープン・スケジュール

本館	2011年 **6月19日（日）** 1階　レストラン、ショップ **8月1日（月）** 施設貸出し申請の受付再開 1階　キッズルーム、アリオスラウンジ 2階　カスケード、カンティーネ、カフェ **9月1日（木）** 3階　中リハーサル室、スタジオ 4階　屋上庭園 5階　大リハーサル室 **10月19日（水）** 2階　大ホール、中劇場 4階　小劇場
別館	**11月1日（火）** 1階　音楽小ホール、別館ラウンジ 2～4階　練習室、稽古場

▼

全館再オープン

校、団体が出てきてしまう。それをどのタイミングで区切れば不公平感を最小限に抑えられるか。施設の貸し出し予定表を見ながら、打合せが繰り返された。

そして館の最終決定機関であるマネージャー会議で長時間の議論が交わされた結果、再オープンへの「予定」が決まった。

まず、2011年6月19日(日)に、1階のショップとレストランの営業を再開する。

次は8月1日(月)。1階のキッズルームやラウンジ、2階のカスケード(交流ロビー)、カンティーネといった、震災前から老若男女を問わず市民の方々に愛されてきたフリーの交流スペースを開放する。カスケードに隣接するアリオス・カフェもこれに合わせて営業を再開する。

そして9月1日(木)には本館3~5階の4つのスタジオと、大中2つのリハーサル室という練習系施設を再オープンさせる。

懸案の本館のホール・劇場系施設、大ホール、中劇場、小劇場の再オープンは10月19日(水)に決定した。

最後は11月1日(火)。清掃と点検の終わった音楽小ホールや稽古場、練習室を含む別館の利用再開をもって、いわきアリオスの「全館 再オープン」とする。

施設の利用を再開するということは、同時に、2011年3月から停止していた、先々の施設の利用予約を再開することでもあった。8月に貸出し窓口をオープンさせる時点で、5カ月分の施設の予約をまとめて受け付けなければならなかった。ホールと練習系施設の貸出しを担当する施設サービスグループのスタッフは、この再オープンへのスケジュールに合わせて、利用者になるべく不公平感を与えずに施設の予約を受け付ける方法を考え抜いた。同時に、新たに発生する9月から10月末までの施設利用料の払戻しの手続き方法も決めていった。3月11日以降に中止になった公演やイベントの数は、最終的に162件に達した。

再オープン予定の情報解禁は6月7日とし、施設サービスグループとマーケティンググループでは、市民に告知するため、「Alios Information ~再開スケジュールのお知らせ」と題した臨時の広報紙の編集を突貫作業で進めた。

余震はいまだ収まる気配はなかった。深夜も震度3以上の揺れが頻発し、叩き起こされることが度々あった。このスケジュール通りに進む保証はどこにもない。また大きな揺れが起きたら、すべての予定が振り出しに戻ってしまうのではないか。そのような不安を誰もが抱えつつも、祈るような思いで再オープンへの道のりを歩き始めようとしていた。

再オープン――。

それは単なる業務「再開」、事業「再開」、利用「再開」ではなかった。いわきアリオスは震災に遭ったことで、2008年の第一次オープンと、翌年のグランドオープンに続く、「第三のオープン」をさせてもらえる機会を与えられた。臨時閉館していても、お客さまを迎えるまでにやるべきこと、考えるべきことは山ほどあった。第一次オープン前の暗中模索とは違い、今は3年間に出会ったお客さまたちの顔をはっきりと思い浮かべることができる。そのお客さま方にもっと喜んでもらうために、そして、これまで出会ったことのない方たちにも親しんでいただくために、もう一度ゼロから新しいホールをつくる気持ちで、再オープンまでの日々を積み上げていこう。スタッフ同士、そう確かめ合った。

5月31日のことであった。(5)

5　この時点で、福島県内の文化ホールで再オープンを決めていた施設は、1,500人規模以上のホールでは會津風雅堂（1752席）、1,000人規模の喜多方プラザ（1176席）、福島市音楽堂（1002席）の3施設という状況だった。県内の主なホールでは、南相馬市民文化会館「ゆめはっと」（1105席）は2012年1月に、郡山市民文化センター（1998席）は同年3月に再オープンを果たした。福島県文化センター（1752席）の再オープンは2012年9月に予定されている。

6 「おでかけアリオス」の1年

ホールが使えなくても、「おでかけアリオス」がある

6月に入った。市内の新興住宅街や工業団地などには仮設住宅が完成し始めた。いわき市内の被災者のための住宅のほか、隣接する双葉郡各町からいわきに遭難した方々のための仮設住宅も増えつつあった。市内の不動産屋のアパート、マンションといった物件は相変わらず「空きなし」の状況が続いていたが、加えて、土地や一戸建ての取引も活発になってきた。原発事故の避難区域の住民が、故郷に近くて気候も似たいわき市に本格的に腰を据えて住もうという動きが出始めたのだった。

「震災」が始まってから、まもなく3カ月がたとうとしていた。そんななかいわきアリオスは「再オープン予定」を発表し、2011年度の主催事業を、市内各地への出張公演「おでかけアリオス」からスタートさせるところまで漕ぎ着けた。

主催事業を「おでかけアリオス」から始めるというのは、ある意味当然の選択だった。いわきアリオスには、もともと「ホール部分だけ」で主催公演を展開するという発想が、施設の設計段階からなかった。運営組織にはコミュニティサービス専門のスタッフを2名抱えていたし、2007年10月、いわきアリオスが第一次オープンをする半年前から、お寺や病院、まちのコミュニティスペースに出かけていき、コンサートを行っていた。そのため震災後も「ハコ《ホール》が使えなければ、第一次オープン前と同じように『おでかけアリオス』をやればいい」という考えがスタッフにはあった。また、オープン前から3年半かけて市内全域の小中学校やコミュニティスペースでこの事業を展開してきたことで、市民からも認知され、

楽しみにされるプログラムになっていた。震災後、多くの市民からも「アリオスには『おでかけアリオス』があるじゃないか」という声が寄せられていた。

こういう流れから、2011年度は10カ月間で75回の「おでかけアリオス」実施計画を立てた。全館オープン後2年間の「おでかけアリオス」実施回数は平均40回だったから、例年の2倍近い数を実施することになった。そのためスタッフ体制も変更した。「おでかけアリオス」専従の2人を中心に、企画制作課のスタッフ3名が交代で加わり、課全体で対応していくことにしたのだ。ホールでの主催公演も11月までは行われないし、その後の公演本数も絞ったので、十分対応できると見込んでいた。

高校の演劇実習室で「おでかけアリオス」再開

震災後の初めての主催事業となった「おでかけアリオス」は、6月4日、5日に福島県立いわき総合高等学校(6)の演劇部アトリエで開催された。

本来ならこの両日に、いわきアリオス中劇場で上演するはずだった劇団「ままごと(7)」の演劇公演「わが星」が、主宰の演出家・柴幸男《しばゆきお》(8)さんと劇団の強い熱意により、趣向を変えて実現することになった。

2日間とも日中は、柴さんと音楽ユニット□□□《くちろろ》(9)のメンバー三浦康嗣《みうらこうし》さんが、いわき市内の演劇部の生徒たちを対象に、「わが星」劇中でも効果的に使われていたラップ・ミュージックのワークショップを開催した。アリオスの呼びかけに、市内7校中6校の演劇部の生徒77人が集まり、狭い会場のなかで、各学校の混成チーム4組がオリジナルの歌詞を俳優たちといっしょに考えていった。生徒たちはラップ音楽にのせて、今の思いをぶつけた。

この発表会の模様はユーストリームを通してインターネット中継され、全国の演劇関係者

6　福島県立いわき総合高等学校
福島県立内郷高等学校より、2004年に設置学科を総合学科に転換し、校名を福島県立いわき総合高等学校に改称。総合学科の中に芸術・表現系列として音楽、美術とならんで演劇コースが設置されている。

7　ままごと
柴幸男の作品を上演する団体。“演劇を「ままごと」のようにより身近に。より豊かに。”を掲げ、主宰の柴のほか、プロデューサーの宮永琢生、俳優の大石将弘、端田新菜により構成される。

や音楽ファンから大きな反響を呼んだ。参加した生徒からは「他校の人とたくさん関われたし、ラップの楽しさや、みんなといっしょにものをつくることの素晴らしさを学んだ」「このワークショップに参加しただけで演劇部に入ってよかったと思った」などの感想が寄せられた。

夕方には、ワークショップに参加した高校演劇部の生徒と、一般の市民を無料で招いて「わが星」を上演した。両日とも約100人が鑑賞した。上演は、劇場空間ではないのでリーディング（台本を読む）公演になる予定だったが、柴さんは狭い会場ならではの演出を工夫し、そこに柴さんがコンピュータ操作する音楽と、□□□《くちろろ》の2人による生演奏が加わった。観客にとっては、親密な空間のなかで生身の人間が動きまわる様子を間近に感じることができる、またとない「演劇体験」となった。

「わが星」は、ひとつの星が生まれてから死ぬまでを、人間の一生になぞらえて表現した作品で、「死」を想起させるキーワードが時々表れる。アリオスの演劇プロデューサー今尾博之も、震災から3カ月という時期に上演するのを一度はためらった。しかし4月に「わが星」の東京公演を見て「やはりこういうときだからこそ、命について考えるこの作品を、いわきで上演してほしいと強く思った」という。観客も、震災の被害から立ち直りきれていない方が多かった。しかしアンケートには、「いっぱい考えることがあった。やっぱり『消える』とかの言葉は、ぐさっとくるけど、嫌じゃなかった。今、生きていることを記憶しておきたい」（10代女性）に代表されるように「見てよかった」という声が寄せられた。劇団と今尾の思いは、会場に来た市民に、響いた。

8　柴幸男（しばゆきお）
1982年生まれ。劇作家・演出家。ままごと主宰
2010年『わが星』にて第54回岸田國士戯曲賞を受賞。
あいちトリエンナーレや精華演劇祭への参加、岐阜県可児市での市民劇の演出、福島県いわき総合高校での演出など、全国各地にて精力的に活動している。

9　□□□（クチロロ）
1998年、三浦康嗣（みうらこうし）を中心に結成したポップユニット。2007年に村田シゲ、2009年にいとうせいこうが加入。現在の所属レーベルは「commmons」。

小中学校への「おでかけ」も始動

「わが星」のワークショップと公演は、「おでかけアリオス」としては若干イレギュラーな内容であったが、小中学校への「おでかけアリオス」も、6月15日からスタートした。

1学期の「おでかけアリオス」の大きな目的は、実際にプログラムを行うことで児童・生徒がどのような反応をするか、その様子を確認したうえで、2学期以降に本格的に再開する「おでかけアリオス」の内容に反映させていくことにあった。

果たして――。

6月15日、16日には、いわき育ちのソプラノ歌手で、アリオスの小中学校公演のプログラム作りを研究する「おでかけアリオス研究会」に参加している木田奈保子《きだなおこ》さん[10]と、ピアニストの鈴木智子《すずきさとこ》さんが、3校の小学校の音楽室でコンサートを行った。また22日と23日には、東京の人気ダンスカンパニー、「珍しいキノコ舞踊団」[11]の主宰・伊藤千枝《いとうちえ》さんとメンバーがダンス・ワークショップを実施した。

震災からの1年間、ほとんどの「おでかけアリオス」に立ち会ってきた企画制作課の最年少スタッフで、いわき市出身の矢吹修一は、この6月の2事業を「今まで5年間の『おでかけアリオス』のなかで、とくに忘れられないプログラムになった」と振り返る。理由は「2つとも、子どもたちのエネルギーの噴出加減が尋常じゃなかった」ところにあった。

「僕らスタッフもアーティストも、学校に行くまでは、正直怖くて緊張していました。子どもたちがどんな反応を示すか想像がつきませんでしたから。でも学校に着いて子どもたちが教室に入ってくるのを見たら、みんなニコニコ笑っていた。何か救われる思いがしました」

6月15日の市立好間《よしま》第一小学校の3～4年生を対象にした「おでかけアリオス」で、木田

ままごと「わが星」（Photo：村井佳史）

高校を対象にしたラップのワークショップ
（Photo：村井佳史）

さんは、震災前の2011年1月に他校で実施したのとほぼ同じプログラムを披露した。

1曲目にモーツァルトの「アレルヤ」を挨拶代わりに歌ったあと、自己紹介と、自分や子どもたちの声を奏でる楽器「声帯」について紹介するトークが入る。続いて、木田さんのリードで子どもたちが声を出しながら歌の追いかけっこ（輪唱）を行う。木田さんの指揮で「ライオンのように！」「教頭先生のように！」と、その場で真似しながら歌うのが楽しいパートだ。そして木田さんが歌うオペラのキャラクター当てクイズをしたあと、一旦退場。子どもたちが目を閉じるなか、ピアノの鈴木さんがドビュッシーの「月の光」を弾いている間に、木田さんがドレスを着替えて再登場し、ドヴォルザークのオペラ「ルサルカ」のアリア「月に寄せる歌」をじっくり聴いてもらうという内容だ。アリオスの矢吹は振り返る。

「みんなで歌うところでは、子どもたちのはじけ方が半端じゃなく、収拾がつかなくなるほどでした。一人ひとりが発する声の大きさが凄まじく、子どもたちの声で音楽室の空気がうねるように感じたのは初めてでした。抱えていたものを一気に開放したようで、子どもたちはとても楽しそうでした」

このコンサートはアーティストにも大きな力を与えた。ソプラノの木田さんは、震災当日はいわきアリオスの別館で声楽指導をしていた。その日のうちに住まいのある郡山市に戻ったものの、しばらくは水や食料の確保に精一杯で、音楽家としての自分に無力感を感じ、葛藤を繰り返した。その後、避難所などでボランティア演奏を行うアーティストたちが出てきたが、「押し売り的な音楽だけはしたくなかった」という木田さんは「音楽の力」が本当に必要とされる日が来る日を信じて待った。そして5月からいわき市内の料理店や復興イベントなどで演奏活動を再開し、「おでかけアリオス」を迎えた。木田さんは言う。

「今回はたまたま好間第一小学校がピアニストの鈴木さんの、湯本一小が私の母校でし

10　木田奈保子（きだなおこ）
いわき市出身のソプラノ歌手。国立音楽大学声楽科卒。2008年のいわきアリオスの開館記念公演「小林研一郎＆ＮＨＫ交響楽団 コバケン“炎の第九”コンサート」で、いわき市民で編成された合唱団のボイストレーナーを務めた。震災後、ピアニストの鈴木智子とともに、Dolce Labo. というユニットを結成し、復興イベントなどで、音楽による癒やしと復興へのメッセージを発信している。

11　珍しいキノコ舞踊団
振付家・演出家・ダンサーの伊藤千枝が主宰するダンスカンパニー。1990年結成。劇場空間での作品上演のほか美術館の中庭、ギャラリー、カフェ、オフィス、倉庫、ビルのエントランスなど、大きさも形態も異なる特異な空間での公演も積極的に行っている。

た。あの時期、子どもたちがどのように反応を示すか心配でしたが、『母校の子どもたちに聴いてもらえる！』という思いが、不安を打ち消す力となりました」

子どもたちの反応については「たしかに『鳴りすぎる鐘』のような印象で、次のプログラムにいく前に落ち着いてもらうのに苦労した」ことを覚えている。

「でも、子どもたちも『ただごとではないこと』が起きていることは肌で感じているはずで、毎日、親御さんや先生たちがピリピリしているなか、どうしていいかわからない日々を過ごしていたのでしょう。そんななか、この時間だけは『はじけていい』ということを感じ取ったのだと思いました」

そしてこれが木田さんにプラスの影響を与えた。

「演奏家は、聴衆の前で音楽を表現するためにものすごい力を必要としますが、『おでかけアリオス』の出演前には、自分のエネルギーは震災前と同じくらいまで戻ってきていると思っていました。でも、子どもたちの大きな反応を受け止め、それを返すことでさらに一体感が高まっていくなかで、自分はまだ充電しきれていなかったし、自分自身もまた〝被災者〟だったんだということに気づかされました。終演後は、体は疲れたけれど、これまで感じたことのない充実感で満たされました。同時に『福島で活動していこう。みんなで音楽をやり直していこう』と決意する、一つのきっかけを与えられました」

その後、木田さんは「おでかけアリオス」を通じて知り合った音楽家仲間に声をかけ、彼女の活動に賛同した札幌室内歌劇場から寄せられた義援金を活用して、温泉旅館で地元住民や宿泊中の作業員を対象にしたコンサートを開いたり、老人ホームを訪問したり、テレビ番組「24時間テレビ」で演奏を発信するなどの活動を行ってきた。木田さんは確信している。

「今は、私が福島で生まれ、音楽をやってきたのは、このときのためだったんだと思って

木田奈保子さんによる小学校でのコンサート
（Photo：鈴木穣蔵）

います」

　さて、木田さんと鈴木さんによる「おでかけアリオス」の1週間後、6月22日に市立白水《しらみず》小学校の体育館で実施したダンス・ワークショップには、全校児童7名が参加した。矢吹は言う。

「音楽以上にすごい反応が返ってくる現場になりました。ダンスということで決まったポーズがなく、身近な人のモノマネをしたり、友達が操るタオルやボールに合わせて自由に踊るという内容だったので、子どもたちは体育館中を走り回り、コントロールが利かない状態になっていました（笑）。屋外で遊べないストレスで鬱積していた何かを、ここで一気に開放したのでしょう。この時期に実施してよかったと思いました」

　先生の感想からもそれは表れていた。

「子どもたちの表情を見ていたら、普段はあまり見たことのないような、本当に心の底から満足したような笑顔になっていた。また、行動などでも、自分を思いきり開放して、なんのしがらみもなく本来の自分の姿を見せていたのではないか。素晴らしい企画をありがとうございます」（白水小学校教諭）

　矢吹は、この時期に「おでかけアリオス」を実施した手応えを次のように語る。

「始まる前は、スタッフも子どもたちの様子がわからず、手探りで準備し、気負っていたところもありました。でも実際にやってみると、子どもたちは報道で伝えられているより元気だったし、学校の先生たちも、なるべく日常の生活、いつもどおりの生活をさせてあげたいという思いが強いことがわかってきました。『おでかけアリオス』はそのサポートをすればいい。特別なことでなく、普通のことを丁寧にやっていけばいいということを、確信をもって感じました。『こんなときだからこそ』なんです」

珍しいキノコ舞踊団のダンス・ワークショップ
（Photo：鈴木穣蔵）

客観的な情報を集め、プログラムを考える

「普通の」

「いつもどおりの」

これが、震災後の「おでかけアリオス」を実施するうえでのキーワードだ。いや、正しく言えば「おでかけアリオス」のコンセプトは、震災前と何も変わっていない。

ここで改めて「おでかけアリオス」の担当・矢吹に、「いつも」の「おでかけアリオス」を開催するまでのプロセスを聞いてみた。

「おでかけアリオス」を実施することが決まると、通常、プログラムを実施する1～2カ月前までにその学校に出かけていき、担当の先生との打合せを行う。打合せでは、

・実施する児童・生徒の人数・男女比
・子どもたちは普段どんな生活を送っているか
・学校のある地域の特色
・学校からのリクエスト（いっしょに歌ったり、合奏したりする曲など）

などの情報を収集する。震災後は、それらに加えて、

・震災後の地域の様子
・児童・生徒の構成の変化（転校・転入した児童など）
・学校のなかで何か変わったことはないか

といったことを尋ねて、アーティストと打合せをする際に伝えてきた。

震災後、この先生との打合せ時間がとても長くなったという。先生たちが「話し出すと止まらなくなる傾向がある」からだった。

「やっぱり、同じ土地で同じ経験をした人が訪ねてきてくれたという気持ちが強いので

しょうね。先生たちは、児童・生徒たちの状況だけでなく、震災発生直後のこと、これからの不安、自分のことなど、とにかくよく話してくださいました。これは以前の『学校打合せ』では絶対に考えられないことでした」と矢吹は語る。

ここでコミュニケーションがとれ一体感が感じられると、「おでかけアリオス」の本番もうまくいく傾向にあるという。

さて2011年度に「おでかけアリオス」を実施したアーティストの人選だが、最終的には、震災前の年度末に内定していた、音楽、演劇、ダンスのメンバーを変更せずに依頼した。これも「いつもどおりの」おでかけアリオスを実施するのだから、特別なことをする必要はないと判断した結果であった。

矢吹は、アーティストには「自分が持っている客観的な情報」は、すべて伝えるように心がけてきたという。アーティストの心のなかにも「被災地に対して何かしなければならない」という、とても強い思いがある。でも「復興支援」の名のもと、その「思い」をそのまま「表現」として子どもや地域の方たちにぶつけてしまうと、受け手は震災の記憶を思い出したり、負担に感じたりすることが予想された。「ストレスを緩和」してもらうために始めたことが、逆効果を招く恐れもあるのだ。もちろん、震災で亡くなった児童がいるという情報や、「震災」「津波」「余震」を思い出すような言葉や内容は避けてほしいということは、あらかじめ伝えた。矢吹がこうした客観情報を伝えると、アーティストたちは、こちらからあえて切り出さなくても「通常のコンサート」に近いプログラムを提案してくれたという。

「アーティストのみなさんにとっては、初めての『被災地訪問』となる場合がほとんどだったのですが、本番では、どなたも目の前の子どもたちに楽しんでもらうことを最優先に、ベストを尽くしてくださいました。終わってから、みなさん『子どもたちの笑顔が見られてよかったね。また来たいから、いつでも連絡してほしい』と言い残して帰っていかれました」

2学期から戻った「日常」

さて、夏休みが終わり2学期に入ると、毎週のように「おでかけアリオス」の学校公演が入るようになったが、矢吹は再び教室の〝異変〟に気づいた。

まったく普通だ……。

児童・生徒たちの、プログラムを受けたときの反応が、被害の甚だしかった沿岸部でも、内陸部でも、どこの学校に行っても同じで、震災前に戻ったような印象を受けたのだ。

「長い夏休みを経過したこともあったと思うし、学校でも屋内での活動や、学校行事が元通りになりつつあったことも大きいと思います。またPTSD（心的外傷後ストレス障害）を抱えた子どもへの心のケアも、各学校に行き届き始めていることもあったのでしょう。どの学校の子どもたちも、とても落ち着いてコンサートを聴いてくれました」

感想に現れた変化

でも、と矢吹は指摘する。プログラム実施後に子どもたちにお願いしているアンケートや、学校が独自にアーティストのために用意してくれる「感想」「メッセージ」の中身は、震災前から劇的に変わった。

ほとんどの子どもが、記入用紙にびっしりと、当日の感想を書いてくれるようになった。演奏の一つひとつの描写や感想が、細かく、詳しくなっていたほか、やはり震災に関係したコメントが多く見られた。

子どもたちからの感想文

「震災で傷ついた心がいやされた」

「元気になった」

アンケートをめくるたびにこういった記述が続くのを見ていると、やはり表面的には「日常」が戻ったようには見えるが、子どもたちの心は「震災」を片時も忘れたことがないということがわかる。

わが国を代表するチェンバロ奏者、北谷直樹《きたやなおき》さんが、学校周辺が津波被害を受けた市立汐見《しおみ》が丘小学校で公演をしたあと、6年生の児童が書いたアンケートは、次の一文で結ばれていた。

「命があるうちに聞けてよかったです」

また、

「来てくれてありがとう」

「また聴きたい」

といったアーティストへのメッセージも増えたという。

加えて、後述する9月26日のNHK交響楽団のメンバーによる金管五重奏や、11月29日のピアニスト小山実稚恵《こやまみちえ》さんの公演を見た児童からは、

「こういう演奏を、他の被災地の人にも、ぜひ聞かせてあげてほしい」

という感想が寄せられた。自分たちが「おでかけアリオス」を体験することで、同じような心の状態に置かれているであろう、ほかの被災地の子どもたちを思いやるような心の動きは、震災前には考えられなかったことだった。「おでかけアリオス」の体験は子どもたちに、一瞬の心の開放以上の何かを与えたようだった。

「おでかけアリオス」を喜んでくれたのは子どもたちだけではなかった。その日の担当以

外の先生たちも、プログラムに接してとても喜んでくれたのだった。

「先生たちもアンケート用紙にびっしりと感想を書いてくれたんです。中身を読んでいると、彼らも毎日、震災前とは比べられないほど大きな負担を抱えていることがわかりました。子どもたちを対象にした『おでかけアリオス』ですが、先生たちのためにも実施してよかったと思いました」というのが矢吹の感想だ。


大規模校は「おでかけアリオス」で学校間交流を図った

いわきアリオスでは、すでに3月上旬で締切っていた2011年度の「おでかけアリオス」学校公演の希望アンケートを、4月中旬から5月にかけて、市内の小中学校117校へ再度送っていた。というのも、震災の影響で実施希望校が減少するのではないかと予想していたからだ。矢吹は言う。

「もともと運動会や遠足など、学校行事は軒並み中止になっていたのと、4月11日、12日の最大余震の影響で休校日が増えたこともあり、授業日数が足りなくなっているはずだったのです。アンケートの結果、確かに3月の段階では希望していた学校が辞退することもあったけれど、ほとんど減りませんでしたね」

逆にこれまで「おでかけアリオス」としては、あえて対象としてこなかった大規模校から、中止になった遠足や鑑賞教室といった季節行事の代わりに「ぜひ全校児童・生徒で聴けるおでかけアリオスを」という要望がいくつも寄せられたのだった。

「おでかけアリオス」では、これまで「3つの小」を重視してきた。すなわち、「小空間」「少人数」「短い時間」によるコンサートやワークショップを行うことで、子どもたちにはアーティストの至近距離で本物の舞台芸術の魅力に「触れて」ほしいという意図からだっ

N響メンバーによる打楽器アンサンブル
(Photo：村井佳史)

N響メンバーによる金管五重奏
(Photo：村井佳史)

た。だが震災の影響で「おでかけアリオス」に新たなニーズが生じたのである。

また、校舎が津波や原発被害のため使用できなくなり、他校に間借りして授業をしている学校では、時間割やカリキュラム、登下校時間が異なる（遠方からバスで集団通学）ことから、同じ敷地内にいる地元の学校の子どもたちと交流する機会が持てない、という悩みを抱えていた。２つの学校が合同でコンサートを実施することで、両校の児童と生徒が交流するきっかけになれば、という先生たちの思いもあった。

そこで2学期に入ってからの「おでかけアリオス」では、大規模校や、全校児童・生徒を対象としたコンサートも実施することを決めた。

２０１１年９月26日には、ＮＨＫ交響楽団のメンバーによる金管五重奏のコンサートを、市立江名《えな》小学校で行った。津波被害のため同校を借りて授業をしていた、市立永崎《ながさき》小学校の児童との合同鑑賞だった。日本を代表するオーケストラの団員が、演奏のほかにも、冗談まじりに行った楽器紹介や楽器体験を交えたプログラムを行うと、両校の子どもたちはたちまち打ち解けた雰囲気になり、楽器体験コーナーにはみながこぞって手を挙げた。最後に学校からのリクエストだった「Believe」[12]の歌を全員で合唱して親睦を深めた。すべてを終え、N響メンバーが退場するころには、両校の児童が入り乱れ、彼らに握手やハイタッチを求めていた。

また２０１２年１月30日に、N響メンバー４人による「打楽器アンサンブル」のコンサートを行った市立湯本第二中学校には、双葉郡広野町《ひろのまち》の町立広野中学校が教室を借りて授業をしていた。広野町は福島第一原発の緊急時避難準備区域となり、町の機能自体がいわき市常磐湯本町に移されていたのだった（２０１２年４月からは町の機能は元に戻っている）。ここでもメンバーが打楽器用に編曲した両校の校歌を歌い、最後は猪苗代湖《いなわしろこ》ズ[13]の「I love you

12　Believe
杉本竜一が作詞・作曲した楽曲。ＮＨＫの番組「生きもの地球紀行」の３代目エンディングテーマとして、1998年に発表された。歌はエンジェルスハーモニー。小中学校の合唱、とくに卒業式の歌として歌われる。

13　猪苗代湖ズ（いなわしろこず）
福島県出身のミュージシャンとクリエイター４人が、2010年９月に結成した福島県人バンド。メンバーは松田晋二（THE BACK HORN）、山口隆（サンボマスター）、渡辺俊美（TOKYO No.1 SOUL SET）、箭内道彦（クリエイティブディレクター）。バンド名の由来は、福島県にある日本第４位の湖「猪苗代湖」から採っている。東日本大震災を受けて、2011年３月20日にはチャリティソング「I love you & I need you ふくしま」を配信リリースした。同年の紅白歌合戦に出場。

& I need you ふくしま」を合唱して交流を深めた。

やはり舞台芸術は子どもに大きなインパクトを与える

矢吹が、4年間継続してきた「おでかけアリオス」の、子どもたちに与える影響の大きさを再確認した出来事があった。それは10月末に行った人形劇俳優・たいらじょう(14)さんによる、「再会スペシャル」だったという。

たいらさんは、2009年から3年連続で市内の小学校への「おでかけアリオス」を実施していた。今回は、新たな小学校での公演のほか、たいらさんからの強い希望で、以前訪問したことがある学校を再訪し、短いワークショップを実施したのだった。矢吹は言う。

「子どもたちの喜びようといったらなかったですね。今回は、前回上演したプログラムの一部を再現してみるパートもあったのですが、子どもたちからは『次はこうなった！』という声が次々とあがりました。当時の体験を完璧に覚えているんですね。これまでの「おでかけアリオス」では、プログラムを実施した子どもたちがその後どうなったか、なかなかフォローできない点が悔しかったのですが、今回、たいらじょうさんの『再会』のおかげで、『おでかけアリオス』は、子どもたちの学校生活のなかで、時間がたっても忘れないくらいの強烈な印象を残し、喜ばれているということを、図らずも確認することができました」

地域コミュニティで「おでかけアリオス」が果たした役割

一般市民を対象に地域のコミュニティ空間で行う「おでかけアリオス」も、6月28日から再開した。

この日はブラジルのショーロ音楽のバンド、ko《コ》-《ー》ko《コ》-《ー》ya《ャ》の3人が、まずは震災の被

たいらじょうさんによる「再会スペシャル」
(Photo: 鈴木穣蔵)

14 たいらじょう
1981年生まれ。人形劇作家・演出家。12歳で人形劇デビュー。「毛皮のマリー」で日本人形劇大賞銀賞を最年少で受賞。子どものためのオリジナル作品が厚生労働大臣より表彰されるなど受賞多数。2010年より東京都・西新宿に専用劇場「THEATER JO」を構えている。

害の少なかった内郷地区に「おでかけ」した。この地区には、津波被害を受けた久之浜地区の方々が借上住宅に住んでいた。こうした方々にも呼びかけ、約100人の方々にパフォーマンスを楽しんでいただいた。

被災後、スタッフの誰もが「聞くこと」「話すこと」の大切さを感じたことから、地域での「おでかけアリオス」では、終演後に飲み物を用意し、聴衆とアーティスト、そしてスタッフとが交流できる場を設けた。アーティストからも、演奏への感想や、被災地の現状を地域の方たちから直接聞ける貴重な機会ということで支持された試みだった。

2012年2月21日の午後には、バロック楽器奏者の西山まりえさんがいわきアリオス所蔵のチェンバロを持ち出し、珍しいバロック・ハープの演奏とともに紹介するコンサートを、久之浜公民館で行った。この地区は津波被害と大きな火災に遭ったうえ、原発事故後には半径30キロ圏内の屋内退避区域に指定されていた。「おでかけアリオス」の開催にあたっては、震災後から地元の商工会や公民館との連絡を密に取りながら、開催時期を探っていった。当日は80人の地元住民が訪れ、演奏とチェンバロの楽器に触れる体験を楽しんでいただいた。

コンサートに立ち会った矢吹が、思わぬ光景を目撃した。

「来場者はご高齢の方が多かったのですが、今回のコンサートのおかげで、地域のお年寄り同士の交流が復活したというのです。以前はお年寄り同士が頻繁に会う機会があったそうですが、震災後は各地に避難した方が多く、しばらくして戻ってきても、外出しないで家に引きこもりがちになり、互いの消息をつかめなかったそうです。でも、このコンサートを聴くためにみなさんがシルバーカーを押しながら会場に集まり、互いの消息を確認し、再会を喜びあう光景が見られました。コンサートがきっかけで、お年寄りのみなさんの『日常』が回復したのだと思いました。開催前には予想もしなかった結果でしたが、この時期に久之浜で開催してよかったと思いました。こうした状況は、ほかの地域でもおそらくあるのではないでしょうか。『おでかけアリオス』を続けていかねばならないと思いました」

「おでかけアリオス」が、まちのセーフティネットとしての機能を果たしうるという一例といえないだろうか。

老人ホームでの落語会

2011年7月13日、14日には、立川志らく《たてかわしらく》門下の若手落語家3名が、市内3カ所の老人ホームと、4月の最大余震で大きな被害を受けた遠野《とおの》地区で「おでかけ落語会」を行った。

老人ホームでの落語会のなかでは、双葉郡川内村から震災後、郡山市への避難を経て、いわき市に場所を借りていた認知症対応型グループホームでの公演が象徴的だった。入居者のお年寄りは、当日の開演前まで、まったく会話もせず表情も平坦だったが、落語会が始まると少しずつ表情が緩み、最後は手を打って笑っていた。そして落語家たちが施設を後にするときには、窓際から顔を出して、歌を歌いながら送り出したという（現在は、川内村が用意したいわき市四倉町の仮設のホームに移転した）。

また遠野地区の一般市民を対象にした「おでかけ落語会」は、遠野支所の地域振興職員から寄せられた、「地域の方たちの心を何とか和らげてあげたい」という強い希望で実現した。この地区は4月の最大余震の影響で家屋損壊が進み、原発事故の影響で作付けができないことで農家は大きなストレスを抱え、自殺者まで出ている地域だった。当日は落語のほか、余興の踊りや、お客さまの似顔絵描きなど出演者の特技も披露されたが、市民の方からは「生で楽しませてくれてありがとう。震災後の嫌な気分が吹き飛んだ」（70代女性）、「大

遠野地区での「おでかけ落語会」
（Photo：村井佳史）

変たのしゅうございました」（80代女性）などの感想が寄せられた。

あせることはない。丁寧にプログラムをつくっていけばいい

このように、様々なケースを積み重ねてきた震災後の「おでかけアリオス」だが、1年間のプログラムを振り返り、もしほかの地域で、このような震災や災害に見舞われたときに、アート関係者に心がけてほしいことを矢吹に訊いた。

「自分はそんな偉そうなことを言える立場ではないですが……第一には『情報』を集めてほしいということですね。震災直後から集めた、地域や学校の情報は、日に日に変わってきました。そのようななかで、『今』その地域がどのような状況に置かれており、何が求められているかを正確に把握する必要があると思います。それを、自分だけでなくチーム内で必ず共有し、アーティストにもありのままをお伝えします。また今回、『情報』の重要性は、スタッフ内部やアーティストとのコミュニケーションのためだけに必要とされるのではないことがわかりました。震災後に学校での打合せで感じたのは、先生たちがほかの地域や学校のことをものすごく心配し、今どのような状況なのか、その情報を切実に求めていることでした。同じようなことを、市役所の支所の方たちからも聞かれました。そうした生の情報を先生や地域の担当の方と共有することで、一体感が生まれていきました。私たちは、アートをお届けするだけでなく、まちの隅々を歩き回ることにより、地域の様々な情報を集約するセンターとなり、その情報を別の地域の方にお伝えしていく、いわばレポーターのような役割をも果たしていた気がしましたし、情報を持っていることで、様々な方たちとのコミュニケーションが円滑に進んだと思います」

次に、矢吹は「あせらない」ということを挙げた。

「震災直後から、市内にたくさんのアーティストやボランティアが駆けつけ、避難所や施設で訪問演奏を行ってきました。そうしたニュースを聞くたびに、『自分たちも一刻も早く動きださなければ』と焦ってばかりいました。しかし、時がたつにつれ、そうした動きは潮を引くようになくなっていきました。私たちの本当の仕事は、これから始まると言っていいのではないでしょうか。我々ができることは、人々が震災のことを忘れるようになっても変わらず、地域の子どもたちや市民のみなさんに、質の高い、丁寧につくり込んだ舞台芸術のプログラムを届け続けることに尽きると思います。そしてその経験は、子どもたちや地域のみなさんの心に確実に残ることを、この震災から1年の『おでかけアリオス』で確信することができました」

7 いわきアリオス再オープンへの助走

広報紙アリオスペーパーを5カ月ぶりに発行

5月16日からの払戻し業務の開始、6月19日からの1階レストラン、ショップの営業再開に続き、館内では、8月以降の本格的な再オープンに備えた助走が始まった。新しい「いわきアリオス」に生まれ変わり、新しい気持ちで再び「お客さま」をお迎えしたいという思いとともに、スタッフがやるべきことは多かった。

7月8日には、いわきアリオスの広報紙「アリオスペーパーvol.19」が5カ月ぶりに発行された。

編集に際しては、震災前と同じく、市内外からボランティアで参加している「アリオスペーパー編集部員」とミーティングやメーリングリストでの議論を重ねながら、内容を詰め

5カ月ぶりに発刊された
アリオスペーパー

ていった。

結果、表紙では、詩人の谷川《たにかわ》俊《しゅん》太郎《たろう》さんが２００８年のいわきアリオスのオープンに際して書き下ろした詩「いまここ」(15)と、本来なら4月に発行予定だった号で表紙モデルを務めるはずの子どもたちが「好きなもの」を描いたイラストとが「共演」した。見開きの特集「いわき34のメッセージ」では、編集部員が、音楽、演劇、アートの関係者や市内各地でボランティアに携わってきた人のなかから、「この人の話を聞きたい」という候補をリストアップした。震災以来どのようなときを過ごし、今何を思っているかを、３００字のメッセージにまとめてもらい、いわきのアート界をめぐる現状を凝縮して掲載した。巻頭をこの特集にしたということは、これからの長い道のりを、いわきに住むと決めた方たちと、そして、いわきを思って暮らしている方たちとともに歩んでいくという意思表示でもあった。

アリオス節電プロジェクトが発足

館内では8月の1階~2階のフリースペース部分の再オープンと、施設貸出しの受付再開に向けた準備が本格化した。折しも7月1日から、電気事業法第27条の「電力使用制限」が発動され、契約５００キロワット以上の大口使用者は15％の節電が義務づけられるようになっていた。館内でも消費電力を抑えるべく、冷房を28度設定にしたり、フリースペースの照明を間引いたりするなどの対策が講じられた。しかし「それだけじゃ物足りないよね」という声がスタッフの中からあがり、「アリオスらしい節電方法」を模索するべく、監理調整担当、施設サービススタッフ、舞台スタッフ、マーケティンググループなどの有志で自然発生的に「節電プロジェクト」チームができあがった。

舞台照明チームは、望月圭介《もちづきけいすけ》チーフの呼びかけから「目でお客さまに涼しくなってもらい

15 「いまここ」
いわきアリオスのオープンにあたり、いわき市民とアリオスをつなぎ、いつでも口ずさめる「合言葉」になるような詩を、詩人の谷川俊太郎氏に依頼した。谷川氏は、2007年10月、オープン前のいわきアリオスを訪問，スタッフ一人ひとりから「こんな施設になってほしい」という思いを聞き取り、それを「いまここ」「舞台に　舞台から」「ハコのうた」「場」という４篇の組詩にした。P100に全篇を掲載

たい」ということで、暗くなった大ホール前の壁面に、省電力のLED電球を駆使して「アリオス水族館」をつくるべく試行錯誤を重ねた。「アリオスフィッシュ」と名づけた色鮮やかな架空の熱帯魚が、壁面を不規則に動きながら泳ぐスペースは、再オープン後、子どもたちがかくれんぼをしたり、お昼休みのお弁当スポットや休息場所として人気を得た。

館内の温度は屋外に比べると涼しかったが、例年に比べるとさすがに暑く感じられた。この状況を何とかすることはできないかと、スタッフは知恵を絞った。そこで思いついたのが「節電ポスター」だった。

ただ、他の施設のように電球をモチーフにしたキャラクターで節電を呼びかけるのではない。スタッフが頭をひねって考え出した「お寒い」ダジャレで、少しでも「涼しい」気分になってもらおうという趣向だ。スタッフは毎日、考えたダジャレを持ち寄って検討会を開いた。そこで厳選されたダジャレに合わせて、施設サービスグループで絵心があるスタッフ、小《こ》林《ばやし》綾《あや》子《こ》がイラストを描き、次々とポスターに仕上げていった。ポスターの下には必ず5段階評価によるダジャレ評価と、ユーモラスな講評を掲載し、14枚のオリジナル節電ポスターを館内に分散掲示した。ついでにポスターめぐりスタンプラリーも実施した。この企画は、来館した子どもたちや、高校生、スタジオ利用者に喜ばれ「これまで行ったことがない館内のスポットも知ることができた」という感想をいただいた。

震災前よりもさらに親しみやすい施設になろうとスタッフは燃えていた。震災から4カ月が経ち、いわきアリオスのオープン前からスタッフたちがコミュニケーションを重ねるなかで培ってきた、「バカバカしいことに命をかける」という「文化」も、復活しつつあった。

アリオス水族館
（Photo：鈴木穣蔵）

「あそび場アリオス」という新しい顔

2011年8月1日。

いわきアリオス1階のキッズルームやアリオス・ラウンジ（市民活動室）、2階の吹き抜け空間カスケードとカンティーネ、アリオス・カフェといった、震災前から市民の憩いの場として親しまれてきたフリーの交流スペースが再オープンした。

入口前には、8月3日から先着順で受け付けることになっていた秋のホール部分の予約をするために、数日間、徹夜で並ぶ団体も現れたが、大きな混乱もなく手続きは進められた。

再オープン初日はまばらだった交流スペースにも、徐々にお客さまが帰ってきた。ベンチやソファのあるスペースには、昼食や、散歩の途中で涼をとりに入館する方が増えた。震災前にも自習する高校生たちで賑わっていた1階のアリオス・ラウンジとカンティーネは、2週間もたたないうちに口コミで利用再開が伝わり、朝から晩まで満員の盛況が続いた。館内には時々、工事のドリル音が響くこともあったが、いつもどおりの、いや震災前より人の流れがあるアリオスが戻ったかのように見えた。

だが、人が戻って来ない場所もあった。

アリオスの入口前にある公園の人工池は、通称「じゃぶじゃぶ池」と呼ばれていた。例年だと、夏休みにもなれば水浴びをする子どもたちの歓声が朝から夕方まで響き渡るのだが、震災後は水が干上がり、公園の通路も地盤沈下の影響で隆起したままだった。

市内はもとより県内では、子どもたちが安心して遊べる場所が圧倒的に不足していた。原発事故による放射能の影響で外遊びができる状況ではなかったのだ。幼稚園や学校が使えない夏休みともなれば、深刻さは増した。

「子どもたちと、お母さんたちの悩みを何とかできないか」――いわきアリオスの市民協

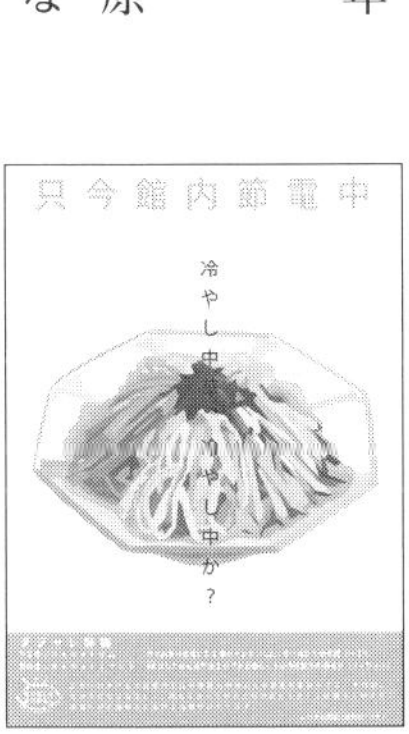

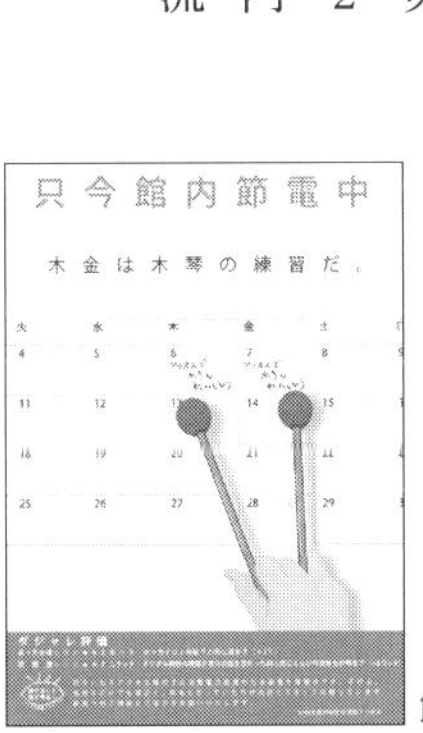

節電ポスター

働型プロジェクト「アリオス・プランツ!」（詳しくは第2部P111〜）に参加していた市内在住の主婦、山田亜希子《やまだあきこ》さんは考え、8月のキッズルームの再オープンに合わせ、子どもたちために「あそび」のプログラムを提供しようと準備を始めたのだ。山田さんの呼びかけに、趣味で読み聞かせの勉強をしている主婦、幼児教育経験者、エアロビクスの講師、学童保育でアルバイトをしている大学生、ゲーム好きのおじさん、絵の得意な高校生たちが集まった。第1回目は8月1日、キッズルーム再オープン当日から毎月一度のペースで続けてみようと決めた。アリオスの施設広報担当、村上千尋が、このプログラムを「あそび工房」と名づけた。子どものため「だけ」にやるのではない。いわきに住む大人も子どもも、子育てをしている人も、していない人も、人生経験豊富なお年寄りも、学生も、独身貴族も、そうでない人も、ここに集まって「みんな」で「いっしょに」ひたすら遊ぶ。そこから見えてくるものがきっとある。

当日はほとんど告知もしなかったが、14時を過ぎると１５０人近い親子連れが来館した。折り紙や七夕飾りの工作をして、キッズルームに掲示した。大画面に映るテレビゲームに合わせ、思いきり体を動かす子もいた。キッズルームでは、アリオスの舞台スタッフがこの日のために製作した紙芝居を使って主婦たちが紙芝居を読み、指あそびや室内を動き回るレクリエーションをして時を過ごした。子どもたちの歓声が5カ月ぶりに館内に響き渡った。

「あそび工房」はその後、半年余りの間に多くの市民を巻き込みながら、いわきアリオスの新しい「顔」に育ちつつある。

第１回 あそび工房の様子
（Photo：鈴木穣蔵）

8 「安全意識」というDNAを明日へ

練習系施設の再オープン

9月に入った。本館3階の、バンド練習を目的としたスタジオ4室と中リハーサル室、5階の大リハーサル室が再オープンした。5月ごろから、文化活動をしている市民の間では練習・稽古場の不足が叫ばれていた。いわきアリオスを拠点としていた音楽グループには、再オープンまで活動休止していた団体も多く、貸出し窓口で「今日、半年ぶりにメンバー全員で顔を合わせて、活動再開します！」と声を弾ませながら挨拶していく利用者も見受けられた。

コンサートが帰ってきた

9月6日には、いわきアリオスの館内に「コンサート」が約半年ぶりに帰ってきた。いわきアリオスを拠点に活動してきた弦楽四重奏団「ヴィルタス・クヮルテット」を主宰するチェリスト、丸山泰雄《まるやまやすお》[16]さんによる無伴奏チェロのコンサートを、本館2階の交流スペース、カスケードで開催した。無料の公演に、超満員となる200人の聴衆が詰めかけた。

地上6階のガラスの天窓から注ぐ自然光のもと、丸山さんが汗をかきながら、J・S・バッハ、黛敏郎《まゆずみとしろう》、コダーイといった大作をチェロ一挺で次々と演奏していく。自身も仙台出身でこの震災で親類を亡くし、その後東北各地やいわき市内で何度もボランティア演奏をしてきた丸山さんが、いわきの聴衆を気遣って話しかける。客席からは温かい拍手がいつまでも続いた。演奏と拍手、その一つひとつの音がカスケードの天窓に吸い込まれ、いわきア

16　丸山泰雄（まるやまやすお）
仙台市出身のチェロ奏者。15歳でチェロを始める。1987年東京藝術大学音楽部卒業。89年第58回日本音楽コンクール第1位、増沢賞・特別賞を受賞。現在、全国のオーケストラの客演首席奏者も務めるほか、ソロに、アンサンブルに幅広く活躍。2009年にはいわきアリオスを拠点に活動する弦楽四重奏団「ヴィルタス・クヮルテット」を結成、リーダーとして地域と音楽を結ぶ活動に精力的に取り組んできた。

リオスという施設が次第に息を吹き返していくような公演だった。

公演後にお願いしたアンケートには来場者の4分の1を占める50人が記入した。そこにはアリオスの再オープンを喜ぶ声があふれた。

「3・11以後の思いが聴く人たちの思いといっしょになり、心に残る感動的なコンサートでした」

「海も山も、自慢できるものは今はありません。アリオスがあることが誇りです!!」

アリオスの「安全意識」を見つめなおす

一方、ホール・劇場部分は8月末に改修工事が終わり、舞台スタッフによる安全確認作業が進んでいた。それと同時に、全館再オープンを迎えるまでに、必ず実施しておかなければならないプロジェクトがあった。それが「自衛消防・防災訓練」（以下、防災訓練と表記）だった。

「安全」とは何かを、身をもって説明できる人は少ない——2012年3月まで、いわきアリオスの施設管理課長として舞台サポートグループと施設サービスグループのスタッフ24名を束ねていた西村充《にしむらみつる》は、口癖のように言っていた。

西村は、東京の世田谷パブリックシアターの照明課長を務めていた2003年から、いわき市の依頼で、新しい文化交流施設の「劇場計画プロジェクトチーム」のメンバーに加わり、いわきアリオスの設計段階から照明に関するアドバイスをしてきた。2008年1月からは施設管理課長に就任、同時に、全国の18の公立文化施設が加盟している「公共劇場舞台技術者連絡会」の中心人物の一人として、「舞台技術者の安全対策を業界全体で考え、情報共有しよう」という動きを推進してきた。

丸山泰雄「無伴奏チェロ on カスケード」
（Photo：鈴木宇宙）

「劇場」「舞台」は、とても危険な場所である。

頭上には大小おびただしい数の舞台機材が吊り込まれている。高所での作業は日常茶飯事だが、万が一、そこから物を落とせば、1枚の紙のような軽いものでも人を切りつける凶器に変わってしまう。また舞台では、スタッフ1人の判断ミスにより、最悪の場合、同僚はもちろんステージ上の出演者や観客を巻き込む事故を引き起こす可能性だって出てくる。

アリオスのオープン前、西村は、業界何十年の重鎮から、地元採用で初めて舞台技術を学ぶ若手までが混ざる〝多国籍軍〟を前に、安全意識の徹底をとおしてチームワークを形成していった。たとえば、しつこいほどの「声かけ」。いわきは東京の専門劇場と違って、プロの舞台スタッフだけでなく、市民といっしょに作業をする機会が多い。そのなかで利用者の安全を確保するために何が必要かを、西村はよく作業の手を止めて説いた。こうした積み重ねを経て、アリオスの舞台スタッフのチームワークと安全意識は練り上げられていった。

超党派のスタッフで100時間かけ「防災訓練」の準備

東日本大震災という「想定外」の災害を体験したいわきアリオスを再オープンするにあたり、これから来館するお客さまの「安全」と「安心」は至上命題だった。アリオスの4つのホール・劇場系施設がフル稼働したら、大ホール1700人、中劇場600人、小劇場230人、音楽小ホール200人もの観客を収容できる。練習施設の利用者も加えたら、一度に3000人近い利用者の安全を確保することが必要になる。「そのとき」館内にいるスタッフは何をすればよいか、舞台スタッフのみならず一人ひとりが考えておく必要があった。

震災から2カ月が過ぎた5月中旬だった。若手舞台スタッフが呼びかけ、スタッフ全員に対してアンケート調査を行った。震災発生時の「初期対応」「初動対応」(17)「避難誘導」「連絡

17 「初期対応」と「初動対応」
それぞれの持ち場によって異なるが、「初期対応」は揺れが収まった直後に取るべき対応で、館内の利用者の沈静化と安全の確保、および地震に関する情報収集を行うこと。「初動対応」はそれを踏まえ、公演や施設利用を続行するかの協議と判断を行うこと。また被害状況の確認し、必要に応じて119番通報等を行うこと。

方法」「情報収集」「報告方法」「避難所運営」などの項目に分け、実行してよかったことや、課題を思いつくままに記入してもらったのだ。それを箇条書きでまとめたところ、A4用紙で16ページ分に達した。

その改善点などを検討し、再オープンに向けた防災訓練のプログラムを作るべく、6月中旬には「自衛消防・防災訓練開発プロジェクト」チームが動きだした。

このプロジェクトチームでは、震災前から毎年2回行われる「防災訓練」の実行委員会として、館内のあらゆる部署からスタッフが集まり、訓練プログラムを開発してきた。西村は、とくに今回のプロジェクトチームのメンバーは、今後の館の運営の中核を担う30〜40代の若手・中堅スタッフが担うべきだと考え、総務、企画制作、マーケティング、舞台、施設サービスのスタッフら14名を指名した。「全部署」のスタッフがセクションを越え、「徹底的に」コミュニケーションを取る。これが西村のこだわりだった。選んだあとは、西村はスタッフを信頼し「すべてを任せる」。そのプレッシャーを感じながら、プロジェクトチームは、10月の防災訓練の当日までに、100時間以上のミーティングを重ねていった。

「防災マニュアル」の改訂

まず着手したのが、館の「防災マニュアル」の改訂だった。前述の、スタッフを対象に実施したアンケート結果や、自分たちの感じたことを出し合い、震災発生時の「指示系統」や「館内の情報共有」に関する改善点を検討していった。検討会には、第一次オープン時に防災マニュアルを作成した40代〜50代のベテランスタッフがアドバイザーとして加わっていた。こうすることで、現行のマニュアルの文言の一言一句がどのような意図で作成されたのか、若手スタッフはその背景までを先輩から学び取ることができた。同時に、自分の部署以

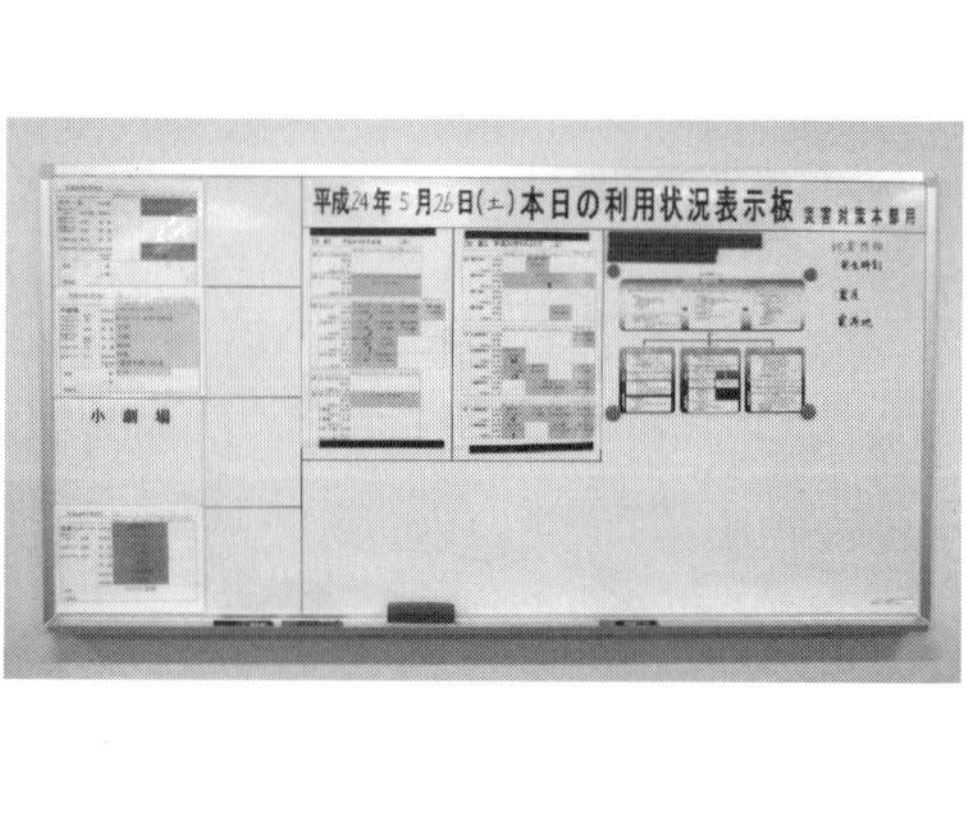

事務所内の施設利用状況掲示板

外の人間がそれぞれの持ち場で、どう動こうとするのかを全員が把握でき、そのうえで各部署がいかに連携していくべきかを整理することができた。マニュアルのなかでは、震災発生時の対応の「フローチャート」を見直したが、この作業によって、各持ち場の人間が「初期対応」「初動対応」「避難対応」でどのように対応し、また連携するべきかを、より明確な形で図案化することに成功した。

また、今回の震災を経験することで、多数の催事やリハーサルが同時進行している施設内での「情報共有」が難しいという声が多く聞かれた。そこで、事務所の中央にホワイトボードを設置し、その日の施設利用状況や収容人数を集約した一覧表を貼り出すようにした。再オープン後も、スタッフは出勤すると、まずその一覧に目を通し、その日、万が一何かが起きた場合、自分はどう動くかをシミュレートする。それだけでも、初期対応に差が出てくるだろうと考えたのだ。

スタッフ全員が未経験の「防災訓練」に挑戦

このプロジェクトの、再オープン前の難関は、10月12日に予定していた防災訓練のプログラムづくりだった。

防災プロジェクトチームのリーダーを3年連続で務めてきた、舞台サポートグループ舞台サブチーフの中村《なかむら》晋《すすむ》は、この再オープンを間近に控えた時期に、スタッフの準備の総仕上げとなる防災訓練をどのような形で行うかで迷っていた。

今回の震災と度重なる余震を経験するうちに、スタッフたちは、必ずしもマニュアルに記載してあるような万全の人員で初動対応ができないことを実感していた。いわきアリオスは、月に一度の全館休館日以外は朝8時半から夜22時半まで開館しており、2交代制のシフ

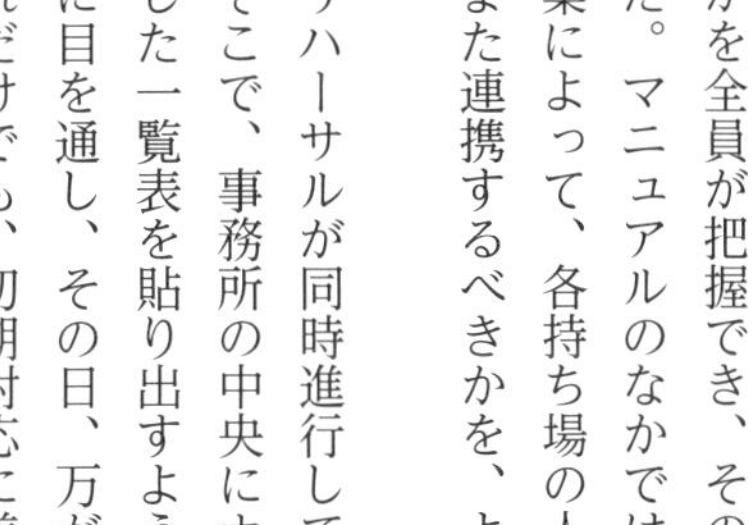

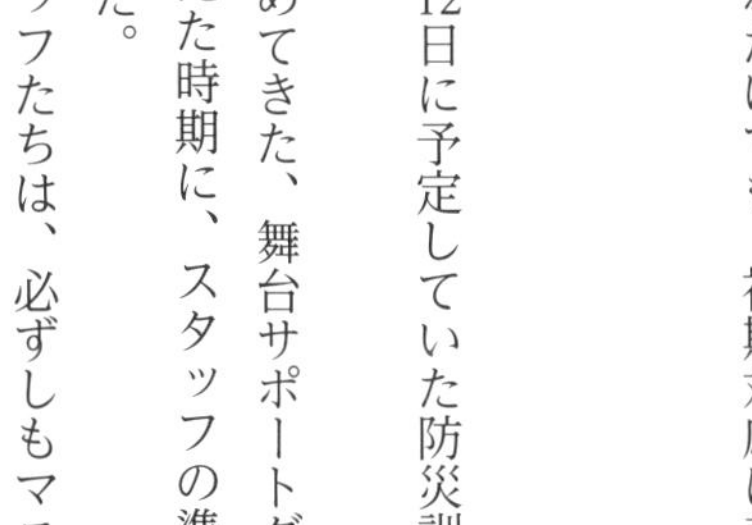

2011年10月の防災訓練

ト勤務が組まれている。スタッフ全員が顔を合わせるのは、極端に言えば、年度初めか防災訓練当日くらいしかない。催事のない平日夜間など、スタッフ数が手薄な時間帯もある。

中村は考えた。これまでの防災訓練では、館内の施設を使い、あらかじめ決められたストーリーにのっとって館外へ避難誘導するなどの「実動訓練」は経験してきた。しかし、その後「想定外」の事態を経験した者としては、あの時と同じか、それ以上の「極限状態」のなか、「今ここ」にいるスタッフ体制で「情報を共有」し、いかに最善を尽くして「お客さまの安全」を確保するか、全員が徹底的に考える訓練でないと意味がない。

そこで中村は、予定調和になりがちな「実動訓練」は実施せず、あえてスタッフの誰もが経験したことのない「ロールプレイングゲーム形式（図上シミュレーション訓練）」を採用することを、プロジェクトメンバーに提案した。準備が大変なのは予想がついたが、挑戦してみようということになった。

訓練当日、会場となった中劇場のステージは4つのブースに分けられ、正面の巨大スクリーンには時計が映し出されていた。そこに、アリオスの正規スタッフのほか、総合案内やチケットセンター、公演時の接客業務を委託しているスタッフや、館の清掃・施設管理を担当しているスタッフなどが、50人ずつ2回に分けて集められた。訓練参加者にはどのような内容の訓練をするか、事前情報を与えなかった。与えられたのは極度の緊張感だけだった。

訓練は、3月11日と同じような震度6弱の地震が、大ホールでのオーケストラ公演の開演直前に発生したことを想定して行われた。発生から3時間の間に、「事務所」「大ホールの舞台スタッフ」「大ホールの客席案内係」「中央監視室」に分けた4チームが連携しながら聴衆を公園に避難誘導し、その後、避難所開設の結論を出すまでの動きを検討していく。会話ができるのは同じチームのなかだけで、ほかのチームとの連絡は、すべて用紙に書いてのやりとりとなる。3時間という時間の流れはそのまま再現せず、ステージ上の巨大スクリーンの時計に、4倍速から2倍速で「現在時刻」が示される。訓練本部からはその流れにそって、テレビやラジオの情報や、利用者や演奏家からの要望等が書かれた「状況付与票」が、各チームに矢継ぎ早に与えられる。それに対して適切な判断をして動かないと、ほかのチームとの連携が滞ってしまう。

果たして訓練では、最初は各チームとも混乱しながらも、チーム内で迅速に役割分担をし、声を掛け合って情報を共有し、今できる最善の判断を次々と下してほかのチームと連携しようとする姿が見られた。訓練に「正解」はない。ただ、誰かが指示してくれるのではなく、一人ひとりが徹底的に考え、自主的に行動を起こすこと。その目標は達成できた。

こうしたプロセスは、「休館中」だからこそできたことだが、今後の館を担うスタッフが携わることで、普段は自分の専門分野の仕事で忙しくしている者同士が、部署を越えてコミュニケーションを深め、「防災意識」「安全意識」を高めあうことができたのは大きな収穫だった。

だが……、と施設管理課長の西村は言う。

「今年の防災プロジェクトの真価が問われるのは、実は、来年度以降だと思うのです。プロジェクトメンバーが入れ替わり、今回のメンバーが『訓練される側』にまわったとき、どう振舞うかによって成否が決まるのではないでしょうか。彼らのなかに、今年1年かけて蓄積したことが残っていて、いざというときに『動ける』人になることで訓練の質がアップしなければ、今年の訓練は失敗だったといえます。そういうふうにしてプロジェクトのメンバーを入れ替えながら、何年もかけて全体の底上げを図り、『いわきアリオスの安全意識』というＤＮＡを強固なものにしてほしいのです」

最後に、もう一度同じ問いを繰り返す。

「安全とは何か？」

答えは、一人ひとりが徹底的に「考える」ことによってしか得られない。考えたことがないものは、いざという時になっても「動けない」。

9 全館再オープン、そして……

ピアノ〝再開〟ミニ・コンサート

10月12日の防災訓練が終わると、館内は一気に全館再オープンを見据えた「通常営業」モードに突入した。このころには、連日繰り返し起きていた余震の数が、いつのまにか減っていた。

13日には、大リハーサル室にいわき市民150名を招待し、ピアニスト小山実稚恵[18]さんによる「ピアノ〝再開〟ミニ・コンサート」が開かれた。小山さんは、大ホールに配備した2台のスタインウェイ・ピアノを選定したアリオスのピアノの「おかあさん」というべき存在だ。仙台に生まれ、盛岡で育った小山さんは、震災発生直後からいわきのことを気にかけ、大きな余震が起こるたびにアリオスと連絡を取り、いわきの様子を尋ねた。5月からは岩手県、宮城県の被災地を訪れ、地元の人々を前に演奏する活動を始めた小山さんは「いつか、音楽の力でいわきのみなさんを勇気づけることが許される時期が来たら教えてほしい」と申し出てくれた。「1年後でも、何年かかってもいいから、『来てほしい』と言われたらすぐにでも飛んでいく」。そこで、3月に大ホールで被災してから半年余り楽器庫にしまわれたままでいるピアノのコンディションを、全館が再オープンする直前の10月にいわきの市民と

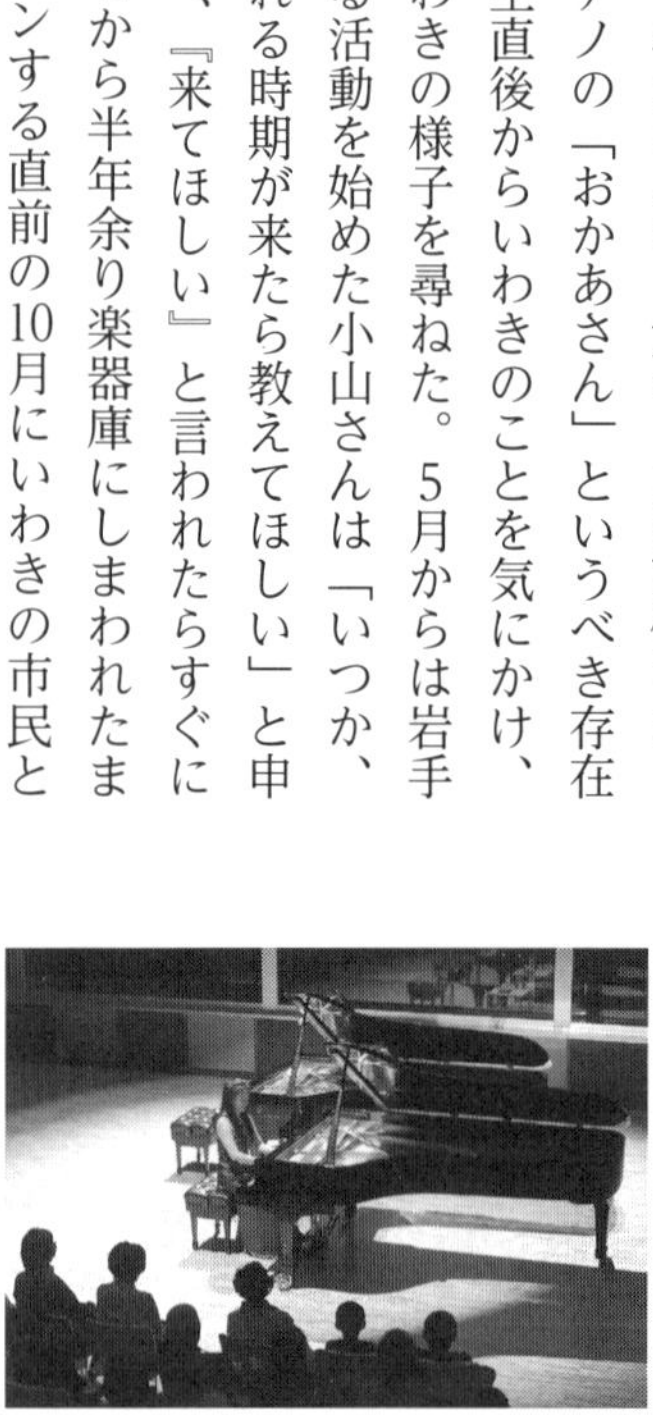

小山実稚恵ピアノ“再開”ミニ・コンサート
（Photo：鈴木穣蔵）

18　小山実稚恵（こやまみちえ）
チャイコフスキー国際コンクール第3位、ショパン国際ピアノコンクール第4位という、二大コンクールともに入賞した日本人で唯一のピアニスト。2006年からは全国7都市で、春・秋年2回ずつ2017年までの壮大なプロジェクト“12年間・24回リサイタル・シリーズ”が進行中。2011年の東日本大震災以降、東北出身の小山は「被災地に生の音を届けたい」との強い思いで、岩手、宮城、福島の被災地の学校や公共施設等で演奏を続けている。

いっしょに確かめつつ、再オープンの前祝いをしてほしいとお願いしたのだった。

当日、小山さんは2台並んだピアノを弾き分け、ラフマニノフの「鐘」や、ラヴェルの「ラ・カンパネラ」など、「祈り」を感じさせる曲を織り交ぜ、鍵盤に再び魂を込めるような熱演を繰り広げた。ピアノの音はみるみる生気を取り戻し、聴衆も目を瞠《みは》った。

小山さんは11月29日には、いわき市立錦東《にしきひがし》小学校で「おでかけアリオス」を実施した(表紙写真参照)。地震の影響で体育館が損壊し、校内の芸術鑑賞会の機会がなくなったことを受けてのリクエストに応じて実現したものだ。コンサートは音楽室のグランドピアノを使用し、午前、午後に分けて全校児童150人に聴いてもらった。児童たちは、国際的に活躍するピアニストが至近距離で奏でるピアノの音色に、あっけにとられた様子だった。最後に児童の代表が「ショパンの『革命のエチュード』では、本当に革命が起きるかと思いました」という感想を口にすると、小山さんは満面の笑みを浮かべた。

市民が「アーティスト」に変身するコンサートで、再オープン前の総仕上げ

10月15日、16日には、全館再オープンのプレ企画として「いわき街なかコンサート in TAIRA」の中劇場公演[19]を行った。いわき駅前の野外会場10カ所といわきアリオスを会場にして、2日間でいわき中のバンドや音楽団体、ダンスグループがプロ・アマ入り乱れながら出演する市民音楽祭だ。今回は、音楽を通していわきを元気づけると同時に、県内外にいわきの存在をアピールするという趣旨のもと、8年目にして初めて200以上の団体がエントリーしての開催となった。

震災後、音楽も聴けず、楽器すら触れなかった市民の多くが、この日を目標として練習を再開し、モチベーションを高めてきた。「生きがい」としての音楽が、市民生活のなかに実

19 「街なかコンコンサート」中劇場公演では、いわきアリオスの音響チーフ岡田辰夫の長年の友人で、日本を代表するベーシストとして活躍する伊藤広規の呼びかけで結成されたチャリティ・プロジェクトバンドがゲスト出演し、会場を盛り上げた。伊藤たちは中劇場の音響を評価し、当日の演奏をライブ収録したCDを2012年5月にリリースし、全国発信した。(CD『伊藤広規 & HIS FRIENDS / Relaxin' at IWAKI ALIOS』レーベル名:BASS & SONGS)

「伊藤広規」CDジャケット

感を伴って戻りつつあったころだった。

アリオスの舞台スタッフも、この日のために全員参加でステージのセッティングを行い、音響や照明のプランニングとオペレート、それに舞台進行を担当し、イベントをサポートした。ステージには東京のライブハウスと見まごうばかりのセットと大量の照明機材が仕込まれ、そこに2日間で30以上のグループ約300人が登場した。様々なバンド、ピアノ・ソロ、民謡、ジャズ、二胡《にこ》、フル・オーケストラ、サンバ、ゴスペル、フラメンコ、それに演芸……。出演者たちは楽屋入りするときは普通の市民だが、思い思いの衣装をまといステージ上に上がる瞬間「アーティスト」に変身した。スタッフも「お願いします！」と、プロのライブさながらに送り出す。すがすがしい笑顔を浮かべながら照明を浴び、客席に向かって、渾身のパフォーマンスを繰り広げる「アーティスト」たち。舞台スタッフにとっては、朝から夜までぶっ通し、しかも次から次へと舞台転換が待っていたこの公演は、半年以上のブランクを埋める〝リハビリ〟にしてはハードな現場だったはずだ。しかし何より現場にお客さまが戻り、一体となってお祭り騒ぎをできたことが嬉しそうだった。そして2日間の催事の途中で余震が起こらなかったことに、スタッフみんなで感謝した。

再オープンの準備は、整った。

大ホール再オープン当日、中学生からの「プレゼント」

10月19日に、いわきアリオスは大ホール、中劇場、小劇場の再オープンを迎えた。

この直前には、各方面から「再オープンの日は、大物アーティストを呼んだり、セレモニーをしたりしないのか」という問い合わせがよく寄せられた。その答えが、初日の大ホールにあった。

いわき街なかコンサート
（Photo：村井佳史）

大ホールでは、いわき市立中央台北中学校の生徒による「北中フェスティバル」、校内合唱コンクールが行われていた。1年3組の生徒が歌い始めた課題曲は「Let's search for Tomorrow」（作詞：堀徹《ほりとおる》・作曲：大澤徹訓《おおさわあきのり》）という曲だった。

明日を探そう　この広い世界で
今こそその時　さあ　みんなで旅立とう
明日への　限りない期待ふくらませて
僕たちのすばらしい希望と夢を　……

生徒たちの歌声と言葉が、大ホールの客席の隅々に染み渡った。続いて歌った自由曲は「しあわせ運べるように」だった。

地震にも負けない　強い心をもって
亡くなった方々のぶんも
毎日を大切に生きてゆこう
傷ついた「いわき」を元の姿にもどそう
支え合う心と明日への希望を胸に　……

この歌は1995年の阪神淡路大震災の1カ月後に、神戸の小学校で音楽の先生をしていた臼井《うすい》真《まこと》さんが作詞作曲をし、その教え子たちが初演した合唱曲で、以後、全国各地で歌い継がれてきた作品だ。中央台北中の生徒は、歌詞に出てくる「神戸」という地名を、1番は

大ホール再オープン当日

「いわき」に、2番は「楢葉《ならは》」に、3番は「福島」に変えて歌っていた。ステージ上に並んだ生徒のなかには双葉郡楢葉町から引越してきたのだろう、一人だけ違う制服を着た子が立っていた。

響き渡れぼくたちの歌　生まれ変わる「福島」の町に
届けたいわたしたちの歌　しあわせ運べるように
届けたいわたしたちの歌　しあわせ運べるように

この日のために、クラスみんなで話し合って歌詞を検討し、練習を重ねて本番に臨んだのだろう。7カ月間、一人ひとりが経験したことがない毎日を過ごしたけれど、こうしてみんなで準備をしてステージに立ち、心を合わせ夢中に歌っている。客席には、仲間や、保護者の方々が座っていて、歌声に一生懸命耳を傾けている……少なくともこの時間は。用意されたセレモニーの「演出」など到底およばない、「日常」という最高のプレゼントを、子どもたちがアリオスに贈ってくれたのだった。

全館再オープン、大物アーティストたちの応援が続いた

そして11月1日。

点検を終えた音楽小ホールと練習室が再オープンし、いわきアリオスは、6月に発表したスケジュールどおり、ついに全館の再オープンを果たすことができた。

この日、中劇場では「バレエ界の女王」と呼ばれるシルヴィ・ギエムさんと東京バレエ団による「福島特別公演」が行われた。

シルヴィ・ギエム&東京バレエ団「ボレロ」
（Photo：堀田正矩）

いわきのバレエ界では、震災の影響で半数の子どもがレッスンをやめていった教室もあった。そんなバレエ界と、何より子どもたちに、世界の頂点に立つダンサーの演舞を至近距離で見てもらいたい。そこで市内のバレエ教師で組織するいわき洋舞家連盟と、市内のアートNPO法人ワンダーグラウンド（第2部P144参照）、アリオスのスタッフ有志が実行委員会を組織し、公演を開催した。チケットは発売開始30分で売り切れた。

ギエムさんが選んだ演目は、20世紀最大の振付家モーリス・ベジャールの代表作で、彼女の代名詞的なレパートリーだった「ボレロ」。2005年を最後に踊るのをやめていた作品だが、震災で傷ついた被災者に勇気を与えるために、封印を解いた。

約8カ月ぶりの有料公演ということで、客席誘導を担当するフロントスタッフたちも緊張していた。万が一に備え、みんなで避難経路を確認した。11月といえば、まだ国際的な大物アーティストが来日を控えていたころだ。世界の最高峰に君臨するダンサーが「FUKUSHIMA」を訪れるということで、国内外のテレビ、ラジオ、新聞等のマスコミが大挙して押しかけロビーで待機していた。開場。おしゃれに着飾ったバレエ愛好家の親子連れが、いくぶん表情をこわばらせながら、中劇場に帰ってきた。開演5分前には、全員が席に着き、今か今かと「女王」の登場を待った。遅刻者なし。劇場全体が窒息しているようだった。

「ボレロ」の序盤で、ギエムさんは客席の一人ひとりに目を合わせ、「大丈夫？」と話しかけるように踊った。そして後半では、長い手足を振り乱し、しならせ、みなを鼓舞するように、凄まじいエネルギーを吹き込んだ。東京から駆けつけたジャーナリストが「こんなギエム見たことない」と嘆息した。憑かれたように歓声をあげ、拍手を贈る満員の観衆たち。終演後のロビーには、開演前とはうって変わって、満面の笑顔と涙を浮かべた観客たちが、なかなか帰路につかずに語りあう姿が見られた。寒空の楽屋口前では、ギエムさんの「出待ち」をする子どもたちが長蛇の列をつくっていた。彼女は子どもたちをバックヤードに招きいれ、一人ひとりにサインをし、手を振って旅立っていった。

11月20日には、地元いわき出身の世界的指揮者、小林研一郎《こばやしけんいちろう》さん[20]と、彼と長年パートナーシップを築いてきた日本フィルハーモニー交響楽団の特別演奏会が大ホールで開かれた。本来なら7月に実施するはずだった事業の延期公演として企画されたこのコンサートには、この日を待ちわびた音楽ファンが集結し、客席は満員に膨れ上がった。公演は、いわきアリオスのオープニング以来たびたび来演しているマエストロのスピーチに始まり、犠牲者に哀悼の意を捧げ、J・S・バッハの「G線上のアリア」が献奏された。プログラムの後半はベートーヴェンの交響曲第5番。「運命」のタイトルで愛されているこの曲のように、苦難から勝利へというモットーが感動的に描きあげられ、聴衆は8カ月ぶりに大ホールに響いたオーケストラ音楽に酔いしれた。

こうした公演やライブに加え、演劇コンクールの県大会、小中学校の合唱コンクール、文化祭、吹奏楽の練習、発表会、おゆうぎ会、講演会が連日、休みなく展開された。

再オープン後、復興支援のための事業も様々なかたちで開催された。12月28日の中劇場では、バレエダンサーの西島千博《にしじまかずひろ》さんなど国内を代表するダンサーが集った「オールニッポンバレエガラコンサート」が無料で開催された。いわきアリオスと提携している日本劇作家協会は、2012年1月に開催した「ドラマリーディングワークショップ」のなかで「東北劇作家パネルトーク」を企画した。被災地の岩手県、宮城県で活動する劇作家4人と、このワークショップの講師を5年間務めてきた東京の劇作家・長谷基弘《はせもとひろ》さんが、東日本大震災を経験したあとに演劇が果たすべき役割についてディスカッションを繰り広げた。またFMいわきは東京都交響楽団の協力を得て、2月23日に大ホールで「ボクとわたしとオーケスト

小林研一郎指揮 日本フィルハーモニー交響楽団
特別演奏会（Photo: 堀田正矩）

20 小林研一郎（こばやしけんいちろう）
いわき市小名浜に生まれる。東京藝術大学作曲科、指揮科を卒業。1974年、第１回ブダペスト国際指揮者コンクール第１位・特別賞を受賞。「プラハの春」「ルツェルン・フェスティヴァル」等数多くの音楽祭に出演するほか、国内外の多くのオーケストラのポジションを歴任。

ラ」と題したコンサートを主催。小中学生約３７００人を、市内各地にバス37台を走らせ招待した。コンサートの最後には全員で「Believe」を合唱、演奏する楽員からも「涙で譜面が見えなかった」と感想が伝えられるなど、会場が音楽で一つになった。読売日本交響楽団も3月22日に「復興支援特別公演 きぼうの音楽会 in いわき」と銘打ち、一般市民を招待したコンサートを開催した。このほかにも様々な団体が、本物の舞台芸術をいわきに届け、あらゆる世代の市民を励ましてくださった。

　いわき市と業務提携しているＮＨＫ交響楽団は、再オープン前の２０１１年9月に開催予定だった「第3回 いわき定期演奏会」が中止の憂き目にあった。市民から多数寄せられた「こんなときだからこそ、Ｎ響サウンドが聴きたい」という声に応えて異例の日程調整を行い、２０１２年3月8日に「ＮＨＫ交響楽団特別演奏会」を開催した。アリオスの音楽プロデューサーの足立優司《あだちゆうじ》と、元Ｎ響のスタッフでアリオスの音楽制作担当、舘岡吾弥《たておかごや》が、事務局や楽員たちに被災地の現状や、市民の熱い思いを、折にふれて報告してきたこともあって、メンバーも特別な思いを抱いて来演してくれた。当日は、ジャズ・ピアニストの小曽根《おぞね》真《まこと》さんを招いた「ラプソディ・イン・ブルー」や、ドヴォルザークの「新世界」交響曲といった曲目を、名指揮者・高関健《たかせきけん》さんのタクトで熱演し、満員の聴衆から惜しみない拍手が贈られた。このほかにも、中止になった9月の「いわき定期」で来演予定だったＮ響名誉指揮者のヘルベルト・ブロムシュテットさんは、いわきのスケジュールが空いた代わりに、神奈川県の洗足学園大学の学生オーケストラを指揮したチャリティコンサートを開催。公演には、いわき市民１５０名が川崎市の会場まで無料招待された。この日集められた義援金も、全額いわき市に寄付された。Ｎ響との強い絆に大いに助けられた1年だった。

ＮＨＫ交響楽団特別演奏会
(Photo：堀田正矩)

全国から来館したお客さまからの励ましの声

地元のマスコミやイベント会社と開催している「共催公演」のアンケート回収率は、震災前は数枚ということもあった。しかし、再オープン後に開催した山崎《やまざき》まさよしさん、斉藤和義《さいとうかずよし》さん、そしてエステー株式会社の「消臭力《しょうしゅうりき》」のCM撮影を公演中に組み込んだT《ティー》・M《エム》・Revolution《レボリューション》（T．M．R．）の公演では、公演から数日たってからも市内はもとより、全国から来館した方が、熱く書き込んだアンケート用紙をファクスや封書で送り返してくれた。

「大震災後は、とても大変だったと思います。みなさんや地域の協力の成果が、今のアリオスにあふれていると感じました。素晴らしいです！　やはり文化や芸術は必要不可欠！　とくに音楽を通して、人々が元気やパワーをもらっているのは事実。少しずつでよいので、一歩ずつ、復興に向かっていけばと思います」（3月30日　斉藤和義公演・茨城県東海村在住女性）

「T．M．R．を呼べるまでに立ち直ってくれてありがとう。いわき人としても、アリオスはいわきの誇れる会場です。音響も東京のどの会場よりもよかったです。コンサートなど芸術は必ず人の支えになる！　アリオスはその発信基地になってほしい」（3月31日　T．M．R．公演・富山県在住　20代男性）

「一生忘れられない特別なLIVEになりました。いわきに来て本当によかった。すごくきれいな会場で楽しい思い出ができました!!　これからも応援しています」（同　愛知県半田市在住　30代女性）

「いろいろ最高すぎました！　福島最高!!　隣県にできること。応援します」（新潟市在住40代女性）

再オープン後のホール稼働率

10月19日に再オープンしてから2011年末まで平均稼働率は、大ホールが80・9％、中劇場が74・9％、小劇場が55・9％、音楽小ホールが65・5％といずれも、震災前の過去の記録を塗り替えた。とくに11月の中劇場は91・7％という、オープン以来初めてとなる90％超えを記録した。ホールの利用再開を待ちわびていた市民がいかに多かったかを物語る数字である。

10 明日へ……

「いわきでつくるシェイクスピア」が帰ってきた

2012年3月。

中劇場に、いわきでつくるシェイクスピア「十二夜」の市民俳優たち34名が「小屋入り」をして、10日後の本番に向けた通し稽古を始めた。このプロジェクトは公募で募った市民出演者たちが、東京から招かれたプロの俳優と、約50日間「同じ釜のメシを食う」ように毎日アリオスで稽古を重ねて本格的なシェイクスピア劇を上演するという、アリオスのオープン以来、名物としてきた事業だ。

昨年のシリーズ第4弾「から騒ぎ」は、公演10日前の東日本大震災の発生で公演中止になり、出演者たちは避難所暮らしをしたり、県外に避難したりして、バラバラになっていた。

その後、2011年度の事業予算が凍結され、主催事業の「仕分け」を行うことになったときに、スタッフがまず「実施するべき」ということで最優先に選択された事業が、この「いわきでつくるシェイクスピア」シリーズの最終公演だった。本番日は、2012年3月

10日、11日の2日間。会場は初めての中劇場。因縁めいているが、これは震災前から決まっていたスケジュールだった。

5年間、プロジェクトの演出を担当してきた俳優・演出家の間宮啓行《まみやひろゆき》さん(21)は、こんなときだから、公募しても50日間の稽古に参加できる市民出演者は少ないだろうと踏んでいた。演目は、主要キャストが数名でも成立するように、シェイクスピアの喜劇の最高峰「十二夜」に決めた。

ところが、9月に出演者募集の公募をかけると、例年の倍近い40名以上の出演希望者が殺到した。過去の公演に参加した人も、初めての人も集まった。11月のウォーミングアップを兼ねたワークショップを経て、市民出演者は34名に絞られたが、初参加者が17名を占めた。出演者に動機を聞いた。

「こんなときだから、やり残したと後悔したくない」

「今まで一度でいいから演劇公演に出演してみたいと思っていたが、これを逃したらもうチャンスはないと思った」

「いわきでつくるシェイクスピアの存在は知っていて、今まで参加を迷っていたが、最終公演と聞いて応募した」

「楢葉町からいわきの借り上げ住宅に避難しているが、そこからなら通えると思った」

「こんなときだから」応募してきた出演者たちを前に、間宮さんは、役とセリフをどう割り振るかで頭を抱えることになった。嬉しい誤算だった。

1月下旬からの稽古で、間宮さんは「当たり前のことを、当たり前にやる」ことに集中した。5年前と変わらず、シェイクスピアの「セリフ」を徹底的に体に入れ、受け渡していくこと。間宮さんにとっても思い入れの強い「十二夜」の世界は、それが前提になって、初め

21　間宮啓行（まみやひろゆき）
俳優、演出家。大阪芸術大学卒業後、1981年から91年にかけて日本初のシェイクスピア専門劇団シェイクスピア・シアターに在籍。91年以降、グローブ座カンパニー発足と同時に参加。シェイクスピア俳優としての評価を確立した。アリオスではオープン初年度から「いわきでつくるシェイクスピア」の指導と演出を担当。「演出家」のスタンスでなく「俳優の先輩」として、市民出演者に親身の指導を行い、絶大な信頼を寄せられた。

て像を結ぶ。台本読みから立ち稽古に進むにつれ、稽古場がいつの間にかひとつの「家族」のようなまとまりを見せていった。15歳の高校生も、67歳のおばあちゃんも、主婦も、会社帰りのサラリーマンも、演劇経験者も、初心者も、互いの日常生活では絶対に出会わないような人たちが、時おり笑い声をあげながら、稽古に没頭していた。演劇という行為を超えた濃密なコミュニケーションが生まれる場が、アリオスによみがえった。

本番当日。前売券は売切れ、当日券も完売した。中劇場には超満員にふくれあがった。ステージ上では、市民俳優たちがシェイクスピアの長ゼリフの一言一言を、愛おしむようにリレーする。彼、彼女らが発する力強いセリフと言葉遊びの応酬を、観客は身を乗り出して見つめ、ところどころで爆笑が起きた。市民が無我夢中で演じ、それを市民が無邪気に見ている。そんな時間が帰ってきた。いわきアリオスは、この日、本当の意味で再スタートを切ったのだった。

「復興」に向けて、いわきアリオスができること

大震災が襲った2011年3月11日。

いわきアリオスはその日200万人目の来館者を迎えるはずだった。

その200万人目の「お客さま」は、いわきアリオスに殺到した「避難者のみなさん」だった。以来、これまでに考えられなかった人や物事との出会いが、「かつてない劇場」を目指していたいわきアリオスにもたらされた。その出会いのなかで、これまで気づかなかった大切なことを、たくさん教わってきた。そしてこれからもそうした日々が続くのだろう。

震災後、いわきアリオスの役割も変わった。震災前に、舞台芸術という「非日常」の世界を求めてアリオスを訪れていた方々にとっては、震災と原発事故のせいで皮肉にも「非日

いわきでつくるシェイクスピア「十二夜」
(Photo：石川 純)

常」の毎日が当たり前になってしまった。そのなかで、生活と、心の「日常」を取り戻すために、生の舞台芸術が渇望されるようになったのだ。

震災の発生から1年を経過した2012年3月末も、福島県沖や、茨城県沖を震源とした地震が断続的に起きている。市民生活には少しずつ「日常」が戻り、今後への不安を口にすることは少なくなってきた。しかし、いつまた同じことが繰り返されるかもしれないという思いは、この地に生活していく人々の業《ごう》として抱えていくことになる。

この1年で、いわき市の人口は1万人近く減少し、現在も約7700人の市民が市外に避難を続けている。同時に、周辺自治体から、およそ2万3000人の避難者を受け入れている状況にある（2012年4月16日現在）。いち早く「帰村宣言」をした川内村、避難指示を解除した広野町の行政機能は3月末をもって帰還したが、いまだ楢葉町役場の本部は今なおいわき市内にあり、そのほか、広野、富岡、大熊、浪江の4町が、出張所などを設けている状況が続いている。「震災」は、今も続いているのだ。

このまちで生きると決めた人たちに、いわきアリオスは何ができるか。

ひいては「文化」や「アート」に何ができるか。

簡単には答えは出ない。

大きなことは言えないが、音楽や演劇や、舞台芸術やその他いろいろよくわからないものをいっぱい携えて、ここに住み、暮らしていく人に、いつも寄り添い支えることはできる。

誰にでも居場所を提供することはできる。

話に耳を傾けることはできる。

いっしょに考えることはできる……。

そしてこれは、いわきアリオスがオープンする4年前、いやその前から、いわきアリオスが掲げてきた市民との約束を、これからも守っていくことにほかならない。震災前から築いてきた、地域との関わりを、これからも力の限り継続し、広げていくことにほかならない。

建物はいつか古くなっていく。

でも、ここに集まるいわき市民のパフォーマンスの輝きや、その笑顔は、このハコにいつまでも新しい命を吹き込み続けてくれるだろう。

舞台芸術に限ったことではない。若い人、年を重ねた人、大きくても小さくても「夢」を持った人がこの場で出会い、手をつなぎ、化学反応が起きれば、このまちの体温は少しずつ上がっていくはずだ。いわきアリオスという巨大なハコの内と外で、日々起こるささやかなドラマの積み重ね、それがやがてはいわきの「復興」につながっていく。それに少しでも貢献していくことが、いわきアリオスの使命であると考えたい。

震災のおかげで、「いわきアリオスはこうあらねばならない」という固定観念は、さらに取り払われた。いわきアリオスの未来の台本は、このまちに住む人たちが、日々、少しずつ描き足していくのだ。

大震災から1年の経験は、いわきアリオスのこれからに、確かなビジョンを与えてくれた。

アリオスに寄せて

谷川俊太郎

いまここ

いつでも「いま」しかない
どこにも「ここ」しかない
そのために過去に学び
そのために未来を夢見て
生きる

人知れず咲いている一輪の野花とともに
ただよいながら形を変えてゆく雲とともに
うつろいやまない人々のココロとカラダとともに
いまここで踊る身体
いまここで奏でられる音楽
いまここで語られる言葉

舞台に　舞台から

土足で上がるのだ　舞台に
田んぼと劇場を地続きにするのだ
足裏は知っている
板の下　奈落の下　コンクリートの下
人々の意識の下に　この星のマグマがたぎっていることを

出て行くのだ　舞台から
風神雷神となって創造の嵐を起こすのだ
タマシイは知っている
目に見えないもの　耳に聞こえないもの
コトバにならないものが　誰にでもひそんでいることを

いわきアリオスがオープンする2008年に、詩人の谷川俊太郎さんに依頼した４篇の組詩「アリオスに寄せて」は、いわき市民がアリオスを「思いもよらないような方法で使い倒す」ことを想定して書かれています。これまで合唱曲やダンス作品が生まれたほか、アリオスに集う子どもたちが愛唱するなど、多くの人に親しまれてきました。震災後、この一つひとつの詩が新たな注目を浴びました。被災地に住む人の心に寄り沿うような言葉が、一人ひとりの背中を優しく押してくれたからです。ここにその４篇を掲載します。

ハコのうた

からっぽはすばらしい
なんでも　いれることができるから
でもいつまでも　ためておかない
またからっぽにして　ハコはまつ
あたらしいもの　たのしいもの
ハコはいきて　こきゅうしている

ハコのなかで　ひとはうたう
ハコのなかで　ひとはかたる
ハコのなかで　ひとはおどる
ハコのなかは　そととはちがう
わくわくどきどきはらはらさせる
ハコはいきて　こきゅうしている

場

木の椅子に腰かけるのもいい
床にあぐらをかくのもいい
草の上に寝転ぶのもいい
そこにあなたの場ができるから

二人でお喋りするのもいい
何人かでパーティするのもいい
何百人かで耳をすますのもいい
そこにみんなの場ができるから

その場には見えない素粒子がいる
遺伝子がいる　光子がいる　はるかな星雲がいる
そのおかげで私たちがいる
世界と肌を合わせて　宇宙に抱かれて

昼　海からのそよ風がアリオスを愛撫している
夜　月の光がアリオスにうすぎぬを着せる
朝　遠いやまなみにアリオスはあいさつしている

（２００８年作）

第2部

市民とアリオス
対話と実践から生まれたもの

第1部では、いわきアリオスの震災からの1年をドキュメントにまとめた。しかし震災後、文化による復興に取り組んだのは、アリオスだけではない。素早く、また自発的に復旧や復興に取り組んだ市民のなかにも、アリオスに深く関わって活動してきた人々がいた。

彼らがいわきアリオスと関わったのは、日本の公共文化施設としては先駆けと言える「マーケティンググループ」の事業がきっかけである。このグループは、市民（顧客）一人ひとりと向き合い、まちとの関係性を構築するべく、ユニークで多彩なマーケティングプロジェクトを展開してきた。

ここでは一旦震災から離れ、いわきアリオスのマーケティングコンセプトを具現化した「アリオス・プランツ！」（以下「プランツ！」）の取り組みと、そこから派生して市民自らが立ち上げた多種多様な活動や、市民とアリオスとの関係性を振り返る。その後、震災の発生した3月11日からをいわき市民がどのように過ごしたか、被災者の支援や復興において、プランツ！に参加した市民がどのような活動を展開していったのかを活写する。そして、地震や津波による甚大な被害だけでなく、先行きが見えない原発事故の不安のなかで話し合われた「アートおどろく いわき復興モヤモヤ会議」の様子と、彼らが描き始めている将来の希望を紹介したい。

なお第2部は、いわきアリオスの開館準備から開館後の事業運営、そして震災以降の活動現場で市民に寄り添ってきたマーケティングマネージャーと、それらの経緯を第三者の視点で俯瞰しつつ、活動の当事者である市民の声を取材したリサーチャーの2人が執筆した。異なる視点から、市民と震災とアリオスとの関係を考察するためである。

1 公共文化施設のマーケティング？

いわき芸術文化交流館アリオス　マーケティングマネージャー　森隆一郎

普通じゃない、を当たり前に

いわきアリオスでは開館前から「かつてない」「ありえない」などのキーワードを使い、文化施設のイメージを崩すことを意図して広報してきた。

では、何がかつてなくてありえないのか。

一般的な感覚があれば、震災時に周りで一番頑丈で面積も大きないわきアリオスが避難所になることは、至極当然というか、少なくとも「かつてない」ことでも「ありえない」ことでもないはずだ。だが、一方で文化施設のような「ハレの場」が、避難所を運営するなんてとても勇気のいることですね、という見方を持つ人が多かったのも事実である。私は、この感覚にとても違和感を感じる。人々のなかで無意識のうちに、アリオスが「浮世離れした施設」として位置づけられているからこそ、避難所の運営「まで」するなんて、という言葉が出てくるのであろう。つまり、アリオスは何か「お高くとまった」場所と認識されていたということだ。

いわきアリオスでマーケティングを考えて実践する立場に身をおいて以来、自分の仕事はこの無意識と戦うことだと感じてきた。本書の目的は、公共文化施設が震災時に果たした役割を通じて、平時から施設運営に携わる人々の態度・姿勢に対しての我々の考え方を共有資源として提供する、というものである。つまり、この日本列島においては今すぐにでも起こりうる次の大震災時に、公共文化施設が避難所となったり、市民と協働して復旧や復興を考えたりできるように、普段から行っておくべきトレーニングや、心構えについてひも解くことができれば、と考えている。「マーケティング」という切り口から公共文化施設のあり方を考え、市民と向き合いながら自分たちなりの「マーケティング」の実践で得たことを、少しでも多くの方々とシェアすることで、公共文化施設を少しでも「お高くとまらない」「敷居が低くて間口も広い」「気軽で友達になりやすい」ましてや「文化の殿堂なんかじゃない」ものに転換していくことができれば幸いである。

マーケティンググループの仕事を考えるにあたって

さて、アーツマーケティングであるとか、非営利組織のマーケティングをテーマにした本はいくつかあるが、公共文化施設のマーケティングについて特化して書かれた本はほとんど存在しないと認識している。また、数少ない文献に目を通しても、海外事例が多く、文化施設の存在基盤も芸術を巡る環境も違うほかの先進国の事例は、日本の地方都市の現場に向き合う際、ほとんど役に立たない。またマーケティングという概念や定義自体も、幅が広く、何をマーケティングと呼ぶのかは書籍や文献によってもまちまちだ。そして、読み手のニーズがあるからだろうが、概ね芸術に関するマーケティングを扱った文章の多くは、チケットセールスや顧客の拡大を狙った直接的な効果を促すような事例紹介ものが多い。本書はもちろん「マーケティング」についての本ではないが、少なくともいわきアリオスにおいて実践されてきたマーケティングは、右に書いたような直接的な効果を狙うものとはいささか趣が違うので、その考え方について記しておきたい。

いわきアリオスでマーケティングを実践するにあたり意識したことは、いかに市民との関係性を構築するか、という点である。

マーケティングを一概に言うことは難しいが、あえて言うのなら「顧客主義」という言葉に集約されるのではないか。どんな企業でも、顧客の生活（企業活動も含む）を少しでも快適に、意義あるものにすることを念頭に商品・サービスを開発、改善して提供しているはずだ。マーケティング活動というものは、自社の製品なりサービスなりを使ってもらうことで、顧客の生活の価値を高めていく活動全般といえる。

公共文化施設にとっての顧客とはまぎれもなくその地域の住民全員である。生まれたばかりの赤ちゃんから、お年寄りまでだ。ここで頭を抱えてくれる文化施設担当者は誠実だと思う。「いや、私たちはセグメンテーションとターゲッティングとポジショニングをしっかりやって顧客の囲い込みをしていますから云々」なんてことを言う人はマーケティングを勘違いしている。もちろん、公立施設だから、税金で建てたものだから全住民を対象にしなければならないわけではない。教育施設や福祉施設等、特定の住民を主な対象とする公立施設はいくらでもある。しかし、公共〝文化〟施設が行うサービス（商品）の対象として顧客を思い浮かべると、誰一人として関係のない市民はいないというところに行き着くのだ。ただし、35万人（開館当時）のいわき市民全員と対峙するというのはなかなかハードルが高い。普通のマーケティングならば次にセグメンテーションということになるのだが、私は市民（顧客）に対して、セグメントという束で捉えるのではなく、一人ひとりの個性と向き合いたい、お互いに顔の見える関係を築きたいと考えた。

人口が何万人であろうが、それを構成しているのは一人ひとりの人間である。一人ひとりとなら、その人が芸術文化に興味があろうがなかろうが、何らかの関係性を見出すことは可能なはずだ。また、その一人ひとりからまたほかの人へとつむぎ出す新たな関係性も生まれてくるだろう。そのようにして、小さな起点がたくさん生まれてくるようなイメージを抱き、いわきアリオスのマーケティングテーマを「関係性のマーケティング」と設定した。

つながるロビーとまちなか

私は施設について考えるとき、周辺にある公園やまちなかエリアまでをひとつの区切りとして捉えるような身体感覚を持つようにしている。そうすると、あそこにこういう店ができたなとか、あの公園は雰囲気がよいな、というように、まちの血のめぐりを感じることができる。人が一人では生きられないのと同じように、施設は周りに生かされているのだ。ハコの中だけで考えずに常に周りの状況を把握し、普段から連携していることが、顧客を増やすことだけでなく、今回のような震災時、つまり防災にも役に立つことになる。

震災後、顔だけしか知らなかった近所の人と初めて話した、とか、地域での助け合いが大事だと再認識した、などの声を数多く聞いた。コミュニティがなければとくに極限状態において人は生きていけないということだろう。つまり、地域で家庭を持つのと同じように、文化施設も普段から地域での人付き合いを通じて期待される役割を認識し、事業やサービスに取り入れていくという「まちとの関係性」を構築しておくことが大事なのである。

いわきアリオスは、芸術文化の普及や市民の芸術活動のサポートなどに加えて、まちなかにできたゆえの様々な期待と使命を与えられている。このような施設においては、施設の入口にあり、誰でも気軽に入れて、思い思いの時間を過ごすことができるロビー部分が重要なのである。さらに、ロビーを施設内だけでなく、施設前に広がる公園や、まちなかまでを含めるエリアとして捉えておくような身体感覚を身につけておくことで、まちの抱える様々な課題や機会に気づき、新たな事業の種に出合える場所にもなりうる。施設にハードとしてのロビーがなくてもいい、まずは、その施設のリーチをどこまで伸ばすのか「この辺は自分たちの庭だから」というエリアを認識し、そこをロビーとして捉え直してみることで初めて気づくことも多いのではないだろうか。

2 「アリオス・プランツ！」と「かえっこバザール」

藤浩志さんといわきアリオス

ロビー空間やまちなかというエリアをまず決めて、そこで何ができるか、アーティストとともに考え悩みたいと思っていた。

私自身、これまでの仕事では舞台芸術の企画運営がメインで、元々は江東区文化センター（東京都江東区）という施設で文化講座やホールでの文化イベントの企画運営に携わったのがスタートである。文化ホールでのいわゆる「イベント」的な、一過性だが瞬発力溢れる祝祭空間と、生涯学習の講座における講師や受講生との長い付き合いという、日常生活の延長線上にある事業の両方を経験してきた。

その経験から、いわきアリオスのマーケティング的アプローチとして、劇場やホールで繰り返される祝祭に対する軸として、息の長い活動が必要になるだろうと感じていた。しかしそれは市民が自分自身の学習や成長を主眼に何かに取り組む生涯学習的な場ではなく、もっと利他的な行動を通してコミュニティの発展に貢献し合い、その成果として、活動に関わった人自身の学習や成長が果たされるような展開をイメージしていた。そこに基本をおき、美術家の藤浩志《ふじひろし》さん(1)が自分の抱える思いに一番近いところで活動していると感じ、企画を相談したのが「アリオス・プランツ！」（以下「プランツ！」と表記）という事業の始まりである。

1　藤浩志（ふじひろし）
藤浩志企画制作室代表、美術家。既存の美術の概念を超えて、違和感と向き合い、モヤモヤからイメージを立ち上げることをテーマに、美術空間制作・素描・ワークショップ・アートプロジェクトなどを実践。十和田市現代美術館副館長、NPO 法人プラス・アーツ副理事長。

藤さんにいわきに来ていただき、まずは広大な市内を車でまわり、その後オープン前の施設のロビーエリアや公園、まちなかを共に歩きながら自分の考える文化施設の事業の課題や、市内及びまちなかでの立ち位置、施設建設までの紆余曲折などを話し、イメージを温めていった。

また、計画されていた事業のラインアップを眺めていて、施設オープンの前から気にかかっていたこともあった。事業プログラムのなかに子ども向けの事業が皆無だったのだ。いわきアリオスは市民にあまねく開かれた場所になる必要があるのだが、これでは子どもや子育て世代にとってまったく関係のない場所になってしまうかもしれない。そこで、子ども向けのいわゆるキラーアプリとして、藤さんの考案した「かえっこバザール」（後述）に取り組みたいと伝えた。

そして、もう一つのプロジェクトについてのイメージは持ち帰ってもらい、後日提案していただくことにした。しばらくして藤さんから届いたのが、プランツ！のイメージ[2]である。たったこれだけのものだが、私にとっては企画のイメージを前に進めるために十分な材料だった。また、アーティストの石井《いしい》竜也《たつや》さんがデザインしたシンボルマーク[3]をうまくアレンジしたロゴマークから、施設内のゲリラ活動的な事業というイメージも湧いてきた。もともとロックカルチャーで育ってきた自分は、こういうイメージに触れると俄然エンジンに火が入るのである。

OS《オーエス》という考え方

藤さんの思考で、とても参考になり、自分自身の文化施設運営についての考えを更新してもらったのが「OS：オペレーティング・システム」という考え方である。パソコンやス

2　プランツ！のイメージ
「plants! は新しい活動が育つための対話の場です。アリオスを拠点として、その周辺で何か面白いことをはじめたい人、面白いことに参加したい人が、それぞれの思い（モヤモヤ）を語り合います。アリオスのエントランス周辺やカスケード、アリオスの前の公園での活動や、街とアリオスをつなぐ活動等、常識に捉われない様々な活動の種について語り合いましょう。そのなかから面白くて大切な活動のイメージが発芽しないかなー……」（藤浩志による文章）

プランツ！のイメージ

マートフォン、タブレットなどに搭載されている、MacOS, Windows, iOS, アンドロイドなどが我々に一番馴染み深いOSだろう。このOSという概念を文化施設にも持ち込むことで、いろいろなことがすっきりしていった。つまり、これまでの文化施設においては、劇場やホールといったハードウェアの基幹部分では舞台芸術作品というアプリケーションのみが提供されていたということがわかってくる。そこにOSという思考を持ち込むことで、ユーザーインターフェースたるロビーエリアの運営や雰囲気、スタッフの立ち居振る舞い、そして、新たなアプリケーション開発を促すソースコードの公開になぞらえた、施設の活用法の指南。また共にアプリケーションを開発するパートナーの開拓、さらにこのプラットフォームを活かし、新しくて大切なことを始めようという人をサポートする仕組み……などなど、手をつけていないエリアが山積していることに気づいていった。

施設の大胆なイメージチェンジ～かえっこバザールの開催

ここで、かえっこバザールって何だと疑問に思った方のために、少し説明を加えたい。

かえっこバザールは、子どもたちが遊ばなくなったおもちゃを持ち寄って「カエルポイント」に交換し、そのポイントを使って、ほかの子が持ってきたおもちゃを購入できるという遊びである。おもちゃを直接交換するのではなく、一旦ポイント（通貨）に交換するというところが、この遊びの面白さの基本である。ポイントの勘定方法もユニークで、カエルポイントは3が上限。おもちゃは1～3ポイントで交換・流通する。それ以上は「たくさん」ということにしてある。これは、藤さんがパプアニューギニアに青年海外協力隊員として滞在したときに得た知見なのだという。まさか数字が3までしかないわけではないだろうが、3で留めておき、それ以上は関知しないという態度は、複雑な経済構造の下で暮らさざるを得

3　いわきアリオスのシンボルマーク
いわきアリオスのシンボルマークは、いわき市の南、茨城県北茨城市出身のアーティスト石井竜也氏に依頼した。若葉から紅葉に至る葉の成長に市民がライフステージの様々な場面で関わる場所というイメージを重ねている。

ない現代人が、何か別の価値に気づくためのヒントが隠れているのではないかとも感じる。

おもちゃとポイントを交換する場所は「バンク」といい、そこでは持ち込まれたおもちゃを査定してポイントを発行する。査定基準は「まあまあ」＝1ポイント、「そこそこ」＝2ポイント、「なかなか」＝3ポイントである。時に、誰もが欲しくなるようなおもちゃが持ち込まれることがある。ポイントはカードにスタンプを押していくのだがこういうときはバンクを担当する「バンクマン」は「おお～！」と、感激して手が動くだけポイントを付けていいことになっている。かえっこの世界に4以上の数字はないので「たくさん」なのである。このたくさんのポイントを「感動ポイント」と呼ぶ。

藤さんは、この「感動」の大切さについて、2010年6月に行った事業報告会「ペチャクチャ集会」(4)で言及していた。少しわき道にそれるが、とても心に残ることだったので紹介したい。いわく、身体を健康に保つためには、適度な運動が欠かせない、つまり体を動かすこと。それが身体を鍛えるという行為だ。では心はどうだろう？　心を鍛えることとは、どれだけ心を動かしてきたか、楽しかったり悲しかったり、驚いたり、悔しい思いをしたり。そんな心を動かした経験の分だけ、人の心は鍛えられていくのではないか。つまり成長や健全な精神のために感動は欠かせないものなんだ、と言うのである。

かえっこバザールでは、おもちゃを持ってきて交換遊びをするだけでなく、この「バンクマン」などの仕事も子どもたちが担当していて、働いた分だけポイントがもらえる。ほかにも値札付けやレジなどの仕事もある。また、大人たちが用意するワークショップ（子どもに伝えたいことをワークショップ化し、大切なことを遊びながら学べるようなものが多い）やゲームのコーナーもあり、これに参加して遊んでもポイントがもらえる。たくさん働いて、たくさん遊ぶほどポイントが増えていくのだ。そしてバンクで「感動ポイント」が付けられ

4　事業報告会「ペチャクチャ集会」
いわきアリオスのプロデューサーのプレゼンテーションと、アリオスを舞台に人生の幅を広げている市民の方々が、おしゃべり感覚で「アリオスのある人生、ない人生」について語り合う公開事業報告会。2010年 6 月26日に小劇場で開催。

①かえっこバザール「オークション」の様子
②かえっこバザールで夢中でおもちゃを選ぶ子ども（Photo：鈴木穣蔵）
③かえっこバザール「バンク」の様子

たおもちゃは最後に行う「オークション」に出品される。オークションはポイントをたくさん持っている方が有利なので、それまでにどれくらい働いたり遊んだりしたかが勝負になる。オークションでは、目をつけていたおもちゃを自分のポイントが足りないためにあきらめなければならず涙する子どもたちも多い。社会の厳しさも経験するのである。

さて、このかえっこバザールをいわきアリオスで実施してみると、福島県内初開催であるにもかかわらず、親子連れが続々とおもちゃの袋を抱えてやってきてくれた。そして、おもちゃが館内ところ狭しと広げられていき、ゲームやワークショップもあちらこちらで開かれて、アリオスが子どもたちの走りまわる賑やかな場所に変貌した。もちろん、初めてアリオスに入ったという方がほとんどで、なかには「ここはもともと何をする施設なの？」と聞いてくる方もいて、まずは子どもたちやその親御さんやおじいちゃんおばあちゃんたちとの関係性を築くことができたと感じた。また、こういうことをやる施設だとは思っていなかったという声も多数いただいた。

このように、先入観を持った相手に対し、よい裏切りを繰り返していくこと。あぁこの施設にはこんな一面もあったのかという気づきをもたらし続けることができたら、数年後に訪れるであろう、施設と市民との倦怠期のような関係もうまく解消できるのではないだろうか。

藤さんの関わるプロジェクトには「誰々と」というキーワードが登場する。国内外で多様なプロジェクトを繰り広げる藤さんも、まずはその土地にいる誰かと出会い、そこから「誰々と」の関係をつなげていくのだという。それこそまさにいわきアリオスのマーケティングのテーマである「関係性の構築」にほかならない。この不思議な符合に軽い感動を覚えつつ、アリオスにとっての「誰々」に当てはまる人たちを求めて、まちづくり会議や市民が自発的に始めていたアートフェスティバルなどに顔を出すようにして関係性の構築を模索し始めた。どーんと建てた巨大な施設であるからこその疑問や誤解も多いが、新しくまちの仲間に入る「転校生」として、まずは、自己紹介と地域貢献への姿勢を態度で示していくことが求められていたのだ。

3 アリオス・プランツ！をめぐる小さな編年史

プロジェクト型マーケティングという考え方

いわきアリオスの事業は当初、ホール・劇場系施設で行う音楽・演劇の自主事業、そして遠隔地へソフトを提供する「おでかけアリオス」の2本柱で構成されていた。「おでかけアリオス」とはいわゆるアウトリーチ事業[5]である。これは広大な市域を念頭においた事業で、中山間部や施設からの距離が遠いエリアを中心に生の舞台芸術の魅力やワークショップをお届けすることを目的としている（第1部P57参照）。私はこの2本にもう一つ「マーケティングイベント」という項目を付け加えさせてもらった（後にマーケティングプロジェクトという名称に変更）。これは、マーケティングプロセスの出発点であるリサーチ活動の一つとしても捉えることができる。いわきアリオスとしてのリサーチ活動はアンケートやグループインタビューなどでも行っているが、その活動以外にも、もっとアクティブに施設の可能性を市民と共に拓いていくようなものが必要だと考えた。劇場、ホールについてはその設備を活かすソフトウェアを用意していたが、ロビーエリアや施設と併せて整備された公園の活用法については白紙の状態であったこと、さらに中心市街地の活性化についての期待もあり、これらをうまく活かせないかと考えた。

5　アウトリーチ事業
公共文化施設においては、そのソフトを施設の外に届ける事業全般を指す。いわきアリオスでは「おでかけアリオス」と名付けて活動しており、こといわき市内においては「アウトリーチ」という言葉よりも浸透している。

全国各地で、商店街の空き店舗を活用したオルタナティブスペース(6)や、地域の風景そのものというような日常の延長にある場所を活用していくアートプロジェクトが同時多発的に芽生え始め、試行錯誤している。その潮流に未来を感じていたというのも、こういうことに取り組もうと考えた理由の一つだ。

そんな考えを藤さんに相談し、彼から提案されたのが前述したプランツ！である。マーケティングプロジェクトのメインとなる事業で、様々な濃い関係が形作られていく土壌となった。

対話と実験そしてまた対話

会議の冒頭で、まずは藤さんのプランツ！に対するイメージが語られていく。

「プランツ！はディスカッションの場。誰とやるのかが重要。この場では人、場所、素材との関係で、自分一人では生まれてこない、化学反応的にイメージがぶつかり合い新たなイメージが発生する場にしたい」ここでも、キーワードは「誰々と」である。

失敗を恐れて何もしなければ、何も始まらない。何かを始めてみれば、たとえ失敗してもそこには得難い経験が残る、という言葉にはハッとした。起業を経験した方や自営業の方などにとってみれば当たり前のことかもしれないが、公共文化施設の事業の組立てではそこにフォーカスしたことはなかったのではないか。

また、プランツ！で特徴的なのは、体を動かすところまでその活動に含まれているところだ。アイデアを話し合い「気づき」を共有する会議は多い。しかし「じゃあやってみるか」と動き出すというのは実はあまりない。その手の「気づき会議」はイベント的に開催されることが多いし、気づきは持ち帰られて参加した人が各々の現場で活かせたり活かせなかった

6　オルタナティブスペース
美術館や画廊ではなく、既成の美術の概念にとらわれない作品の発表や活動が可能な場所。

りするのだろうが、イベント的単発の会議ではそれをフィードバックすることができない。プランツ！は継続的に開催されることで対話と実験の対流を生み、そこに集う人たちが日常を新鮮にしていく装置でもあるのだ。地域にしろ、組織にしろ、変革に必要なのは、関わる人々が考えをアップデートしていくことにほかならない。

「対話により、イメージが立ち上がる。対話するだけでなく、そこから生まれたアイデアを実践してみる。失敗してまた対話とディスカッションが生まれる。それを繰り返す」これが藤さんのイメージするプランツ！の方程式である。そこから導き出されるこの言葉には、地域文化活動における「普遍的な視点」が含まれていると思うのだ。「地域に種を植える。たとえ花が咲かなくてもその土地に養分は蓄えられるし、花が咲いたら再び種が生まれ、ほかの地域にも飛び火する」

このような思いを積み重ねて始まったプランツ！だが、当初は時間の半分くらいが参加者同士の自己紹介に費やされ、なかなか具体的な動きにつながっていかなかった。メンバーはどちらかというとプロデューサータイプが多く、作家やアーティストなどの作り手が少なかった。いわきのどこどこにはこういう文化がある、あるいは、かつてこういう活動がどこそこで行われていた。そんな話題が多く、地域に新たな価値をもたらすような企画はなかなか立ち上がって来なかった。これではまずいと感じ、アーティストやクリエイターにも参加してもらおうと考えた。プロデューサータイプの人は既存の素材を組み合わせ、新しい価値を創造することが得意だが、そのときに求められていたのは、素材自体から作ってしまうようなことだったのだ。

２００７年～２００８年にいわきで開催された「Art! Port! Onahama!!」というアートフェスティバルがある。南東北の海の玄関口として東北では仙台港に次ぐ取扱貨物量を誇る

プランツ！での対話の様子

小名浜の港界隈で、使われなくなった三角倉庫とまちなかのレトロな佇まいのショッピングモールやカトリック教会などを活用して展開するプロジェクトだ。２００７年の第1回開催時には、私もいわきに来たばかりで右も左もわからない状態であったが、シンポジウムがあるというので参加させてもらい、市内在住のアーティストたちによる多様な活動を目の当たりにした。この「Art! Port! Onahama!!」に参加していた人で、どうしても目の行く人がいた。「インディアン兄貴」と呼ばれていた人物である。プランツ！にも出席していた事務局の松田文《まつだあや》さんに、この謎のインディアン兄貴を紹介してもらった。

インディアンがやってきた

インディアンは2人組でやってきた。ひとりは背が高く、なるほど、インディアン哲学などにも造詣の深そうなヒッピー然とした容貌。しかしもうひとりは、どちらかというと「おっちゃん」いや、どこから見ても「おっちゃん」な感じ、そしてあろうことか関西弁を話す。この凸凹コンビが各々の似顔絵のプリントされた赤と黄のつなぎに頭飾りをつけて現れたのだ。いや、頭飾りはつけていなかったかもしれない。まぁとにかくインパクトがある現れ方だった。

吉田拓也《よしだたくや》さんと島村守彦《しまむらもりひこ》さん、というのが2人の名前だ。通り名もあって、「インディアン兄貴」と呼ばれていた吉田さんが「嘘つきインディアン」、一方の島村さんは「ちゃうちゃうインディアン」でボスとも呼ばれている。聞けば、インディアンはただのコスプレなのではなく、「インディアン・ヴィレッジ・キャンプ」という団体として活動しており、そのブランディングも考えてのことだったのだ。吉田さんはいわき市内に山を購入し、そこにいつか「インディアン村」を作る構想を持っているのだという。山を購入？　もう疑問符だ

嘘つきインディアン（右）
ちゃうちゃうインディアン（左）
（イラスト：ユアサミズキ）

らけの人たちである。メンバーはいわきで活動する若手のアーティストたちで、主に東京ビッグサイトで行われている「デザインフェスタ」で作品を発表してきたのだとか。

吉田さんはいわき出身。趣味が高じて脱サラし、インディアンテント（ティピー）の製作・販売・レンタル事業を始めた。しかし、事業は軌道に乗らない。そんな閉塞感を持っていたときに、島村さんに出会う。島村さんは関西出身で、もともと信販会社勤務で転勤族として全国を転々としていた。訪れた様々な土地のなかでもとりわけいわきの気候風土に惚れ込み、脱サラ後、移住して自ら建てたログハウスに住み、オール電化設備の販売店を営んでいる。「ちゃうちゃうインディアン」というニックネームは関西弁の口癖からついたのだが、実際の島村さんには「ちゃうちゃう」というネガティブさはなく、基本的に「ええんちゃう？」という、ポジティブなキャラクターの人である。そしてインディアンとは縁もゆかりもないのに、派手なコスチュームをまとって「ちゃうちゃうインディアン」を名乗る。

吉田さんは島村さんに、東京ビッグサイトで行われている「デザインフェスタ」に自分のティピーを建てるのが夢だと語る。すると島村さんはそれならすぐにやればいい、と知人に連絡を取りデザインフェスタに出展場所を確保してしまう。「たまたま知人にデザインフェスタの関係者がいたもので」という偶然をも含めて、2人の出会いは運命的だったのだろう。

夢があっさり叶ってしまった吉田さんは、我に返る。「デザインフェスタ」なのだから、ティピーを建てるだけではだめなんじゃないか。中は空っぽだし、それ以上見せるものがない。そこで、なぜか2人はアジア雑貨を大量に仕入れて、それを販売することを思いつく。しかし、そのチグハグ感からか、商品は全然売れなかったという。吉田さんは「インディアンテントにアジア雑貨って、わけがわかりませんよね」と笑うが、当時は必死だったに違い

インディアンテント（ティピー）

ない。その後、地元で活動するイラストレーターや作家たちと出会い、次のデザインフェスタには彼ら地元クリエイターたちの作品を持って臨み、その後も出展を続ける。しかし、ある時イベントとしても成長したデザインフェスタ側からティピーを建てるほどの場所を提供できない、と受け入れを断られてしまう。

　プランツ！へお誘いしたのは、ちょうどそのころだったのだ。

ピンチはチャンス。アリオス・プランツ！フェスの開催

インディアン2人組がやってきて、プランツ！は明らかに変わった。いや、2人が変えたと言ったほうがいいだろう。先に書いたように、プランツ！では自己紹介が半分くらいの時間を占めていた。しかし、私も藤さんも会議をリードするということをあえてしなかった。こちらの都合でリードした瞬間に土から出ようとしていた芽はまた土中へと戻ってしまう。会議の成果を上げるのが目的ではない。化学肥料や成長促進剤のようなものは、オーガニックなアイデアの妨げになる。この1年の集まりでたとえ何も生まれなかったとしても、それは、地中深いどこかに肥やしを残すだろうし、種になるもっと前の何かが生まれる可能性だってある。とにかく、主催サイドで結果をでっち上げるようなことだけはしたくなかった。この点について藤さんとは何の申し合わせもしていないが、それは暗黙のルールであったのだと感じている。

　しかし、参加している人たちは、何かを求めて、何かが起こることを期待して集まってくる部分もあるわけで、そういう意味では延々と自己紹介の続く会合はかなり期待を裏切ってきていたというのも事実で、ピンチに陥っていたといえる。人間同士のオーガニックな出会いから何かを起こすプロセスに慣れていたインディアンの2人はしびれを切らしたのだろ

う。何かやろう。みんな色々とやりたいことはあるようだから、全部やれるようなフェスティバルにすればいいんじゃないか。そうだ、祭りだ！　と、これまで各人がそれぞれ語っていた様々なアイデアをまとめ、1つのイベントにするというフェスティバル企画が急浮上した。

決定的な変化やチャンスは、それがチャンスだと気がつく暇も与えてくれず突如としてやってきて、またたく間に去ってしまう。そういう機会を捕まえられるようになるには、日頃から自分が面白いと思える物事に積極的に関わり、感動を多く経験していくことが大事なのではないだろうか。感動の瞬発力を鍛えておくとでもいうべきか。とにかくこのようにして、あっという間にアリオス・プランツ！フェスティバル（以下「プランツ！フェス」と表記）の開催が決まり、その後のこの事業のあり方にも多大な影響をもたらすことになる。あの時が起点だったのだ。

時はすでに12月、行政の施設だから単年度で事業は組まれている。つまりリミットは3月末だ。日程を決めるにあたり、事務局である私たちにしてみれば少しでも準備の時間が欲しかった。しかも、ホールを使わずロビーや屋外で行うフェスティバルだ。ホールが一般利用者に貸し出されている日は開催が厳しい。その時点でホールの空いている土日を探すと、2009年3月28日（土）だけだった。年度末で、恐ろしいことになるのじゃないかという思いもよぎったが、そんなことでこの熱気に冷水をかけるようなことはできない。そこから、怒涛の日々が始まった。

混沌とした「何でもフェスティバル」

プランツ！フェスのコンテンツを紹介する。

まず、幅広い世代に楽しんでもらいたいという思いがあったので、これまでに2回実施して認知も広まったかえっこバザールを軸にフェスティバルを組み立てることにした。普段のかえっこはすべて無料、というかカエルポイントという子ども通貨を使って遊ぶのだが、今回はフェスティバルのなかにかえっこバザールを位置づけており、子連れでなくとも楽しめる空間を考えていたので、カエルポイントが使えるコーナーにはカエルマークを表示して、ポイントで遊べるコーナーと通常の通貨（円）で買い物ができるコーナーを混在させた。

そこから企画を組み立てて、フェスの全体像を作っていった。最終的には30のコーナーができ、出演・出展（店）が35組、関係者だけでも100人以上になった。内容は、屋内外の展示や様々なワークショップ、かえっこバザールにゴミ拾いツアー、ライブペインティング、いわき湯本温泉の足湯コーナーなどなど、やりたいことは何でも放り込む、いわば「何でもフェスティバル」であった。

紙面の都合で一つひとつに触れることはできないが、プランツ！に参加していた人たちが、ここで行った小さいけれども大切な取り組みを紹介したい。

団体としてプランツ！に参加していたいわき青年会議所市民協働委員会のメンバーは、いわきの医療問題について、誰もが無関係ではいられないのに、とくに医師不足について理解されない、という悩みを抱えていた。そして、このプランツ！フェスに照準を定め、何かアピールをしたいと考えていた。会議の場でそのプランを話しても、ただチラシを撒くだけの啓蒙コーナーだと訴求効果が低いだろうという話になり、まずは子どもたちが興味を示すような仕掛けを作り、そのことを家庭で話してもらえるようなものにしたらよいのではということになった。そして、医療問題をテーマにストーリーも絵もオリジナルの紙芝居を創り上げた。

まちなかで移動カフェ「Clover Cafe」を行っていた道場彰規《みちばあきのり》さんは、ケータリングカー仲間を誘って公園に飲食コーナーを作った。道場さんは新潟でコミュニティFMの仕事をしていた方で、いわきに転居してからも、移動カフェだけでなくラジオ番組制作の仕事をしている。ラジオの持つ魅力を少しでも広めたいと考えている彼は、福島県立いわき海星高校のアマチュア無線部の活動を応援していた。この無線部は毎夏いわきの永崎海岸というエリアでミニFMを開局している。高校のアマチュア無線部はいわゆる大会やコンテストなどもなく、活動にメリハリをつけづらいのだという。そんな生徒たちのモチベーションを上げるのにもミニFMは最適なのだ。道場さんは夏休み限定のその活動をいわきアリオスとコラボさせて、公園で高校生による通年のミニFM放送をやってみたいと考えていた。海星高校には遠洋航海やその航海で水揚げした魚の缶詰づくりの実習があり、それを販売することも授業の一環なのだが、プランツ!フェスでは、この缶詰の販売もしてもらうことにした。

2回目のかえっこバザールから関わり、フェス当日は「じゃんけんおばさん」として会場を歩き、出くわした子どもとじゃんけんをして勝ち・負け・あいこに応じてポイントをあげるという遊びを企画して、子どもたちと触れ合いつつ全体を見渡している人がいた。主婦の山田亜希子《やまだあきこ》さんである。山田さんの3人の子どもたちはバンクやレジなどスタッフの仕事もバンバンこなし、ワークショップのコーナーも全制覇して、あそこはこういう点が面白かった、こちらのワークショップはもっとこうした方が子どもにはグッと来る、などのとても貴重な意見をお母さんに報告してくれるのだ。山田さんはこの後、いわきアリオスのかえっこには欠かせない人になっていく。

ここに紹介したのは本当に一部なのだが、いずれも「自分たちのまちには何もない」といって思考停止してしまうのではなく、なければ自分たちでやればいいじゃないか、作ればいいじゃないか、というスピリットにあふれる方々だ。いわきアリオスという施設を整備したことが、そういう人たちのモチベーションを刺激し、この施設は結構遊べるぞ、と思ってもらえたのだとしたら、まずは最初のステップをクリアというところだろうか。

本番当日は晴天に恵まれた。しかし3月のいわきは風が強かった。いわきアリオスの周りはビル風も合わさってさらに強い風が吹いた。野外のペグ（テントを張るロープを地面に固定するための杭）を打ち込めない場所に設営したインディアンテントは、風にあおられてあっけなく倒れてしまった。また、露天で展示品やゲームを用意していた野外組は、いたたまれなくなり屋内に避難することになった。空きスペースを見つけ、そこにブースを突っ込みひと段落したと思ったら、当日評判を聞きつけてか、突然やってきてロビーの片隅でサックスを吹き鳴らす大学生が現れたり、英会話スクールから着ぐるみがやってきてチラシをまき始めたりと、予想だにしないことが連続して起こった。途中からは、もう事故さえ起こらなければよいと、見守るしかなかった。

ほぼ全員が初めて使う施設での初フェスティバルであり、反省点は山ほど残った。私はイベントの進行を見守りながら、旧約聖書の冒頭、天地創造のくだりをずっと思い起こしていた。そう、まずは混沌があるのだ。もともとポジティブな性格なので、混乱は混沌と読み替えた。ここから何かが生まれてくるはずなのだと、それこそ祈るような気持ちであった。

2年目の試み。KOSUGE1-16《こすげいちのじゅうろく》登場

2年目となるプランツ！では、施設の可能性をさらに広げるような活動にしようと考え、2組目のアーティスト「KOSUGE1-16」(7)に関わってもらうことにした。

KOSUGE1-16は土谷《つちや》享《たかし》さんと車田《くるまだ》智志乃《ちしの》さんによる2人組のアートユニットで、人

7 KOSUGE1-16
日常のありふれた環境や現象、人とのつながりをきっかけに作品制作を行う。参加型の作品を通して、参加者同士、あるいは作品と参加者の間に「もちつもたれつ」という関係をつくりだす。アートが身近な場所で生活を豊かにしていく存在となることを目的として活動。作品に「アスレチッククラブ4号DX」（巨大サッカーゲーム）、「どんどこ！巨大紙相撲」など。2008年岡本太郎賞受賞。

の既成概念をずらしたりいなしたりしながら、そこに生じるスキマを狙って一度見たら忘れられないような表現をぶつけてくる。ユーモアのセンスや批評精神も秀逸で、アートという枠に収まりきらない活動がいわきに向いているのではないかと思い、プランツ！に誘ってみた。彼らの活動もやはり作品を作ってこれで完成というものではなく、その活動を起点として新たなエコシステムが動くような何かを作っているとも言える。藤さんの言うOSに近い活動だ。

さて、彼らには2つの仕事をお願いした。1つは、すでに様々な場所で取り組まれている「どんどこ！巨大紙相撲」である。これは、段ボール製の巨大力士をワークショップで作り、〇〇場所と称して対戦するプログラムだ。このプログラムの面白い点は、大相撲のシステムがよく観察され取り込まれていることである。力士のほかにも行司《ぎょうじ》、呼び出し、床山《とこやま》と仕事が分業化されていて、参加する人たちの得意分野によって仕事が割り振られる。また、懸賞と称して協賛を募り、応じてくれた方を谷町《たにまち》と呼び懸賞幕を作って取組の前には土俵を回る。さらに優勝力士には巨大な賜杯が授けられ、それを抱えて優勝パレードまで行うという徹底ぶりなのである。誰もが馴染みある大相撲の仕組みを取り入れて地域のイベントとして楽しめるようにしてあるのだ。もう1つの仕事は、車社会のいわきで、まちなかを少しでも人が行き来してもらうというプログラムで、こちらは定期的なミーティングを開きながら1年かけて考えようということになった。

「どんどこ！巨大紙相撲いわき場所」では、面積の広い市の特性を活かし、力士づくりワークショップと題して各地区を巡業して回るということを考えた。市町村合併で1つの市になってすでに40年以上も経っているのに、聞こえてくるのはいつまで経っても市としてのアイデンティティがまとまらないという声。ならば、無理して1つと捉えずに違いを意識し

①

②

③

④

⑤

⑥

①パークフェス。平中央公園に並ぶケータリングカー
②パークフェスでイラストを販売するユアサミズキさん
③いわき海星高校アマチュア無線部によるミニFM
④アリオス・プランツ！フェスの様子（2009年 3 月27日）
⑤アースディいわき in インディアン村
⑥インディアン・ヴィレッジ・キャンプによる「子ども自動車学校」

①常磐湯本町「いわきフラオンパク」でのどんどこ！巨大紙相撲（2010年１月）
②・③どんどこ！巨大紙相撲　いわき場所千秋楽の様子（2009年12月23日いわきアリオス中劇場）
④酉小屋でのお焚き上げ

ながら高めあう方法だってあるんじゃないかという視点で、楽しみながら、各地区の巡業で作った力士をいわきアリオスの千秋楽で対戦させて、地区ごとの対抗意識を大いに燃やしてもらおうと考えた。

このプログラムの面白みは、大相撲興行にかこつけて地域の様々な表現ジャンルを集めることができ、興味を持った方々が様々な立場で関わることができるという点にある。いわき場所千秋楽では、紙相撲力士たちの対戦以外にも触れ太鼓、実況、解説や中入りで行う余興まで用意して、さながらお好み演芸会の様相を呈した。また、巡業先となった各地域からは、まちづくり団体の関係者が一堂に会したので、思わぬ交流の機会になったという副次的な効果もあった。

力士たちは自宅に持ち帰るとかなりかさばるので、大抵の人は持って帰ろうとしない。そこで、いわき場所ではこの力士たちをお焚き上げ供養することにした。いわきには西小屋《とりごや》(鳥小屋とも表記する)という習わしがある。雪国のかまくら遊びと、どんど焼きが合わさったような風習で、年末にわらで作った小屋に囲炉裏を切って、子どもたちがおでんや甘酒を楽しみ、新年7日あたりに、その中に御札を納めて一気に小屋ごと焼きあげるという豪快なものだ。巡業で回れなかった常磐《じょうばん》湯本《ゆもと》地区から、「いわきフラオンパク[8]」のイベントとして「どんどこ!巨大紙相撲」をやってみたいと声をかけていただいた。その結果、足湯のある広場での取組と西小屋お焚き上げが実現した。

「持ちつ持たれつ」の関係

「どんどこ!巨大紙相撲」の締めくくりに常磐湯本地区で西小屋などのプログラムを行うにあたり、経費などの問題を解決する必要があった。元々いわきアリオスの計画には含まれ

8　いわきフラオンパク
温泉地を中心として、地域に輝きを取り戻すことを目的に「地域資源の再発見」「小さなチャレンジの集合」「頑張る人を応援する」をテーマに取り組む活動。大分県別府温泉を拠点とするＮＰＯ法人ハットウ・オンパクの呼びかけで、全国に広がる新しい観光スタイルや小規模地場産業支援の仕組み。いわきでは、いわき湯本温泉の旅館組合が中心になって取り組んでいる。

ていなかったためである。この点についてのＫＯＳＵＧＥ1-16の考え方は、市民主導のアートプロジェクトを行う際、参考になると思うので紹介したい。

西小屋での力士お焚き上げはいわきアリオスが協力するという形で、湯本の有志（いわきフラオンパク実行委員会）が主体となり、独自にＫＯＳＵＧＥ1-16との関係を作ってもらうことにした。ＫＯＳＵＧＥ1-16は以前から「持ちつ持たれつの関係性」に注目して作品作りや活動を続けてきた。彼らとしてはいわきに長期滞在してこのプログラムに取り掛かりたいので、宿の提供と引き換えに湯本でのプログラムを引き受けるという話を持ちかけたところ、イベントをやるだけでなく、アーティストの視点での湯本温泉の価値について知見を得ることもできるだろうということになった。お互い「持ちつ持たれつ」の関係性が生まれ、この交換条件が成立したのだ。

「コロコロ集会」

「どんどこ！巨大紙相撲」と並行で進めていた、まちなかを少しでも人に行き来してもらおうというプログラムは、車と徒歩の間にある移動手段として、自転車、スケボー、車椅子など車輪付きで人力の乗り物に着目した。そしてこれらを総合して「コロコロ」と呼び、コロコロを活用したまちの魅力の掘り起こしというテーマに行き着いた。会議は「コロコロ集会」と名付けられ、エリアをいわきアリオス周辺＝中心市街地としてリサーチを始めた。まずは自転車でまちなかを散策して目についた景色を写真に収めていき、集めた写真を「コロピク」と呼び、マッピングしていった。まちの風景を収集していく作業である。「コロコロ集会」では、その後「夜の写生大会」で参加者に夜のまちかどをスケッチして歩いてもらい、風景を描きためていった。トークゲストとしてお呼びしたスケボー写真家の井関信雄《いせきのぶお》さんの話から、スケボーではスケーターがポーズを決めた瞬間を「メイク」というのだと知り、まちの風景にも「メイク」している瞬間があるのではということに気づいた。

この「コロコロ集会」のまとめにあたり、KOSUGE1-16はコラボレーターを登場させる。沖縄のコザを拠点に活動する「スタジオ解放区」(9)の林僚児《はやしりょうじ》さんである。彼を呼んだのには理由がある。KOSUGE1-16はいわき市内に滞在中、いわき市の代表的な伝統芸能である念仏踊り「じゃんがら」と沖縄の「エイサー」のつながりについてのストーリーを知る。16世紀から17世紀にかけて実在した浄土宗の学僧で、いわき出身の僧侶・袋中上人《たいちゅうしょうにん》は、琉球の船で明に渡ろうとするが、豊臣秀吉の朝鮮出兵以降、日本を敵とみなしていた明により上陸を拒否される。上陸の機会をうかがうために滞在した那覇で、子どもたちにも慕われた上人が、お念仏を歌にして、子どもたちと踊り歌っていたことが広まっていき、のちにエイサーになったという話である。

ここに着想を得て、KOSUGE1-16は走行すると「じゃんがら」の鐘の音を模した音がなる自転車を製作し、まちなかを双六《すごろく》盤に模して、コロコロ集会で収集した風景を絵にして配置し、サイコロを振ってまちなかを自転車でめぐるというプログラムを考えた。スタジオ解放区の林さんは袋中上人ゆかりのお寺の一つ、菩提院《ぼだいいん》の協力を得てエイサーとじゃんがらを結ぶ映像作品を制作することになった。参加者は双六の「あがり」で菩提院にたどり着き、悠久の時に思いを馳せるという仕掛けだ。

このプログラムを通じて、KOSUGE1-16は「持ちつ持たれつ」という昔ながらの概念の普遍性と強度を再確認させてくれた。沖縄からアーティストを呼んだのも、かつて袋中上人がお世話になったことへの時を超えたお返しと捉えることができる。

施設がまちで生きるために、まちに何を返せるのか、人々はこの施設を使ってコミュニ

じゃんがら自転車
(Photo: 鈴木穣蔵)

9　スタジオ解放区
沖縄県沖縄市(コザ)にあるオルタナティブスペースとそこを拠点とする活動の名称。林僚児と藤島千夏の二人が始めた地域密着型アートプロジェクト。老若男女、記憶、食などのテーマを設定し、地域再生を目論む。震災後はいわきと沖縄とのつなぎ手として活発な活動を続けている。

ティに何を生もうとするのか。そんな関係性を模索するときに「持ちつ持たれつ」という態度で居続けているかどうかを自問することは、施設が自らのあり方を律し、時代に応じて軌道を修正する際の大きな拠り所となるのではないだろうか。

映画祭をやりたいと男がやってきた

時間を少し巻き戻したい。1年目のプランツ！も後半になり、プランツ！フェスに向けてやにわに動き出したころ、フラッと会議にやってきた男がいた。看板屋で働く増田伸夫《ますだのぶお》さんだ。彼はいわきで映画祭をやりたいという内容の企画書を持ってきた。企画会議を1年間続けてきて、ページ立てのある本格的な企画書を持ってきたのは、思えば彼が初めてだった。その出会いにワクワクしながらも、まずはフェスティバルをやり遂げなければならない。増田さんには、本業の看板屋さんでイベントの時などに出店するという缶バッジづくりのコーナーをプランツ！フェスに出してもらうことにして、ひとまず仲間に加わってもらった。

「いわきぼうけん映画祭」への道

年度が明けてからも、KOSUGE1-16のプロジェクトと並行して、プランツ！の会議を続けていた。その席で、増田さんの企画書をもとに、映画祭の実現に向けた話し合いを始めた。

映画祭は、プランツ！のなかで一番の難産だったのだが、出だしは順調だった。まずはタイトルが先に決まった。「いわきぼうけん映画祭」だ。シンプルでほかにはない、よいネーミングだと思う。しかし思い返すと先にこのタイトルを決めたことが、この後の話し合いを混迷化させる一因となったのではないかとも思う。「ぼうけん」という言葉に引っ張られすぎたのだ。

福島県は面積が広く、県民性も海沿いと内陸部とではかなりの違いがある。他地域からは、浜通りはおおらかでユルいと称され、性格はラテン系だと自認する人も多い。そんな土地柄を反映してか、アートや文化においても「馬鹿な」企画であるほど「面白い！　やってみよう！」と盛り上がる傾向がある。

会議は、実行委員長自らが身を呈して「馬鹿」だなぁと言われるような「ぼうけん」をしなければ始まらないのだという方向に進み「ぼうけん」映画なら「E．T．」や「インディ・ジョーンズ」の監督、スティーブン・スピルバーグだろうということで、増田さんがスピルバーグに会いに行くという「進め！電波少年」(10)的「ぼうけん」をやらかそうという方向で話が盛り上がっていった。そして、その年のかえっこバザールでは、来場者に呼びかけてスピルバーグに届けるビデオメッセージを撮るコーナーも設けた。

また、映画祭もいいが、前夜祭をどうしようか、などの話も出てきて、外枠の話が盛り上がる一方、肝心の中身がなかなか固まらない。時間はジリジリと、しかし容赦なく過ぎていく。

会議がブレイクしたのは年度が変わってすぐ、4月初旬である。なかなか本質的な議論がなされないまま本番まであと1年を切っていた。私はそろそろちゃんとしたスケジュールを組まないとまずいぞという思いで、増田さんと課題整理をするためのミーティングを持ち、具体的なスケジューリングをしてから実行委員会に臨んだ。しかし、会議では私と代表の増田さんが事前に会議を段取っていたことに関しての不満が噴出した。曰く、実行委員会がいわきアリオスに伺いをたててやるくらいならやめたほうがいい、実行委員長としてどう引っ張っていくのか、などこれまで曖昧なままであったけれど本質的なことについて、本音の意

10　「進め！電波少年」
日本テレビ系列局で放送されたバラエティ番組。制作局の日本テレビでは1992年から1998年まで、毎週日曜夜に放送。「アポなしロケ」という、事前許可（アポイント）を取らず多くの著名人に様々な依頼を敢行するという企画を中心に行われ、そのスリリングさから人気を博した。

見が飛び出してきたのだ。話し合いはアリオスの閉館後、近所のファミレスに場所を移し、深夜まで延々と続いた。

これだよ。この情熱。これがなければ何も始まらないのだ。経験でわかっていたのに、スケジュールや予算の話を先にしてしまった自分はなんだったのか。プランツ！を始めたころに確認していたはずの基本的な態度はどこへ行っていたのか。そんな自責の念と、みんなの目のギラギラさへの期待で私はアツくなった。その場で確信したのは、計画どおりにイベントを行うことよりも、参加している人たちが納得してこの事業に携っていこうとするプロセスの方が何倍も重要だということだ。

紆余曲折はあったが、その後も定期的な会合を持ち、コツコツと積み上げていく毎日が続いた。各自が推薦する劇映画を持ち寄り、みんなで観るという、言うのは楽だがとても時間のかかる作業が続く。当初予定していた、いわきでロケした商業映画の上映は、権利者の許諾が得られずに、ことごとく上映できなくなっていく。公募作品は12月末が締め切りだったが、終了間際にそれまで集まっていたのと同じだけの数が殺到し、全部で45本になった。それらをすべて観て、映像がちゃんと映るかチェックをし、不具合のあるものは監督に返送して作り直してもらう。そんな作業と並行して、当日配布のプログラムの制作も進めなければならない。「鬼のような」とよく言うが、まさにそんな1カ月があっという間に過ぎた。そして、２０１１年2月10日と11日、無事に本番を迎え、いわきアリオスの中劇場や小劇場などを会場に、招待作品と公募作品を合わせて50本近い作品を上映し、６００名を超える観客を迎えることができた。

無事にと書いたが、映画祭自体が無事だったわけではない。どちらかというと事件の連続だった。細かい説明を始めると紙面がいくらあっても足りないので省くが、予定していた

いわきぼうけん映画祭
（Photo：鈴木宇宙）

ユーストリームによる配信は回線の問題でうまくいかないし、ＤＶＤの再生機が映像チェックをしていた民生機と上映用のプロ用機材で感度に差があり、ＤＶＤは盤面のちょっとした傷で映像が止まってしまうこともあった。残りのＤＶＤをすべてチェックしつつの上映続行、密室に閉じこもってひたすら公募作品の観客投票を集計するボランティアスタッフへの心配りなどなど、実行委員会のメンバーは本当に大汗をかいたと思う。

市民協働のフェスティバルは「訓練」だ

プランツ！フェスにしろ、映画祭にしろ、市民協働のフェスティバルでは予想だにしないことが連続で起こる。プロ同士の仕事ではありえないようなことが連発する。本番は、クオリティよりも先に、事故さえ起きなければいいというくらいの気持ちになって、当日はそのことに集中する。しかしそれはどうなのよ、と思う方もあろう。自分も、かつてならそういうことで自分なりに落ち込んだと思う。しかし、こういうフェスティバルの運営は一つの訓練だと思えばいいのではないかと今は感じている。震災時に起こる事態を考えれば、フェスの運営など可愛いものだ。普段から、小さな予想外に出くわしたとき「ノー」と言って思考停止に陥るのではなく、何とか解決策を考えることで、施設自体の防災力も上がっていくのではないだろうか。そして、そこに参加する市民スタッフも確実に鍛えられているはずだ。防災力と地域力の向上には市民とスタッフが協働するフェスティバルを開催するのが効果的だ、と提案しておきたい。

4 プランツ!を取り巻く文化の生態系

ニッセイ基礎研究所 芸術文化プロジェクト室 研究員　大澤寅雄

混沌から生まれた新たな動き

前節までは、いわきアリオスのマーケティングマネージャーである森隆一郎さんから、「プランツ!」と「プランツ!フェス」、2年目の「どんどこ!巨大紙相撲」と「コロコロ集会」、そしてプランツ!から生まれた企画「いわきぼうけん映画祭」について紹介していただいた。ここからは視点を変えて、リサーチャーの立場からプランツ!を取り巻く文化の生態系を観察してみたいと思う。

前述した一連の企画の展開からも、当初、藤浩志さんがイメージした「地域に種を植える。たとえ花が咲かなくてもその土地に養分は蓄えられるし、花が咲いたら再び種が生まれ、ほかの地域にも飛び火する」という連鎖はおわかりいただけるかもしれない。しかし、プランツ!から発芽した種は、いわきぼうけん映画祭だけではない。それぞれの種がどのように成長し、どのような花を咲かせて種を生み、飛び火していったのかを観察してみよう。まずは、あの混沌としたプランツ!フェスから得た経験(P123参照)が、その後、どんな動きを生んだかを紹介したい。

青年会議所のメンバーは、いわきアリオスの中劇場を使って医療問題を考えるシンポジウムを開催し、満席の聴衆に対していわきの医療問題を大きく訴えることに成功した。全国各地で問題になっていることだから、という視点ではなく、自分たちのまちで進行している事実として医療問題にアプローチし、独自の取材と編集の視点を持つことへの手応えをこのフェスティバルに参加したことで掴めたのではないだろうか。

移動カフェの道場彰規さんは、プランツ！フェスの後、いわき海星高校アマチュア無線部顧問の日当《ひなた》周治《しゅうじ》先生とともに、ミニＦＭとケータリングカーを軸に公園を使った小さなフェスティバルを定期的に開催したいと相談にやってきた。コーヒーを片手に音楽を楽しむという休日の公園のライフスタイルを発信する企画だ。施設を運営する側がお膳立てしてイベントをしつらえるのではなく、この公園から文化を発するのは自分たち市民の役割だと自認して、企画を手伝ってほしいというスタンスでいわきアリオスに提案があった。

アリオス・パークフェス

この道場さんの提案が、２００９年9月から「アリオス・パークフェス」としてスタートすることになった。月に1度の日曜日、いわきアリオスの前の広々とした平中央公園に、香り高いコーヒー、こだわりのカレー、からだに嬉しいクッキーなどのケータリングカーが並ぶ。地元アーティストによる作品展示や手作り雑貨の販売をする車もあり、いわき海星高校アマチュア無線部によるミニＦＭの放送が流れる。運営は実行委員会形式で、運営方針や毎回の出店者の調整などを話し合いながら進めている。出店形態は車出店のみ、保健所の許可が必要なものは各自の責任で行うなど、できるだけ実行委員のメンバーに負担がかからないような体制で運営してきた。

当初実行委員長を務めていた道場さんはご自身の仕事の都合もあり、今後は若い人材に運営を引き継ぎたいと、２０１０年からはフリーランスでイラストやデザインの仕事をしている湯浅瑞樹《ゆあさみずき》さんに実行委員長を任せている。雑誌やポスター、ウェブサイトの挿絵、ＣＤのアートワークなどを制作している湯浅さんがプランツ！に関わり始めたのは、プランツ！

フェスを提案したインディアン2人組の勧誘だった。湯淺さんは「Art! Port! Onahama!!」（P119参照）でインディアンたちと出会い、東京ビッグサイトでの「デザインフェスタ」にも誘われて同行する仲間だった。その付き合いの延長線で、プランツ！フェスに強引に誘われた湯淺さん。「その時はホントにもうすごい勢いで、巻き込まれたーっ！　ていうか（笑）」

それまでは自分の作品を個展などで展示する場合でも直接的にお客さまと接することが少なかった湯淺さんだが、プランツ！フェスやパークフェスをきっかけに、来場者や出展者同士のコミュニケーションが増えた。「以前は作品を介して僕という人間を知ってもらっていたのが、プランツ！フェスに参加したことで、僕自身を介して作品を知ってもらうということがあるのかな、と。ターニングポイントというと大げさかもしれないですけど」。

当初、パークフェスでは、月1回の定例の準備会や終了後の反省会をやっていたものの、よくも悪くも参加は個人の自由意志で、メンバーが結束しにくく、責任感が芽生えにくいという課題もあった。出店数が少ないときは、広々とした公園の中で閑散とした雰囲気になったこともあったそうだ。そうした状況に変化が起きたのは、パークフェスがいわきアリオスから飛び出して、まちなかに出張した企画がきっかけだった。

2010年8月、いわき駅前で開催された「平七夕《たいらたなばた》まつり」で「七夕出張パークフェス」と銘打って開催。この駅前の七夕イベントがきっかけで新たなメンバーが加わったと同時に、個々人の活動から、集団としてまとまった活動をする機運が生まれた。ちなみに、平七夕まつりにパークフェスとして出張することになったのも、やはりインディアン2人組が湯淺さんを誘ったことがきっかけだった。

何をするにしても100%地域のためだけに貢献することはできない、自分自身が楽しみながら、それが結果的に地域のためにもなればいいと考えている湯淺さん。パークフェスについて「メンバーの人数が少なくても、いい協力者に恵まれたというか、信頼できて頼もしい仲間に出会えて救われた」と語る。

インディアン・ヴィレッジ・キャンプ

インディアン2人組の吉田さんと島村さんは、プランツ！をきっかけにして、地域の人々とのつながりがさらに広がった。また、プランツ！に参加していた市の市民協働課の担当者から、福島県やいわき市のＮＰＯ設立の支援制度を教えてもらい、「ＮＰＯ法人インディアン・ヴィレッジ・キャンプ」を設立した。

ＮＰＯ法人の設立と並行して、インディアン兄貴の吉田さんが「インディアン村」構想のために私財を投じて購入した山では、ついに開拓が始まっていた。地球環境について考え、行動するためのイベント「アースデイいわき in インディアン村」の２０１０年3月の実施を企画した彼らは、その１００日前から、荒れ放題の山に文字どおり「鍬《くわ》」を入れ始めた。というのも、信じられないことに彼らは一切の重機を使用せず、鍬とツルハシを大地に振り下ろし、手作業だけで村を開拓したのだ。村役場と称する三角屋根の小屋を建て、電気はすべてソーラーエネルギーでまかない、水道がないからとスコップで井戸を掘って……と、こんな具合だ。メンバーもいつのまにかアーティストからイカツイ男どもに変わってきていた。そして、開催前日の天気予報が降水確率90％だったにもかかわらず、当日、晴天に恵まれて、無事に第1回目のアースデイいわき in インディアン村を開催。子どもたちに「夢を持て」と言うならば、大人が自ら夢を持って実践し、がむしゃらになっている姿を見せる以外にない、という吉田さんの意志が見事に貫かれた。

それからおよそ半年後の2010年10月、インディアン2人組は、いわき市内の自動車学校で「子ども自動車学校」というイベントを企画・主催した。ワークショップでポイントを集めておもちゃと交換するというかえっこバザールの手法を使い、子どもはおもちゃを交換する代わりに教習所で自動車やバイクのシミュレーターを操作できて、「こども免許証」が発行されるというユニークなイベントだ。ところが、定員として100組の家族を予定していたところに500家族以上の申し込みが殺到。インディアンのボス、島村さん曰く「申し込みを開始した途端に電話は鳴りやまんわ、ファクスは止まらんわ、そら大変な目にあいました」そして、半年前と同じくやはり開催前日の天気予報は雨マーク。だが、奇跡は二度起きた。開催30分前に晴れ間が出現。参加した大勢の親子の歓声が響き、笑顔が弾けた。大好評のうちにイベントを終えた。

インディアン2人組は「モヤモヤ」を溜め込まずに、いつでも種があれば発芽させて、根を張り、茎や蔓を伸ばしていろんな人を巻き込んでいく。島村さんは「誰かが何かをやりたいと言えば、とにかく『やっちゃうべ』と。そうしたなかで、新しい何かがまた生まれるんじゃないか」彼らの行動力によって、プランツ！とは別のプラットフォームをインディアン・ヴィレッジ・キャンプが形成し始めた。吉田さんと島村さんの周囲には、得意な「何か」を持つ人が集まり、協力することで何かが形になった。

三函座《みはこざ》リバースプロジェクト

プランツ！で生まれた出会いや、そこで得た知識や経験が、いわきアリオスから地域に飛び火した事例は、ほかにもある。檜山直美《ひやまなおみ》さんは、いわき市常磐関船町《じょうばんせきふねまち》で子育てをしながら、ご主人と設計事務所を営んでいる。広報紙「アリオスペーパー」でプランツ！の告知を知ったのは、景気が冷え込む建築業界のなかで、業務を見直す必要に迫られていた時期だった。「なんか面白そうだな、ちょっと行ってみようかなって。それは、自分の生活が行き詰まっていたから」何か興味のある物事に出合えるかもしれない、新しい関係が作れるかもしれないという期待があった。また、アリオスペーパーから伝わってくる雰囲気がよかったこと、プランツ！のチラシに種から芽が出ているマークが描いてあったのを檜山さんは覚えている。もともと環境問題に興味があったので、プランツ＝植物というキーワードにも惹かれたと言う。

ずっとご主人といっしょに建築設計事務所で働く毎日で、ほとんど仕事と家事で必要な用件以外には外に出たこともなかったという檜山さん。彼女は、プランツ！の発案者の藤浩志さんとは一体何者なのか、現代美術とは何なのか、いわきアリオスが何をしようとしているのか、その狙いは何で、実際どうなっていくのか、ということに興味があった。そしてプランツ！で藤さんに出会い、「自分は美術家だから表現しているのではなく、自分のなかのモヤモヤを表現せずにはいられないから表現しているんです」という言葉に感銘を受けた。「それで気がついたんです。自分で自分のモヤモヤの種を育ててみればいいんだって」思い立った檜山さんは、イベントの企画という経験したことのない活動を始めた。とくに、プランツで出合った現代アートに取り組んだ理由は、現代アートが社会との関わりから生まれるものであり、概存の社会の価値感やあり方を問い直す力があると感じたからだ。人は、自分の考え方や価値感を変えることは難しいが、現代アートという不思議な力を借りることで、湯本の町を一から問い直し、そこから新しい道が開けるかもしれないと考えた。

檜山さんのモヤモヤの種とは、いわき湯本温泉に残されていた三函座[11]という、約１００年前に建てられた芝居小屋との出合いだった。国の登録有形文化財に認定されている三函座だ

11　三函座
福島県いわき市常磐地区にある建物。明治30年代に芝居小屋として建てられ、1982年に映画館として幕を閉じた。東日本大震災の影響で取り壊されることになった。

が、温泉街の表通りから狭い道を入った奥まった場所に位置しているためか、地元でも存在があまり知られていなかった。これまでも、湯本のまちづくりに三凾座を活用しようという動きが何度かあったが、上手くことが運ばなかったそうだ。また、使われなくなって数十年経過していた建物は、老朽化による雨漏りも目立ち、ゴミだらけの状態だった。

檜山さんは、湯本温泉の活性化を狙った観光イベント「いわきフラオンパク」（P130参照）の企画を手伝いながら、積極的に地域に出ていった。また、プランツ！をきっかけに出会った市や県の行政職員とのつながりなど、様々な出会いや動きが重なって、三凾座の再活用検討委員会を組織。旅館経営者や住民ボランティア、いわきぼうけん映画祭実行委員会の前身だった映画映像研究部のメンバーなどが集まって、「三凾座リバースプロジェクト」が動き出した。

まずは三凾座内部の清掃活動に始まり、三凾座の歴史や再活用のための勉強会、地域住民の意識調査、映画の上映会やシンポジウム、修繕費用の寄付の呼びかけなども行った。そして檜山さんは、プランツ！で出合った現代美術を使えば、三凾座を再生できるかもしれないと考えた。2年目のプランツ！で登場した沖縄出身のアーティストユニット、スタジオ解放区の林僚児さんたちを招いて、2010年12月に「現代あーと、ふぇすてぃばる『三凾座物語』」と題したイベントを開催。座談会、お芝居、走馬燈の展示、アコーディオンの伴奏による歌やフラダンスなど、三凾座をめぐる地域の人々の記憶を再生させた。「私は、生きていることと、文化や芸術とは切り離せないものだと思っていて、その思いを三凾座を通して地域の人たちと共有したいんです」と檜山さんは言う。

「三凾座物語」

Wunder ground（ワンダーグラウンド）

市内の老人ホームの事務職員を務めている島崎圭介《しまざきけいすけ》さんは、いわき市内の大学に在学していたころ、演劇が好きな高校の友人つながりで劇団の旗揚げに加わった。当時から人を支える役割が多かった島崎さんは、役者ではなく制作や広報を担当した。「大学時代の友人に恵まれていたんでしょうね。周りに何かをやりたがる友人が多かったので、自分はサポートする役割が中心でした」

地域のアマチュア演劇の事情を知っている島崎さんは、かつては劇団ごとに照明や制作などの裏方がいたが、近年では役者志望の人が増えて裏方の人材が圧倒的に不足しているという。そのような状況もあって、いわきアリオスの開館に向けたプレイベントとして2005年から2008年まで行われていた市民参加型の人材育成プログラム「いわきDIAMONDプロジェクト」[12]（以下「DIAMONDプロジェクト」と表記）に参加していた。イベント企画や裏方の講義と実践という内容だった。

DIAMONDプロジェクトの終了後、有志でイベントの業務研修を中心にした活動を継続した。それが、地域の舞台芸術活動の裏方作業を支援する集団「Wunder ground（以下、ワンダーグラウンド）」を自ら立ち上げ、主宰することにつながった。

いわきアリオスの開館前から接点があった島崎さんは、プランツ！が始まったときの印象をこう語った。「DIAMONDプロジェクトがあったときに、みんなやる気があったはずなのに、終わるとどこかに消えていっちゃったんですね。消えたと思ったら、プランツ！が始まって、また新しい風が吹いてきたという感じがありました」。島崎さんは、プランツ！での多種多様な人々との出会いから、以前からの演劇活動に加えて美術や映像の分野にも興味が広がった。実は、島崎さんもいわきぼうけん映画祭の増田さんと同じように、いわきで

12　いわきDIAMONDプロジェクト
2005～2008年度、いわきアリオス建設に先立ち実施した、いわき市主催のワークショップ。イベント企画、舞台監督大道具、舞台照明、表現者、の4コースからなる。2006年日本イベント大賞制作賞受賞。

映画祭を立ち上げるアイデアを、かつてＤＩＡＭＯＮＤプロジェクト時代に企画書にしたことがあった。だが残念ながら実行に移せず、いつか実現の機会をうかがっていたところ、増田さんがプランツ！で映画祭の企画を出したということを聞きつけた。「いわきで映画祭があるのであれば、それを観に行ければいい、という思いでした。私自身が、どちらかというと観客でいたい人間なんで。ただ、映像には興味があって、映像制作ワークショップ[13]に参加したこともあったので、ぼうけん映画祭には出品者という形で関わったんです」

県内各地での「かえっこバザール」の展開

プランツ！フェスで「じゃんけんおばさん」として登場した山田亜希子さんがプランツ！に参加することになったきっかけは、いわきアリオスで開催された「かえっこバザール」のチラシだった。

小学生の娘2人と息子1人を育てながら、地元のパン屋さんで給食のパンを配達する仕事をしている山田さんは、まちに出かけるときは、いつも子どもといっしょに楽しめるイベント情報にアンテナを張り、公共施設のチラシを手に取っては、参加できるイベントを探し求めていた。いわきアリオスに立ち寄ったときに目に入った「かえっこバザール」のチラシに興味を持ち、その運営ボランティアの説明会に足を運ぶと、時間を前後してプランツ！が開催されていたので、ついでに顔を出してみた。そこでおしゃべりをしてスッキリして帰ればいい、と気軽な気持ちだった。ところが山田さんは「参加してみたら、いろんな人の、いろんな切り口の意見が聞けて面白かった」と言う。

子どもといっしょに地域の活動がしたいとモヤモヤしていた山田さんは、プランツ！でインディアン2人組の吉田さんや島村さんたちをはじめ、人とのつながりが爆発的に広がっ

13　映像制作ワークショップ
初心者でも映画祭に作品を出品できる仕組みとして、2010年９月から11月にかけて美術家・岩井成昭を講師に迎えたワークショップ。ごく身近に起こっている出来事をテーマに、日常が「まなざし」によって魅力的に変化した瞬間（ターニング・ヴィジョン）を共有した。（いわきアリオス主催）

た。そして、かえっこバザールに夢中になった山田さんは、インディアン・ヴィレッジ・キャンプに協力してもらいながらいわき市内各地でかえっこを展開するようになり、各地で「かえっこつながり」の友人ができた。しかし山田さんは、「かえっこ」というイベントを楽しんではいたものの、まだ自分自身のモヤモヤの種を育ててはいなかった。「自分で何かやりたいと思っても、どうやっていいのかわからない、誰かが何かをやってくれるのを待っているということもあるし――」そう話す山田さんの種の発芽は、後述する東日本大震災がきっかけだった。

「いわきに住み、モヤモヤしている」以外に共通点がない

プランツ!を取り巻く文化の生態系を観察するために、これまでに紹介した、いわきぼうけん映画祭の増田さん、アリオス・パークフェスの湯淺さん、インディアン・ヴィレッジ・キャンプの島村さん、三凾座リバースプロジェクトの檜山さん、ワンダーグラウンドの島崎さん、そして、かえっこバザールに取り組んでいた山田さん、以上6人にインタビューを行った。モヤモヤの種の持ち主6人を並べてみると、性別も、年齢も、職業も違う。出身地や居住歴を見ても、「地元出身・地元育ち」だけではなく、「外から移住してきた人」だけでもない。「地元出身だが、外の生活を経験して地元に戻ってきた人」もいる。

生まれた場所や育った環境も多様だが、文化活動の経験も実に多彩だ。たとえば、アリオス・パークフェスの湯淺さんは、大学で学んだデザインを活かした就職先を選び、10年間の会社勤めを経験したあと、デザインやイラストを専門の生業とすることを決断して独立し、その道に専念し始めた。いわゆる「プロ」としてアートに関わっているのは、6人のなかで湯淺さん1人である。

プロではないが芸術に深い思い入れがあったのが、三凾座リバースプロジェクトの檜山さんだ。幼少のころから絵を描くのが好きで、お母さんがよく演劇や音楽の鑑賞に連れていってくれた。高校の部活動では美術部と写真部と心理学同好会に所属、毎日のように学校の帰りに美術館に通った。高校や大学時代には、たびたび舞台を観るために上京したという。檜山さんが育った環境は、芸術が日常生活に「当たり前にあるもの」という思いを育んだ。

その一方で、インディアン・ヴィレッジ・キャンプの島村さんから「文化には、まったく縁がなかったですね」という言葉も聞かれた。プランツ！に集まった多くの人々は、基本的に趣味として文化や芸術に接するだけだった。ほとんどの人にとって、音楽、演劇、映画の鑑賞や読書などは、余暇の楽しみの一部ではあっても、「それがないと生きていけない」というほど大げさなものではない様子だった。

また、ボランティアや地域活動について伺ったところ、ほとんどのメンバーは経験がなかった。かえっこバザールの山田さんは、パン屋さんで働き始める前は、趣味の読書を活かして、子どもを対象とした本の読み聞かせサークルに1、2年間所属していた。サークルでは月1回の勉強会に参加し、学校からの要望に応じて、子どもに本を読み聞かせるボランティア活動をした。サークルでは同じ年頃の子どものお母さんたちと仲よくなり、一世代先輩のお母さんたちとの交流も生まれた。

いわきぼうけん映画祭の増田さんは、「改めてボランティアというほどのことじゃないですけど、町内会の清掃などは、当たり前のこととして参加していました」と言う。古くからの地縁が残されているコミュニティで生まれ育ってきた増田さんにとって、町内会の活動は参加しない方が不自然なのだろう。しかし、全国的な傾向として、地縁による人と人とのつながりは年々希薄になっているという。いわきでも、自治会活動への参加者が減少していることは、容易に想像できる。

ここまで、プランツ！に集まった人たちの出身地と移住歴、文化活動や地域活動の経験について見てきたが、「いわきで生活していて」「モヤモヤしていた」こと以外に共通点や類似点を挙げることは難しい。

アリオスに対する第一印象は、必ずしもよくなかった

まったく異なる属性や特徴の人たちがいわきアリオスで出会うことになったわけだが、彼、彼女らは、当初、いわき芸術文化交流館アリオスに対してどのような印象を持っていたのだろうか。

「アリオスっていうと、音楽とか、演劇とかをやるところだと思っていて、子どもたちがまだ小さかったので、あまり縁がないところだと思っていた」（山田さん）「もともと頻繁に公共の文化施設に行くようなことはなかったし、まずそのデカさにビックリしました」（湯淺さん）「自分には縁がないと感じて距離を置いて見てました。地元にどれだけ貢献できるのだろうか？　と思っていました」（増田さん）「金かけてあんなにデカいものを作りやがって、と思っていました」（島村さん）地元でご主人と設計事務所を構えている檜山さんは「アリオスの建設計画や工事のころは、建築業界も厳しい状況になっていたので、妬ましいという思いでした」と言う。

たしかに、建物としてのいわきアリオスは巨大で、その威容《いよう》ゆえに親近感を持ちにくいという印象も少なくないのかもしれない。また昨今では、いわきに限らず日本各地で公共事業に厳しい目が向けられていることも事実だ。それを考えれば、アリオスに対する第一印象が必ずしもよくなかったのも無理のないことだろう。

それではなぜ、これほどまでに共通点のない人たちが、あまり印象のよくない、いわきアリオスという場所で出会うことになったのだろうか。

異なる価値観との出合いや共感

考えてみれば、私たちの人間関係は、何らかの共通点や類似点を前提として成立していることがほとんどだ。職場も、学校も、サークルも、ボランティアも、インターネット上のソーシャルネットワークも、同じ目的や同じ活動、同じ趣味趣向や考え方を持つことで仲間意識が生まれる。

しかし逆に、同種同属ばかりの人間関係に違和感を覚える人々もいる。たとえばメンバーの中にはこんな意見があった。「みんなと同じ色に染まるのはイヤっていうか――ちょっと許せない、という部分もあって」「同業者の集まりとか、同級生の仲間とかで飲んだりして、『まぁわかるよね』みたいな感覚で話を合わせるのは、どうしようもなく苦痛なんですよね」「プランツ！に知り合いがまったくいなかったから、行きやすかったのかもしれない。自分のことをまったく知られていない方が、周りの先入観もないだろうし、こちらも先入観を持たない方が、ぶっちゃけた話がしやすいんじゃないかな」

プランツ！に集まった人たちにとって、そこにいる自分以外の人たちが、自分とは違う考え方や価値観を持っていて、それを面白がることができたということが、全員に共通していることだった。「いろんなことを考えている人がいて、ジャンルも方法も様々だし」「それぞれのメンバーが、ちょっとずつ、ちゃんとつながっていて」「普通に生活していたら絶対出会わなかったような人と友だちになった。ここに来なければつながれないような人とつながった」プランツ！以前は、同じ価値観の仲間同士でそれぞれつながりを形成していた人たちが、モヤモヤの種を持ち寄って異なる価値観の人と出会い、相手の異なる部分から面白いものを見つけ合って共感する。そのような関係が生まれたと言えるだろう。

「プランツ！」とは何だったのか？

ここで、美術家の藤さんが考案した「プランツ！」とは何だったのかについて、改めて掘り下げてみよう。多くの読者はこれまで目にしてきた「アリオス・プランツ！」という言葉を、一連の企画を指す固有名詞として受け止めていることだろう。それを“Alios”という主語、“plants”という述語が構成する英文として読むと、「アリオスは植える！」という、まるで呪文のような言葉になる。その呪文の意味は、この数年間、いわきアリオスが、何をどのように植えたのか、植えたものはどうなったのか、注意深く観察すれば、きっと解読できるはずだ。

もし、「プランツ！」を簡潔に言うならば、「市民参加による企画会議」と説明できるかもしれない。あるいは、参加者が自ら企画を立案し、実践によって知識や技術を学ぶという側面からは「アートマネジメント講座」に近いのかもしれない。ところがプランツ！について知れば知るほど「市民参加による企画会議」や「アートマネジメント講座」とは、前提がまったく違っているのだ。何が違うのか。それは、①指導者がいない、②計画性がない、③何をやってもいい、④失敗してもいい、という4点に集約できる。この4つの前提の違いをよく見ると、プランツ！で意図されていることが、より明確になるだろう。

①指導者がいない

藤さんや森さんは、参加者の「こんなことができるといいな」という種を引き出して、「それイイね！」という、興味や関心を向ける役割である。藤さん曰く、「『こうしろ、ああしろ、そんなやり方はだめだ』と教えるのではなくて、『やればできるよ、こんなやり方もあるよ』という態度を見せること。そうすれば、その態度がみんなに伝播する」

②計画性がない

藤さんは、市民と協働作業をする場合は「最初から、自分の思い通りにはならないと思っているんだよね」と言う。あらかじめ計画を立ててレールの上を走ることよりも、偶然の出来事や予期しなかった人との出会いが生まれることの方が、大事なことだと考えている。

③何をやってもいい

藤さん自身、「いつも『アートを疑え』って言うんです。アートという言葉がもつ『重石』のようなものを取り除かないと」高尚なものとして崇められているような芸術には、社会との関わりのなかで新しい可能性を生むことは難しい。むしろ、芸術からかけ離れた活動で社会と関わることのなかから、新しい芸術の可能性が見つかるかもしれないと藤さんは言う。

④失敗してもいい

プランツ！は、参加者がお互いのモヤモヤを話して、とにかく試しにやってみる。その対話と実験が大事で、対話だけで実験をしないのは、半分しか意味がないと藤さんは断言する。「失敗から学べることがあるから実験なので、どんどん失敗すればいい。花も実もつけない種や芽もある。でも、それが朽ちて土の中で発酵して養分になれば、別の種の成長を促すことになる。だから、どんな活動も、決して無駄にならない」

近年、藤さんは、地域と関わってアートプロジェクトを行う際に、「土」と「水」と「光」、それに「苗」に見立てて、人との関わり方や立ち位置を考えていると言う。「土」は地域の文化的な土壌であり、「水」は地域の人々の興味や関心、「光」は地域や活動に光を当てる情報や批評、そして「苗」は、人が持つ違和感や欲求から生まれた表現に見立てることができる。

さらに私は、藤さんの概念図に加えて「いわきアリオス」を建物ではなく「大きな木」に、人の心のなかにある「欲求や違和感」を「モヤモヤの種」として見立てたい。巨大なアートセンターであるアリオスは、音楽や演劇の愛好家にとっては、それを目当てに集まる場所だ。まるで、大きな木に咲いた花の蜜を吸いに、美味しい実を食べに、鳥や獣や昆虫が集まるように。その一方で、モヤモヤの種の持ち主がアリオスに来て対話や実験を繰り返すのは、花や実が目当てではなく、彼ら自身の種を発芽させるために来ている。いわきアリオスは、根元に蓄えている土の養分（スタッフの知識やノウハウ）や、水の流れ（地域内外の人的ネットワーク）をモヤモヤの種に供給する。

そして、モヤモヤの種が小さな花や実をつけることで、今までいわきアリオスという大きな木に関わりがなかった鳥や動物や昆虫が集まってくる。そうした生物たちもまた、いわきアリオスがより深く根を下ろすための養分を提供し、種を遠くに運んでくれる。つまり、いわきアリオスとモヤモヤの種は共生関係にあり、互いに水や養分を循環させているのだ。

モヤモヤの種は、落ちるべき場所に落ちて、成長すべきスピードで成長する。種を取り巻く環境が変化すれば、種もまた、その

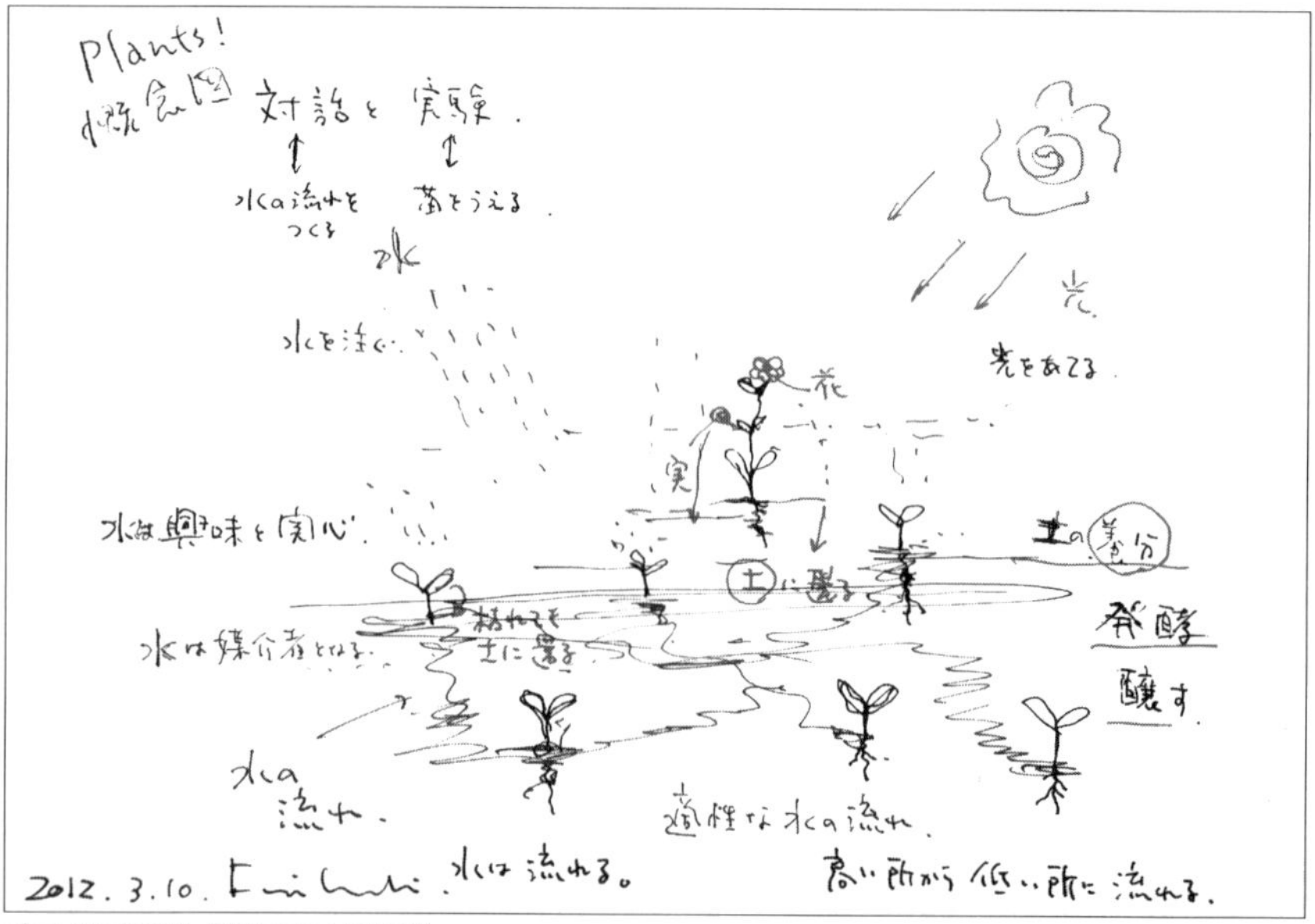

プランツ！概念図（藤浩志による作図）

環境に適応しようとする。変化する環境に適応できる種が、次の世代に遺伝子を残すことができるのだ。いわきアリオスとモヤモヤの種たちは、たとえどんな環境変化があろうとも、地域文化の遺伝子を残していくことだろう。

そして現実に、環境変化は起きた。それはあまりにも大きくて、突然だった。

5 プランツ！メンバーそれぞれの震災

2011年3月11日、14時46分。その瞬間、いわきぼうけん映画祭の増田さんは、会社から5分くらいの場所に外出していた。立っていられないくらいの揺れが襲い、目の前で古い木造の倉庫が潰れた。しばらくして、奥さんから携帯電話に「津波が来そうだから、保育園にいる子どもを迎えに行って」という連絡を受けて、川沿いの保育園にいる子どもを歩いて迎えに行った。子どもの無事を確認し、2人で保育園から帰宅しようとしたが、信号機の故障で道路は大渋滞。車をあきらめて家まで歩いた。「親がビビってたら、子どもはもっと怯えるから」と、子どもをおんぶしたまま、地割れしたアスファルトの上をジャンプしたり、大きく傾いた電柱の間を走ったりと、半ば遊びながら帰った。

その日の夜、増田さんの携帯電話に、インディアン兄貴の吉田さんから「もしかしたらフクイチ（福島第一原発）がヤバイかもしれない」というメールが届いた。しかし、すでに幹線道路は渋滞で完全に麻痺しており、家族とともに自動車で移動したくてもできなかった。もちろん鉄道も動いていない。「どうしようもない、家で屋内退避するしかない」。翌日、福島第一原発1号機で水素爆発が発生。「嘘だろ……」と思った。

避難所での生活を余儀なくされた人もいる中で、家族とともに自宅で生活できて恵まれていると考えていた増田さん。食料や支援物資の配給を受け取らず、家に残っているものを少しずつ食べた。安否を気遣って支援物資を送ってくれた知人や友人のおかげで1カ月くらいは食べつないだ。しばらく会社を休業にして、支援物資の仕分けと配給を手伝った。

かえっこバザールの山田さんが地震に遭遇したのは、パン屋の仕事を終えて、学校にいる次女を車で迎えに行く途中だった。学校の子どもたちはすでに校庭に避難し、娘は比較的落ち着いている様子だった。しかし、何度も襲い掛かる余震の強烈な揺れとともに、周囲の建物の窓ガラスが割れて破片が落下する音に怯え、子どもたちは泣いたり悲鳴を上げたりしていたと言う。

災害に備えて家庭での水や食料品などの蓄えが十分ではなかったことの反省を込めて、山田さんは〈震災から学んだ14のこと〉(14)と題した20頁ほどのレポートを作成した。このレポートは、いわきアリオスのブログ「アリオス・スタイル」から誰でもダウンロードすることができる。「全国の知り合いの人たちから、野菜や卵を送ってもらったので、自分が今できるお返しは、大変だったことを振り返ってまとめておいて、また大災害があったときに、少しでも参考にしてもらえれば、と思って」

アリオス・パークフェスの湯淺さんは、自宅で作品制作の作業場にいた。2日後に始まるいわきアリオスのカフェでの自作の展示の準備中だった。相当な大きさの揺れに驚いたものの、揺れが収まったあとは、そのまま展示の額装作業を続けようとしていた。だが、ニュースで伝えられる映像を目の当たりにして、被害の大きさに愕然としたという。一人暮らしの湯淺さんには恋人がいて、震災後しばらくの間、彼女の家にホームステイした。彼女の両親とも同居だった。実家が鳥取の湯淺さんは、いわきを離れて鳥取に戻ることもできたが、彼女と、彼女のご両親を置いて戻ろうとは思わなかった。そして、懸命に頑張っている仲間た

14　震災から学んだ14のこと
http://alios-style.jp/cd/files/yamada-311_report.pdf

ちがいた。「今思い出すと、『そういえば大変だったね』と思うんですけど、たぶんそのときは、それを自覚するどころじゃないくらい、必死だったと思います」

震災当日は仕事の関係で上京中だったインディアン・ヴィレッジ・キャンプの島村さんは、いわきに戻る移動手段がなかったため、すぐには帰宅できなかった。原発事故を知り、知人を介して車を借りて帰宅。母といっしょに、弟がいる埼玉に避難した。島村さんは1995年の阪神・淡路大震災の経験から、「まず、自分や家族の生活が普通の状態に戻れるように努力しよう。地域のことは、ボランティアで外から来てくれた人たちに甘えればいい。自分たちが平常の生活に戻れるために来てくれているんだから」と考えた。

復旧活動に取り組み始めたプランツ！のメンバー

三凾座リバースプロジェクトの檜山さんは、自宅の周辺に多くの独居老人が住んでいたため、ご主人といっしょに水を汲み、周辺の家を訪問したり食料を配ったりしていたが、原発事故を受けて、5日間東京に避難した。ところが東京にいる檜山さんの携帯電話に、三凾座リバースプロジェクトでお世話になった市の職員から「湯本のまちなかで炊き出しをやってくれないか」との連絡が入った。檜山さんは炊き出しのために急いでいわきに戻ったが、湯本の人たちはすでに支援物資を主体的に分配していて、かなり疲れていたと言う。

ワンダーグラウンドの島崎さんも、勤務先の老人ホームで入居者の対応をし、水を汲んで、やはり地域の独居老人への救援物資の配達や災害復旧活動にあたった。原発事故の発生後、1週間ほど大阪にいたが、島崎さん自身が避難するためではなかった。「恋人が大阪にいて、原発の事故を知った彼女が、私のことを心配して心労で倒れたんです。その看病のために大阪にしばらくいました」大阪からいわきに戻った島崎さんは、災害復旧活動でワンダーグラウンドにできることがないか、市に掛け合ったが、市はスムーズには動くことができなかった。そこで、行政に頼らずにワンダーグラウンドのメンバーの人脈で、福祉、医療、土木、水道、住宅などの分野の地域情報を網羅的に収集し、いわき出身で東京在住の知人が所属していたNPOと協働して災害復旧活動をスタートした。震災からおよそ2週間後のことで、すでに多くの地域では自主的に救援物資の分配を行っていたが、島崎さんたちは、まだ救援の手の届いていない場所を支援した。

震災による個人や人間関係の変化

震災は、様々な影響や変化を個人に及ぼした。以前は地域活動をほとんどしたことがなかったと言っていた人たちが、自分自身が被災者であるにもかかわらず、ボランティアを始めていた。それは自らが変わりたくて変わったのではなく、市民同士が助け合わなければならない、切実で切迫した状況があったからだろう。そして、互いに助け合うための活動や情報交換に、プランツ！で生まれたつながりが確実に機能していた。

周囲の人間関係も変化した。今までは当たり障りのない話をしていた友人や知人とも真面目な話をするようになり、マスメディア、インターネット、個人間の口コミでも、情報の信憑性について、慎重に判断するようになったと湯淺さんは言う。とくに原発事故のあとは、放射線が及ぼす健康への影響や食材に対する不安感など、生活スタイルや考え方の違いが表面化することもあった。しかし、湯淺さんは人との接し方で困ることもなく、もし考え方の違いがあれば「どうしてそういうふうに考えるのか、ちょっと教えて、と。否定するのでもなく、賛成か反対か、でもなく、両方知りたいから」と冷静に接している。

檜山さんは、ご近所の方との付き合いが以前よりも深くなったと感じる一方で、友人関係では、いわきを離れて避難したか、あるいは避難せずにいわきに残っているかで、付き合い方に変化が生じたように感じている。「避難した人たちが、残っている人に対して負い目を感じているのかもしれませんね。避難するという決断ができた人が羨ましいです。でも、被曝への不安を拭うことは難しいので、避難できる人は、避難した方がいい」

逆に、増田さんは、ご近所付き合いなどの地域との関わり方に震災以前から変化はないと言う。「田舎だからっていうこともあるんですけど、自分の住んでいる地域は歴史が古く、町内のコミュニティは昔から変わらない。避難された方もいますが、全体の雰囲気は大きく変わっていないと思います」

震災後に縮まった市民とアリオスの距離

震災直後から、建物としてのいわきアリオスは避難所となった。その状況を意外だったと言うプランツ！のメンバーの声もあった。普段はホールや劇場として、コンサートや演劇を楽しむ「ハレの場」と認識していて、一時的にせよ被災した人々が生活を営む空間というイメージがなかった。「たぶん、避難所になったおかげでアリオスに初めて足を運んだ人もいたんじゃないですかね」（山田さん）「今回の震災を通じて、アリオスは、ホールでもあるけれども、コミュニティのための場でもあるんだよ、ということを再確認できた、というか。避難所になったことがきっかけで、行きやすくなったんじゃないかな」（増田さん）

湯淺さんは、避難所になったいわきアリオスでの炊き出しを手伝いに行った。「避難所になって、スタッフの方が、来た人たちのケアをされていて、ありがたいな、と言ったら変かもしれないですけど、アリオスで働いているスタッフのみなさんと、より距離が縮まった」

檜山さんは、いわきアリオスが避難所になったこと自体は、ほかの公共施設が避難所になったことと何も変わらないことだと言う。むしろ、いわきアリオスが再オープンして通常のホール運営ができるようになるなかで、被災地を応援しようと訪れてくれた数多くの著名なアーティストを受け入れる施設として、アリオスが大きな役割を果たしたことを、よかったと思っている。なかでも、全国的に注目を浴びることになったのが、シルヴィ・ギエム&東京バレエ団〝HOPE JAPAN〟福島特別公演[15]（第1部P90参照）だった。世界的なバレエダンサーのギエムがアリオスで踊るというニュースは、全国から注目を集めた。「いわきの文化的な面では、震災前よりも、震災以降の方が恵まれているんじゃないでしょうかね。震災の経験と、文化的な経験を合わせて持つ子どもは、きっと思考が深くなる。もしかしたら、芸術面で抜き出た子どもがいわきから育つかもしれませんね」と檜山さん。

忘れてはならないのは、いわきアリオスから地域に出て、学校や避難所など様々な場所にアーティストを派遣し、小規模なコンサートやワークショップを行った「おでかけアリオス」の取り組みだ（第1部P65参照）。増田さんはこう話してくれた。「正直、頭が下がりました。自分の子どもの小学校でも『おでかけアリオス』で来ていただいて。ありがたいな、と思いました」PTA会長をされている増田さんは、小学校に足を運ぶと、おでかけアリオスをやった後は子どもたちの雰囲気が明るくなっていたと言う。「がんばってね、という気持ちを置いていってくれたというのが、嬉しいんですよね。炊き出し以上に元気をもらえたんじゃないかと思います」

不安と衝動、回り始めた歯車

「果てしなく不安だったんです。どうなっちゃうのかわかんなくて」そう語る三凾座リバースプロジェクトの檜山さんは、多くの人が不安を抱えていた原発事故による放射能汚染

15　シルヴィ・ギエム&東京バレエ団
“HOPE JAPAN” 福島特別公演
2011年11月1日、東日本大震災に心を痛めたバレエ界の女王シルヴィ・ギエムの、震災地でも公演を行いたいという強い意思により、いわきアリオスでの特別公演が決定。ギエム自身が長らく封印していた「ボレロ」（モーリス・ベジャール振付）を踊ったことも大きな話題となった。

について、とにかく情報を集めようと懸命に動いた。震災から2カ月後のゴールデンウィークに、鎌仲《かまなか》ひとみ監督の映画「ミツバチの羽音と地球の回転」[16]の上映会やエネルギー問題などの勉強会を開催した。市内のライブハウスで4回開催した上映会はすべて満席だった。

「そのときは、今まで自分が見てこなかったもの、見るのを避けていたものについて、知識を得たい時期だった。生きているうちに何かやらなくちゃ、と必死で——とにかく『やらなくちゃ』という衝動でした」

その一方で、檜山さんにとって思い入れのある歴史的建造物の三凾座は、地震の影響で倒壊が危ぶまれていたが、湯本の人々は震災や原発事故によって、三凾座を思う心の余裕がなくなっていた。そして三凾座の解体が決定し、檜山さんは何をやっていいのかがわからなくなった。「自分がやっていることに対して、これをやって何になるの？　今これをやってる場合なの？　と疑問を絶えず感じながらやっていました」という檜山さん。おそらく、果てしない不安のなかで、あるときは衝動的になり、あるときには無力感を感じる、その繰り返しだったのだろう。

「実は、震災直後の3月13日に、ぼうけん映画祭の実行委員メンバーから、『避難所で映画上映会をやったらどうかと思うんだけど、そういうのってどうなんだっぺ？』という話があったんです。『今、そういう時期じゃないんじゃながっぺかね』ということで一旦は話を納めたんです」と言ういわきぼうけん映画祭の増田さん。彼は、支援物資の配給ボランティアをするなかで、それまで知らなかったNPOやボランティアとの新たな横のつながりが生まれた。FMいわきのパーソナリティで「がんばっぺいわきネットワーク」のＥｒｉｃｏ《えりこ》さんとの出会いも、その一つだった。5月中頃、いつまでも支援物資の配給が続くわけではないと感じ始めたとき、Ｅｒｉｃｏさんと増田さんは「このあとも、何かできることがあるよ

16　映画「ミツバチの羽音と地球の回転」
鎌仲ひとみ監督によるドキュメンタリー映画。スウェーデンの脱原発についての取り組みと山口県上関町原発建設予定地の対岸にある祝島での建設反対運動を取材し、環境破壊とエネルギー問題に迫った作品。

ね、何をやればいいんだろうね」という話になった。そこで、震災直後に避難所での上映会を提案してくれたメンバーに連絡した。「どういう形だったら上映会ができるか、話し合うべ」それが、巡回上映会のきっかけだった。

第1回の巡回上映会は5月22日。上映作品は、配給元の好意で寄贈を受けた「あらしのよるに」、「劇場版アニメ 忍たま乱太郎」、「はやぶさ HAYABUSA Back to the EARTH」の3作品。上映会は、子どものいる避難所で復興支援のイベントが届きにくい場所を選んだ。作品の上映許可や避難所との調整はＥｒｉｃｏさんがサポートし、増田さんたちが企画書を作成して市役所の支所を訪れて相談した。「震災がなければ、巡回上映会をしようとも思わなかっただろうし、ＮＰＯやボランティアの方々との横の連携もできなかっただろうと思います」と言う増田さんは、12月まで計10回、避難所を訪問した。

アリオス・パークフェスの湯淺さんの場合、プランツ！での出会いから、震災後に新しい取り組みが生まれた。アリオスの森さんの紹介もあって、6月、東京の原宿クエストなど4会場で、いわきの若手クリエイターたちと「東京グループ展ツアー」を実施。パークフェスで知り合った地域のイラストレーターや小物雑貨の作家といっしょに、作品を東京に持って行って販売した。青山学院アスタジオで開催された「NEXT STEP in AOYAMA」では「いわきぼうけん映画祭」の作品も上映した。湯淺さん自身のイラストやデザインの仕事も、震災以降、県内の発注が減ってきている。県外から仕事を請けていかなければならないときに、1人でアプローチできることは限られているため、いわきのクリエイターが全体で協力して動く必要がある。「そう考えられるようになったのは、震災やプランツ！があったからだと思う」と湯淺さんは言う。

いわきぼうけん映画祭 巡回上映会

「いわき自然エネルギープロジェクト」と「こどもプロジェクト」の始動

インディアン・ヴィレッジ・キャンプの島村さんは、自分から動き出さなくても、自分が動くべきときが来ると思い始めていた。そんな矢先に、地震や津波の被害によって電気が届かないところから、太陽光パネルと蓄電池の要望が入り始め、その流れで「いわき自然エネルギープロジェクト」を立ち上げた。いわきは、太陽や風力など、自然エネルギー資源に恵まれた地域なので、自然エネルギーの開発を復興に取り込むべきではないかと考えた。そうした思いを若い人々に伝えたくて、自然エネルギーでLEDを発光させた街灯「希望の光」を設置した。「私が炊き出しのボランティアをするんやなくて、ある意味では、ほかの人にはできない、私なりの支援をしたかった」

震災以前は、かえっこバザールに力を注いでいたものの、自分自身のモヤモヤの種が発芽していなかった山田さん。「それまではモヤモヤしたままで、かえっことかをやっていればいいか、という感じでした。それが、震災を機に最後の歯車がカチッと合って、一気に回りだしたんです」そして山田さんは、ついに「アリオス・プランツ！こどもプロジェクト」を立ち上げる。原発事故以降、子どもたちを屋外で遊ばせることに抵抗感を持つ母親たちに、安心して遊べる場を提供しようと企画したのだ。いわきアリオスには、キッズルームをはじめとして豊富な共有空間がある。そうした場所で8月から月に1回「あそび工房」を開始。土曜もしくは日曜の午後、アリオスのなかで、市民ボランティアの特技を活かしたワークショップなどを行っている。

その内容は、絵本や紙芝居のおはなし会、紙のクラフトワークショップ、似顔絵コーナー、家庭用ゲーム機で体を使った遊び、小学2年生が提案した「わなげ屋さん」など、多種多様。あそび工房と併せて、数人のメンバーで子育てに役立つ情報を編集したフリーペー

アリオス・プランツ！こどもプロジェクト
「あそび工房」（Photo：鈴木穣蔵）

パー「キッズ★アリペ[17]」も発行するようになった。地域の母親たちからもキッズ★アリペは好評で、共感したお母さんたちが、情報収集や配布経路の開拓に協力している。山田さんは「皮肉なことだけど、震災がなければ、そのままやらずにいたかもしれない」と言う。

地震、津波、そして原発事故。その不安や混乱のなかで、プランツ！に参加したメンバーは衝動的に動き出した。まるで、モヤモヤの種が、異種交配や突然変異を起こすことで環境の変化に適応し、必死で自分たちの文化の遺伝子を残そうとしているかのようだ。

新たな出会いを「MU《む》SU《す》BU《ぶ》」ひと

ここで、7人目の登場人物を紹介したい。プランツ！には参加していなかったが、後で述べる「アートおどろく いわき復興モヤモヤ会議」の進行役を務めた末永《すえなが》早夏《さやか》さんだ。末永さんは、いわき市出身。小学生のころにアフリカの難民問題を知ったことがきっかけで、高校を卒業後、英国の大学に留学して開発途上国の発展について学んだ。

「日本を出たかったんです。高校時代に、何か決められたレールに乗っかればいいか、みたいな雰囲気が嫌で」大学時代には、実習で南米のペルーの漁村に行き、学校で教育を受けられない子どもたちに、慣れないスペイン語で読み書きを教えた経験もある。

留学を終えて日本に帰国して就職。たまたまその企業がいわきに所在するメーカーだったので帰郷してきた。末永さんは広告やイベント関係の業務を担当していたという。「社員を雇いながら営利を生み出さなければならない『会社』という仕組みを経験できてよかった」と言う末永さんは、退職して、コーヒー豆のフェアトレードの会社「ethicafe（エシカフェ）」

17　フリーパーパー「キッズ★アリペ」
アリオス・プランツ！こどもプロジェクトのメンバーが収集した子ども向けのイベント情報を掲載。子どもたちの屋内遊びのニーズが高まっているなか、親御さんたちの貴重な情報源として活用されている。

を自ら起業した。会社といっても実質は一人。それでも、会社という社会の器によって、開発途上国を支援したいと考えている。

末永さんは、幼いころからフラメンコやダンスを習っていたこともあって、ダンス、バレエ、ミュージカルなどの鑑賞が趣味。いわきアリオスにはチケットを買って公演を見に来たこともあったが、親近感を持つようになったきっかけは、知人を介して紹介されたアリオスの森さんとツイッターを通じてお互いの活動や考え方について関心を持ち始めたからだった。

末永さんと森さんが知り合って間もなく、東日本大震災が発生。原発事故を受けて東京に避難した末永さんは、ツイッターを使って支援物資の提供を呼びかけた。「3／22（火）午後1～5時 高円寺北口でいわき市への救援物資を集めます。車2台に積めるだけ積みます！食料、粉ミルク、大人用・子供用オムツ、生理用品等。少量でもOKです」（本人の3月21日のツイッターより）。投げかけたつぶやきは凄まじい勢いのリツイートで大きな波紋を呼び、たった1日で、100人以上の見ず知らずの人たちから大量の支援物資が集まった。普通乗用車2台のつもりだった輸送手段が2トントラック1台になり、さらに運転手を名乗り出てくれる人も現れた。

東京から救援物資を運んで小名浜に戻った後も、末永さんは救援物資の仕分けや配給に取り組み続けた。地域の若者を中心にボランティアを呼びかけ、市の社会福祉協議会、学生ボランティア団体、地元のNPOと協働して小名浜地区復興支援ボランティアセンターを立ち上げた。その傍ら、同じ小名浜出身の仲間と、アートやデザインによって人や地域を結ぶ地域活性化プロジェクト「MUSUBU」を立ち上げた。「震災後、アートに関わる人が、自分も何かやりたいけど、アートには何もできない、自分は無力だと思う人が多かったんです。そういう人に、じゃあこれ手伝って、こんなことやってくれない？　ってお願いしていったんです」

たとえば、地震と津波の被害にあった小名浜で6月に行った「小名浜潮目交流館をキレイにして音楽を聴こう」では、ボランティアを集めて、被害の大きかった潮目交流館の掃除と復旧作業を行い、そこでロックバンド「くるり」のライブを実施した。9月には、京都でくるりが主催した音楽フェスティバルにブースを出展し、いわきの地元産品を素材にデザインを施したグッズなどを販売した。また、ステージを彩るため、小名浜の大漁旗の染物職人に巨大な旗を発注し、その前で著名な歌手たちが歌った。

ＭＵＳＵＢＵは、その活動内容や情報発信の中に、必ずアートやデザインを取り入れている。懸命に復旧、復興活動をすることも大事だが、それをどう見せていくかということも重要だと考えているからだ。「アートやデザインを使うことで、外から目を向けてくれたり、力を貸してくれたりするかもしれない。それと私は、前向きな、明るい情報を発信したいんです。『あの福島で、こんなに楽しく頑張っているんだ』と思ってもらえるように」

震災によって、それぞれのモヤモヤが膨張し始めていた。「アートおどろく　いわき復興モヤモヤ会議」が行われたのは、そんな時期だった。次節からは、再びアリオスの森さんに筆を引き継いで、会議の様子をレポートしていただこう。

小名浜潮目交流館をキレイにして
音楽を聴こう

6

レポート「アートおどろく いわき復興モヤモヤ会議」

森隆一郎

震災後、避難所の終息の見込みや破損した箇所の修理時期なども決まらず、いわきアリオスの事業再開のタイミングは読めなかったが、今、何が求められているのか、またどんなことが求められるようになるのかを再考し、事業計画を練り直すことになった。

支援活動の現場などで友人知人と再会するたびに、あの時はどうしていた、あれからどうしていた、原発のこと、放射能のこと——。とにかく、話が長くなることが多かった。今までは意識しなくても済んでいた社会の様々な歪みや膿のようなものが、震災をきっかけに一気に噴出して、その大きな障壁に向き合わざるを得なくなった日常が、一人ひとりの前に大きなモヤモヤを生んでいたのだろう。

私は、こんなときにはとにかく語り合う場が必要なのだと考えた。いわきアリオスのオープン時に藤浩志さんといっしょに行った「プランツ!」は、アリオスのオープンという、大きなインパクトに何か心がざわついてしまった人たちのモヤモヤを引き受ける場所でもあった。そして、今度は震災と原発事故がまちに巨大なインパクトをもたらした。ならば、今こそプランツ!を再起動させるべきときだと感じたのだ。

時間は人の思いとは関係なく、刻々と進んでいく。かつて、時が刻んでいく先の「未来」とは、漠然と夢を抱かせてくれる単語であったが、その「未来」が今はそれほど向き合いたくもないものになってしまった。しかし、人は後ろを向いて、今だけを考えて生きるわけにはいかない。モヤモヤとして見えないけれど、新しい一歩を踏み出して、楽しい未来を考え

「アートおどろく いわき復興モヤモヤ会議」の様子

る自由を取り戻さなければならない。

「アートの視点」

「モヤモヤ」は人が何かに対して違和感を抱いたときに起こり、その違和感にきちんと向き合っていくことから、新しい「何か」が生まれる。２０１１年6月25日、震災から3カ月後に開催した第1回「モヤモヤ会議」で美術家の藤さんはそう語った。今回約2年ぶりに開催するプランツ！は、個人のモヤモヤと社会のモヤモヤを「アートな視点」で捉え直し、そこから生まれる声を集めてみようということで企画した。結果を求めるものではないし、何らかの結論を求められる時期でもなかった。

藤さん曰く「アート」をやろうとして「アート」に取り組むと、どうしても既存の「アート」をフォローしてしまい「アートっぽい」モノしか生まれない。物事に取り組んだり、考えたりするときに必要なのは「常識にだまされず、こだわらず、ありえない手法で物事を捉えなおす」こと。

このまちを愛している。ずっと住み続けたい。でも――。そんな思いがつきまとう時期だった。そんなモヤモヤした気持ちへの一つの答えは、個人個人の幸せを追求すること。個人の幸せは、これをやっているときが一番幸せだという行為をとことんいじっているときで、一人ひとりが自分が幸せだと思える状態でいると、まちはすごく面白くなる。つまり、幸せのキーは「フェチ」一人ひとりが各々の「フェチ」に向き合い、いじりつくすこと。それが人を幸せにし、地域を面白くする。「モヤモヤ会議」の冒頭で、藤さんが発したメッセージである。

いわきアリオスの制度設計から関わってきたニッセイ基礎研究所の吉本光宏さんは、震災以降立ち上がった支援のネットワークや、実際に行われた支援について紹介してくださった。このころは、いち早い支援の動きに対して、直接その支援を受けても受けていなくても、心強い気持ちになっていたことを思い出す。忘れられているわけではないのだ。具体的な支援と同じくらい、その心意気に救われる気がしたものだ。

この会議では、大勢が抱え込んだ「モヤモヤ」の量を想像し、とにかく数多くの議論がされる場づくりを考えた。よくあるシンポジウム&トークだと、聞いているだけの時間が長いし、カラオケよろしくマイクを握ったが最後、離さなくなる方が現れるのも定番だ。なにより、登壇者と参加者という構図の会議では、抱え込んだ「モヤモヤ」の行き場がない。「ベント」が必要な時期だったのである。そこで、とにかくたくさん話せる手法を検討し「ワールドカフェ」[18]を採用することにした。

ワールドカフェは、多様なアイデアや気づきを話し合いのなかで発見、共有する会議手法である。メンバーを入れ替えながら短いセッションを繰り返すことで、思考にドライブがかかり、アイデアの種が生まれやすくなると言われている。最近は企業の会議や学校の授業などでも採り入れられている。

［モヤモヤ会議 ワールドカフェの進め方］

①自己紹介を手短に終えて、机ごとのテーマについて「これからのいわき」と「アートな視点」を考慮しながら語り合ってもらう（20分）

※各テーブル（6名程度）のテーマ

【学び】【子育て】【仕事】【高齢社会】【コミュニティ】【エネルギー】【観光】【自然】

②別のテーマの机に移動（20分）

18 ワールドカフェ
「知識や知恵は、人々がオープンに会話を行い、自由にネットワークを築くことのできる『カフェ』のような空間でこそ創発される」という考えに基づいた話し合いの手法。
http://world-cafe.net/

ワールドカフェの様子

③また別のテーマの机に移動（20分）
④元の机に戻る

結論を求めるよりも、どんなことにモヤモヤしているのかを洗い出し、目の前に並べて観察し、それを分類して、似たものを集めて――。

そんな作業を繰り返すことで、進むべき方向が見えてくるのではないか。

会議の進行役は、震災後、前述したように若手の復興リーダーとして目覚ましい活躍をしていたMUSUBUの末永さんに依頼した。末永さんから「ワールドカフェ」についての説明があり、議論が始まる。さぁ話すぞ、という感じで前のめりになっている参加者も多く、議論が始まると50名ほど集まった小さな会場が一気にザワザワしていく。その活発な様子が単純に嬉しかった。

いわきアリオスの支配人、大石時雄は会議の締めくくりに「ここから新しい未来をつくろう」と言った。私はこの会議が、何物からも自由な議論の場を保証し、未来を少しでもよい方向へと導く一助となるのではないかと、感じていた。

「こんなことイイネ！　できたらイイネ！」

2回目の「アートおどろく いわき復興モヤモヤ会議」は1回目

第1回 モヤモヤ会議での発言のまとめ

学び	子育て	仕事
●「興味」を持つことをスタートに、こどもの態度を参考にして遊び心を持ってすすめることが大切。	●不利な環境や状況を逆手に取るような発想・思考の転換が必要。	●まず楽しむこと。 ●大きなものに依存しない、小規模で自立した人の連携を軸とする、ネットワーク型社会を形成すること。
高齢社会	**コミュニティ**	**観光**
●「わ」=話し合うこと、人と人のつながり（輪）を大切にすること、仲良く共にあること（和）、地元で考えること（倭）が大切。	●アリオスの存在、イノベーション、コミュニティの「違和感」=モヤモヤから目を離さないこと、多様性を認めることが鍵となる。	●地元の人も地元以外の人も、それぞれが自分の「いわき」の魅力を見つけ、発信しあうガイドになることが大切。

エネルギー	自然
●今回の原発事故にまつわるモヤモヤを次世代発電に結びつける。 ●社会全体のスピードを落とす（人間もアイドリングストップ）。 ●分散化・多様性をキーワードに「宵越しのエネルギーは持たない」（余計なエネルギーは使わない）ライフスタイルを目指す。	●恐いイメージになってしまったが、自然と共生する上では新たな環境教育が大切だ。放射能汚染を経験して、意外と（自然が）好きだということを自覚した。 ●自然は太古から変わってない（優しさも厳しさも）。 ●（自然がどうあれ）そもそも生きなきゃ、ぶっちゃけ。

から2カ月後の8月27日に行った。初回よりも、放射能がどういう性質なのかなど、状況が見え始めてきたころだった。だから「ただたくさんしゃべってもらう」ということを会議のテーマにした1回目に対して、もう少し具体的なテーマを話し合う方がいいだろうと、初期のプランツ！の参加メンバーを中心とした有志による準備会議で話し合った。

前回「アートの視点」という、やや漠然としたテーマで話してもらったトークについても、もう少し具体的な事例を知りたいという意見が出た。そこで、今回は「近頃のアーッとおどろくアートって、こんな感じ」というテーマで、国内外の「イイネ！」な事例を紹介してもらうことにした。

会議の模様は、ユーストリームで中継した。カメラ担当は「いわきぼうけん映画祭」実行委員会メンバーでもある「いわきサンシャインTV」の高羽《たかば》努《つとむ》さんにお願いした。彼は、震災直後から1人でカメラを携えて、原発事故の影響で在京のマスコミが寄り付かなかった沿岸部を歩き、被災直後の貴重な映像をユーチューブに多数アップし、ふるさとを思う多くの人たちの「目」となった。

トークでは、ニッセイ基礎研究所の吉本さんに世界のアーッとおどろくアートプロジェクトとして、アーティストが学校に滞在して、授業を担当するプログラム「クリエイティブ・パートナーシップ」[19]（イギリス）と、ナントというまちを本拠としているフランス最大の大道芸カンパニー「ロワイヤル・ド・リュクス」を紹介してもらった。

藤さんは、ロワイヤル・ド・リュクスの映像の後で「やりづらいなぁ（笑）」と言いながら、かえっこバザールのシステムを使った防災訓練プロジェクト「イザ！カエルキャラバン！」[20]を紹介した。神戸で阪神・淡路大震災の10年目に企画され、現在も全国各地で取り組まれているプログラムである。

ロワイヤル・ド・リュクスの「サルタンの冒険」

19　クリエイティブ・パートナーシップ
英国アーツカウンシルが2002年に始めた事業。アーティストやクリエイターを学校に派遣し、子どもたちの創造的な能力を養い、同時に学校のカリキュラムや教育の仕組み自体をクリエイティブなものにしようという試みで、生徒の学習意欲を高め、英語や数学、理科などの基礎学力の向上にも大きな効果を発揮した。

ワールドカフェの司会は、前回に引き続き末永さん。前回、話し合いの時間が短かったという反省に立ち、1グループあたりの人数を減らし、時間も長くした。参加者は約30名でテーブルは6つ。各テーブルでは、事前の準備会議の参加メンバーとその場で申し出てくれた方にファシリテーターをやってもらう。ファシリテーターは、テーブルごとに1人ずつ配置し、動かずにそのテーブルでの話し合いをまとめていく役割だ。テーマは「こんなことイイネ！　できたらイイネ！」（どこかで聞いたことのあるフレーズではあるが）。今回は、テーブルごとのテーマを【遊び】【移動手段】【観光】【サード・プレイス】【学校】【消費】とし、初回よりももう少し具体的なアイデアを話し合った。

1回目の「モヤモヤ会議」が、「ザ・混沌」だとしたら、2回目はこねられた団子状態、というところだろうか。「復興」会議と言いながら、実際には「復興」なんてまだまだ先である。でもこうやって、とことん話し合い、力を合わせ、まちのあり方や教育やコミュニティという、次世代を育んでいく基盤をしっかりと建て直すのだという共通認識があることに、未来を感じる。やるべきことが見つけにくく優先順位をつけづらかった時代は終わり、否が応でも強烈な方向性が出てきたのだ。でも、そこで一旦モヤモヤして、本当に大切なことは何なのかということに悩み、メインストリームとは少しズレたところからアプローチしていく感覚を持ち合わせた人たちがこの場に集まってきているのではないか。第2回のモヤモヤ会議では、そんな想像が頭のなかに浮かんだ。

第2回モヤモヤ会議でのアイデア

遊び

- アリオスが大人や若者の遊びや「大人の部活」を作る場所。
- みんなが主役になって子どもたちが元気に安心して遊べる場所をつくろう。

移動手段

- 脱クルマ。
- 自然共生、全天候、アシスト自転車、おしゃれ三輪。
- 時間のゆとり持ち、生活しようよ自転車で。
- 目指せ！ツール・ド・いわき開催!!

消費

- 新しい消費を生み出す。安心のために。地元の資産を発明する、地元にお金を回す。一人ひとりが意識して新しい価値観を発信する。

学校

- 学校はワクワクする世界につながるトンネルだったらイイネ！

観光

- 何か今までとは違うことを、新しいことをゼロからの発想で。
- 目玉になるものはある。資源はあるので、根底から考えなおして挑戦を。

サードプレイス

- 参加・協力・コミュニケーションの取れる場。
- アリオスに足湯があればいいな。
- もう一人の自分を発見する場所。
- 人＋場所＋コミュニティ＋ホッとする場所。
- アリオスがサードプレイスになったらイイネ!!

5年前、いわきに転居してきたときに、地元の様々な方がいわき市民は「大抵のことはなんとかなるって思ってるから」と陽気な市民性を強調されていたのを思い返す。そう「なんとかなる」のだ。いわきの人たちには、沈まずに陽気かつ大胆なアプローチでこのまちの未来を切り開く潜在能力があふれているはずだ。できそうもないことを次々と実現してきたのが人間である。いわきの市民性が陽気なラテン気質であるのなら、その長所を活かして新たなまちづくりを始めることこそ、今立ち返るべき原点なのではないだろうか。

アートを切り口として現実と向き合う

3回目の「モヤモヤ会議」は11月6日に行った。6月に始めた全4回の会議もいよいよ後半戦だ。ファシリテーター役のメンバーによる準備会議では、これまでのモヤモヤ会議で世界や日本各地の様々なアートプロジェクトなどを見聞きしてきて、今度はもっと身近な事例について話を聞いてみたいという意見が多く出た。

また、参加者同士の話し合いについて、それまでと同じ「ワールドカフェ」形式での意見交換も楽しいが、そろそろ何かに昇華させていきたい、モヤモヤが形になる道筋をつけていきたいという意見が大勢を占めた。緊急モードから、そろそろ体制立て直しモードへと気持ちが移ってきたということだろう。事態が大きすぎ、現状を受け入れ難かった時期から、ひとまずは気持ちが落ち着き、周りにも目が届くようになってきた。また、会議に出席し、様々なアイデアに触れた人たちは、自分もそろそろ動き出したい、具体的な何かを始めてみたい、という機運も高まってきていたのではないだろうか。

3回目は起承転結で言えば「転」にあたる。そこで、それまでとは違う角度からのアプローチを試みた。

20 イザ！カエルキャラバン！
NPO法人プラス・アーツと美術家・藤浩志が共同で開発した新しいカタチの防災訓練プログラム。「かえっこバザール」のシステムをベースに、そのなかで展開される「体験コーナー」をゲーム感覚あふれる「消火」「救出」「救護」などの防災訓練にすることで、楽しみながら防災の“知恵”や“技”を学べる。
http://kaerulab.exblog.jp/

トークの人選については悩んだが、「小さな取り組み」を念頭に置きつつも、いわきから離れた視点からの話を望んだ。そこで、課題は違えども、出口の見えづらい現実に対してアートの切り口から向き合っている方の話を聞こうと考え、大阪・釜ヶ崎のNPOこえとことばとこころの部屋「ココルーム」(21)代表で詩人の上田假奈代《うえだかなよ》さんに声をかけた。また、地元いわきの取り組みとして、プランツ！から生まれた「アリオス・パークフェス」の湯淺さん。そして「中之作《なかのさく》古民家再生プロジェクト」代表で建築家の豊田善幸《とよだよしゆき》さんにもプレゼンテーションをお願いした。豊田さんは、津波の被害にあった地区の一つ、中之作の古民家群が震災後の取り壊しラッシュで次々と潰れていくことに焦りを感じ、私財を投げ売って古民家を購入して、そこをコミュニティ再生のために活用しようとしていた。

ＮＰＯココルームの上田さんからは、大阪の釜ヶ崎での活動を紹介していただいた。釜ヶ崎（あいりん地区）は、大阪市西成区にあり、かつては日本最大の日雇い労働者のまちであった。現在では、日雇い労働者の高齢化がすすみ、生活保護受給者数も増加している。日本全体で「無縁社会」が言われるようになったが、釜ヶ崎にもその一面が現れており、そこにたまたま居合わせたからという「刹那縁《せつなえん》」が結ぶ地域である。

我々が抱える問題とは違うし、釜ヶ崎でのコミュニティ形成にかける上田さんの想いに耳を傾けることで、私たちがその問題の当事者となるわけでもない。しかし、自然災害に遭い、今なお終わりの見えない人災を被り続けるという異常な日常を送っている私たちは、現代社会のしわ寄せを受けている地域に対して、今まで以上に共感できるのではないか。この会議のころは、ちょうど福島第一原発周辺の自治体である双葉郡の方々が、いわき市内そこかしこに建設された仮設住宅や借り上げ住宅に移り住んできている時期だった。「刹那縁」の最先端たる大阪釜ヶ崎でどのようなコミュニティ活動の試みが行われ、どのような希望の

21　ＮＰＯ法人こえとことばとこころの部屋「ココルーム」
「こえ」表現と実践、「ことば」伝達と探求、「こころ」自立と自律、を活動の軸に活動する。大阪市西成区に「インフォショップ・カフェ　ココルーム」「カマン！　メディアセンター」「えんがわ茶屋　こころぎ」の3施設を運営する。http://www.cocoroom.org/

芽が生まれているのか。いわきに避難してきた方々とのコミュニティ形成に臨むこととなる私たちが、先進事例としてのNPOココルームの取り組みから学ぶべきものは多いはずだ。

私は、震災以降とくに「小さなこと」の重要性を再認識した。上田さんはNPOココルームで、地域の中でアートに何ができるのかということを検証する小さな実験を積み重ねている。経済一辺倒で社会全体の運営を優先し、個人の幸せをないがしろにしてきた現代の日本が隅に追いやってきた様々な小さな営みの重みを、今一度確認したい。人間は企業や国のためではなく、個人や家族、小さなコミュニティの幸せのために生き、その積み重ねがあって初めて、企業や自治体そして国は存在し得るのだ。逆であってはならないはずだ。

中之作古民家再生プロジェクトの豊田さんは、住宅設計を主とする建築設計事務所を営んでいる。休日に「ぶらチャリ」(自転車でぶらぶらすること)と称して、まちなかの細い路地などを自転車で走り、気になる風景の収集をしていた。ちょうど3月12日に港町の江名《えな》・中之作地域をぶらチャリツアーすることが決まっていたが、前日の震災で中止になってしまった。

震災後、3月末に改めてこの地区を自転車で訪問した。テレビで見るような被害を想像していたが、地形のせいか、あるいは波の方向のためかはわからないが、まち並みが根こそぎなくなるという状態ではなかった。しかしその後、残った建物に解体撤去の張り紙が次々に貼られ始めた。震災と津波を乗り越えた、古くても価値ある建物たちが次々と人の手で壊されようとしている。そのなかで、どうしても見逃せない建物に出合ってしまった。自分がやらなければ残らない、という思いが勝り、貯金をはたいてその家を購入してしまった。

中之作古民家再生プロジェクト

「気づいてしまった人の責任」

藤さんは、このことに関連して、一つのキーワードを提示した。それは「気づいてしまった人の責任」だ。大きな時間軸のなかで、今、そのことに気づいてしまった人が、行動を起こすか起こさないかで、次の世代に受け継がれるべきものが残るか失われてしまうのかが決まってしまうという事実。それが「気づいてしまった人の責任」だ。

被害認定による大規模な解体作業[22]の中で、この建物だけは何としても守るのだという、豊田さんの責任感あふれる行動が、未来に受け継がれていく光となることを願う。

1回目、2回目とも後半は、ワールドカフェを行ってきたが、今回はフリーディスカッションをしてみようということにして、会場から発言を求めた。

パークフェスでも活動するブレイクダンサーの吉田祐介《よしだゆうすけ》さんは、ストリートダンスの現状から問題を提起した。ストリートダンサーは、イメージだけで邪魔者扱いされてしまい、ストリート文化であるのに、まちなかで表現することが難しい。そんな不自由を訴え、たとえば、ストリートカルチャー特区を目指すプロジェクトなんていうのはどうか？　と提案した。

また、「ダンスをやっている子は高校生などが多く、みんながみんな場所を開拓できる強さを持っているわけではない」、という言葉も印象的だった。いわきアリオスとしてはこの吉田さんのような存在はとても大切なのである。ストリートカルチャーやサブカルチャーなど、アンダーグラウンド発の文化は、その成長の過程で必ず公共圏との接点が生まれる。その過渡期にある文化とよい関係を保ちながら、成長を促すためには、両方の言い分がわかるよき理解者が必要だ。吉田さんは、ストリートと公共圏の「ズレ」に気づき、「気づいてしまった人の責任」を果たそうとしているのだ。

22　被害認定による解体
居住する住宅が全壊したり、大規模半壊するなど生活基盤に著しい被害を受けた被災住宅における、周辺住環境に与える影響を考慮して、公共福祉のために自治体が解体するもの。

結びにはインディアン兄貴を「召喚」した

最終回となる、第4回目のモヤモヤ会議は12月17日に開催した。いよいよ結びだ。ゲストには未来へつながる希望や飽くなきチャレンジを象徴する人に出てもらおうと考えた。すぐにインディアン兄貴、吉田拓也さんの顔が思い浮かんだ。彼は永遠のチャレンジャーである。原発事故を受けて愛知県に避難している吉田さんは、秋にいわきアリオスを訪ねてくれた。久しぶりに帰ってきた故郷に、彼は居心地の悪さを感じていた。どうしても「逃げた」という後ろめたさから逃れられなかったのだという。そんなモヤモヤしているインディアン兄貴には、一つカンフル剤が必要なのだと感じ、モヤモヤ会議に「召喚」したのだ。

インディアン兄貴は「私がインディアン村を始めた理由」と題して、脱サラ&Uターンしてインディアンテントの販売を始めた経緯から話しだした。アホな取り組みの連続に、会場は爆笑に包まれる。破天荒なエピソードは前述したので省くが、彼がプレゼンで強調したのは、続けていれば、やめなければ失敗にはならないということだ。私が彼を「永遠のチャレンジャー」と呼ぶのは、この言葉が彼の人生を象徴しているからだ。

久しぶりにいわきで仲間たちと再会し、彼は悩むのをやめた。彼の哲学は「動くこと」なのだ。いわきに帰ってきて、みんなの前で自分の取り組みをプレゼンしているうちにその感覚を思い出し、頭ばかりで考えていた自分に気がついた。これまでも、悩んだときはとにかく動き出すということを実践してきた彼は、とにかく今家庭のある愛知を拠点に、いわきを援護射撃しつつ自分の仕事を全うするという決意を固くして帰っていった。

プランツ!ふたたび

ゲストトークを終えて最後のディスカッションに入る。結びである今回は、これまでに出たアイデアと既存の活動との融合も意図し、プランツ！を経てすでに活動しているグループの代表に来てもらった。また、新たな活動の発芽にも期待して、この場で何かやってみたいというプランを募集したところ、漫画で「土着（民俗）文化」について次世代に伝えていくことを考えるグループ、前回プレゼンしてもらった「中之作古民家再生プロジェクト」を（本人が来ていなかったので）勝手に考えるグループ、テーマを設定せずにモヤモヤするグループができた。それに既存の「いわきぼうけん映画祭」「三函座リバースプロジェクト」「アリオス・プランツ！こどもプロジェクト」「アリオス・パークフェス」の4グループを加えた7グループで活動の種を話し合った。

このモヤモヤ会議で新たに生まれた活動の種と、既存の活動が溶けあって、次々と面白くて大切なことが提案されていった。再びプランツ！が戻ってきたのだ。既存の4グループは、ここで得た新たな出会いや、知見を糧に、また精力的に活動していくことになるだろう。三函座リバースプロジェクトは、活動の拠り所としていた「三函座」が地震の被害で取り壊さざるを得なくなってしまった。しかしそれで檜山さんたちの活動がついえるわけではない。むしろ改修にかかる金銭的問題など建物自体に対するモヤモヤした思いから解放されるのではないか。三函座という存在を、かつての賑わいを喚起させる装置として捉え直し、その建物に集約しようとしていた活動をまちのあちこちに分散させて、活動をより進化／深化させる契機としているように感じられた。

プランツ！はもともと、いわきアリオスというハードのOSとして考えられて、様々な活動を生んできたが、面白いのは、そのプランツ！から生まれたプロジェクトもまた、様々なモヤモヤを受け入れるOSとして機能している点だ。アリオスのオープンから4年経ち、OSが入れ子構造になってきているのだ。今後もこのサイクルは続いていくのだろう。そして、それがまた新たな活動につながり、連鎖していくことで、俯瞰してみたときに活動の強度というものが生まれてくるのではないだろうか。

藤さんが締めくくりに話したことに、4回の会議で、確認し続けてきたことが集約されている。曰く、「話し合い（モヤモヤ）のなかから、イメージが出てくる。語ることで、動きが始まり、イメージが連鎖していく。また、発表する場だけでなく、作られていく場も増えていったほうがいい。そこは、エネルギーが集まる場所である。〝バカバカしさと一所懸命さ〟そういうことをやらないともう生きていけない地域もある。生きていくための力として、いかに作っていくかを考えていきたい。何かを作ると、希望が出てくる。期待感が出てくる」

その「何か」を「誰と」作るのか。その出会いの場の大切さも「アートおどろく いわき復興モヤモヤ会議」で確認されたことではないだろうか。バカバカしくも面白くて大切なことに、一所懸命に取り組む姿が世代を超えて周りをも元気にしていき、まちに希望をもたらす。そういう活動が起こるためには、まちに余白のような場所と時間が必要であり、いわきアリオスの役割は、その「何か」のきっかけとなる多様な知見に触れられる「出会い」や「発見」の溢れる場所となることである。そして、その役割を意識しなくてもよくなるころ、地域文化のあるいは人間性の「復興」というものがなされることになるのだろう。

第４回モヤモヤ会議の様子

7 モヤモヤ会議を経たプランツ！のこれから

大澤寅雄

モヤモヤ会議を振り返って

再びアリオスの森さんからバトンタッチして、リサーチャーの立場から「アートおどろくいわき復興モヤモヤ会議」を振り返り、プランツ！のこれからについて考えてみたい。モヤモヤ会議を終えてから1カ月後、震災から10カ月後に、プランツ！以来継続して参加してきた前出の6人と、モヤモヤ会議から参加した末永さんに、その印象を伺った。

第1回のモヤモヤ会議の前に、プランツ！の主要な参加メンバーの輪に末永さんを迎え入れて、事前準備の打ち合わせが行われた。今までのプランツ！の進行とは違う「ワールドカフェ」形式で、ファシリテーターを依頼された末永さんは、こう振り返った。「こういう企画って、大体はある程度レールを敷いておくじゃないですか。でも、まったく白紙なんですよ。本当に、その場のみんなで決めていくんだって思いました」

1回目（6月25日）、アリオス・プランツ！こどもプロジェクトの山田さんは「とにかく混沌としていて、みんな話がしたかった。不安になっている気持ちを共有したがっていた」と言う。ワンダーグラウンドの島崎さんは「たまっていたモヤモヤを出せて面白かった。自分はブログを書いたりしてモヤモヤした気持ちを吐き出す場所があったけど、吐き出す場所がない人は、辛かったんでしょうね」島崎さんが座ったテーブルのテーマが「高齢社会」で、ほかの参加者から聞いた話は老人ホームに勤務する島崎さんにとっても新鮮で、仕事にも参考になったそうだ。

2回目（8月27日）のモヤモヤ会議。「震災直後に人と人との距離が縮まったが、夏ごろになると少なからず距離が広がってしまった。その後のモヤモヤ会議だったので、単純に楽しかった」と言うのはアリオス・パークフェスの湯淺さんだ。進行を務めた末永さんは、「1回目は、みんな、とにかく目先の不安で精一杯な感じだったのが、2回目は少し落ち着いてきて、未来について考えられるようになった感じがしました」と振り返る。

3回目（11月6日）は、いわき内外の実践例のプレゼンテーションに参加者の関心が集まった。それまで個別に活動していたプランツ！のメンバーも、お互いに興味を持ち、いっしょにできることを模索し始めた。また、ゲストの話に参加者は熱心に耳を傾け、新たな刺激を受けていた。

そして迎えた最終回（12月17日）。参加者の、いくつかのモヤモヤの種が、具体的な花や実のイメージを持ち始め、協力や協働の可能性が生まれた。たとえば、アリオス・パークフェスで、インディアン・ヴィレッジ・キャンプの自然再生エネルギーによる電気を使ってライブができないか、というアイデアが生まれた。

三函座リバースプロジェクトの檜山さんは、展覧会の企画を披露した。すでに考えているタイトルは、「原子力立地給付展」今まで無自覚に給付を受け続けてきた原子力立地給付金[23]の4、059円を寄付してもらい、それを財源にして実施するプロジェクトだ。しかしその展覧会のイメージは、至ってバカバカしい。「今はやりのB級グルメを参考にして、いわき湯本温泉を『B級温泉』として世に売り出すんです。鄙《ひな》びた風情をアピールする『ひなびまんじゅう』や『ひなびもなか』、地ビールの『ひなビール』を販売したり。あと、B級温泉に欠かせないのは、やっぱり秘宝館でしょ！　湯本温泉の方に怒られそうですねぇ（笑）」

4回目を振り返って、アリオス・パークフェスの湯淺さんはこう言う。「まだまだアホな

23　原子力立地給付金
原子力発電施設等の周辺地域の住民・企業等に、給付されるお金。交付対象地域は、原子力発電施設等の所在市町村、特定の隣接市町村・隣々接市町村で、交付単価は原子力発電施設等の設備能力等によって決められている。
（財）電源地域振興センターWEBサイトより
http://www2.dengen.or.jp/html/works/kyufu/index.html

ことをやりたいって思っている人がいっぱいいて、そこに希望が持てました（笑）」。いわきぼうけん映画祭の増田さんは、4回目のモヤモヤ会議は、かつてのプランツ！と同じだったと言う。「嬉しかったですよ。こんなくだらないことを思いついたり、みんなで持ち寄ったりして、いい感じじゃないかいって思いましたね」震災とは関係のないことが始まり、次のステップに踏み出そうとしていることが、一番印象に残ったそうだ。

そしてモヤモヤ会議には、どうしても付け加えたいエピソードがある。それは第1回のモヤモヤ会議の終了後のこと。増田さんは、同じテーブルで意見交換をした初対面の人と、帰りがけに立ち話をしていたところ「実は私、東京電力の社員なんです」と言われたそうだ。その方も、同じように子どもや親を持っていて、同じように苦労もモヤモヤも抱えていたことが、増田さんには痛いほど理解できた。「その方から、『職務上のことは一切言えないし、世間から叩かれてはいるけど、自分たちも、いわき市民なんです』と言われたことがすごく重くて——。そうだよね、同じ生活者なんだよね、ということからしか始まらないよね、と思いました」

繰り返し発芽するモヤモヤの種

6月から12月までの4回のモヤモヤ会議と並行して、いわきぼうけん映画祭の巡回上映会やこどもプロジェクトの「あそび工房」など、プランツ！から育ったモヤモヤの種は、成長し続けていた。そして次のモヤモヤの種が、また発芽する時期を待ちながら、少しずつ養分を蓄えている。

アリオス・パークフェスの湯淺さんは、いわきで活動している若いフリーランスのクリエイターたちをまとめて地域外に紹介し、アーティストとしての活動とともに、オーガナイザーやコーディネーターとして役割を果たしたいと考えている。そして、震災以降2011年度は休止していたパークフェスを、2012年4月から再始動した。インディアン・ヴィレッジ・キャンプの島村さんは、アリオス前の公園の1本のケヤキに、太陽光発電や風力発電を利用したLED電球の「TREE LIGHT~自然エネルギーイルミネーション~」を設置した。パークフェスと連携して、自然エネルギーを使ったイベントをスタートしている。

NPO法人となったワンダーグラウンドの島崎さんは、地域活性化、文化芸術、情報発信、人材育成という幅広い領域で継続的に活動しながら、引き続き、地域のアマチュア演劇活動を支援したいと考えている。「いわきアリオスに行けば教えてくれるけれども、アリオスでも敷居が高いと思っている人もいる。そういう人たちをサポートし、引っ張っていければ」こどもプロジェクトの山田さんも、「やりたいことがあってどうしていいのかわからない、モヤモヤを抱えている人がいるから、どうにか応援できないかなぁと思って」——何事も1人ではできない、誰かに励まされ、教わり、手伝ってもらったおかげで今の自分があるという山田さんは、「過去のモヤモヤした自分のような人の力になりたい」と話す。

三凾座リバースプロジェクトの檜山さんは、「三凾座」という架空の芝居一座を組んで旅公演をするような物語を創作し、その映像化や演劇化を妄想中だ。長いスパンをかけて、地域の記憶を物語として残したいと夢を描いている。「三凾座も、かつてはいわきアリオスと同じだったはずです。三凾座は古くなって役割を終えたけど、アリオスには、今、その役割がある。でも、たとえば100年もすれば、三凾座と同じように、必ずアリオスも解体されるときが来るでしょう。それまで、アリオスは、気持ちや思考の羽を伸ばせられるような、夢見る場所でいてほしい」

ＭＵＳＵＢＵの末永さんは、津波の被害で更地になってしまった小名浜港の土地に、コンテナ村を作りたいと言う。そのコンテナ村は、アートやデザインを介して、人や地域が出会うようなクリエイティブなスペースで、誰もが訪れることのできるカフェスペースを設けて、電力供給は自然エネルギーを使いたい。そこで、いわきだけでなく福島県の地産品をセレクトして販売したり、地元の職人とデザイナーが協働して新しい商品を生み出したりするような事業も始めたいと思っている。「いろんなことがあったから、この際、やりたいと思うことを全部やってみたい」と末永さんは目を輝かせている。

２０１３年2月に第2回いわきぼうけん映画祭を計画中の増田さんは、次のような意気込みを話してくれた。「本当に震災があったの？　というような映画祭にしていきたい」震災の記憶を風化させたいとは思わないが、それを背負って潰れてしまうよりは、過程にしたいと言うのだ。「だって『ぼうけん映画祭』ですし。何があるのか分からないのが冒険でしょ（笑）」

プランツ！によって、いわきアリオスに持ち込まれたモヤモヤの種は、それぞれに発芽し、花を咲かせ、実をつけたあと、次の世代のモヤモヤの種がいわきに落ちた。種は、地震や津波や原発事故という環境変化に適応しながら、再び発芽することだろう。それを繰り返すことで、アリオスという大きな木は、地域の文化環境の豊かさと多様性を維持し、広げていく。そしてアリオスもまた、いわきに根を深く下ろしていくのだろう。

いわきアリオスという大きな木が、モヤモヤの種を発芽させて、成長し、循環しながら、地域の文化的な土壌を豊かにしていく。アリオス・プランツ！――「アリオスは植える！」という呪文は、いわきが、より多様で豊かな文化的環境を形成することで、持続可能な地域文化を創造し、継承していくための願いや祈りなのではないだろうか。

さて、第2部に残されたページも僅かとなったようだ。プランツ！からモヤモヤ会議まで、当事者として見てきたいわきアリオスの森さんに締めくくっていただこう。

モヤモヤ会議を終えて

森隆一郎

まちの未来はほかの誰のものでもない、自分たちのものであるということを改めて訴えたい。未来は、どこかの誰かが考えるのではなく、自分たちで描くものなのだ。

今回の原発事故の対応ほど「専門家」というものの頼りなさを実感したことはない。お陰で、というと変だが、目が覚めた。

自分の専門以外のことはわかりませんとか、責任が取れないので感覚的な発言はできません、などという専門家に未来は描けない。自分の感覚を信じることができないような人間に、大切なことを託したくはない。未来を描くのは、想像力、妄想力たくましく、いろいろな分野の知恵や知識をごちゃまぜに考えられる者ではないか。子どもに未来を託し、文化を遺し、その土地々々での生活や文化を連綿と引き継いでいく自分たちが己の未来を描かなければ、無責任な専門家が、そこへやって来ることもなく勝手な未来を描いてしまう。

社会や国の未来といわれても、そんな大きなことを考えるのは自分の役割ではないと思う感覚は当然のことだ。では、そういう大きな物事や意思は一体誰が決めているのだろうか。もし、それを誰か一人、あるいはひとにぎりの人間が決めているとしたら、それは独裁主義に陥った、あるいは陥りつつある社会なのではないか。専門家をうまく使うことができる有能な指導者に希望を見出し、社会の未来を託すことが、これまでにどんな結末を招いてきたか、私たちは歴史上にいくらでも学ぶことができる。

事業家、文筆家の平川克美《ひらかわかつみ》さんは著書『小商いのすすめ』（ミシマ社）で、アダム・スミス[24]が『国富論』で述べた人間の原理「人間というものは必ず自分の意思とは異なることを実現してしまうものだ」をモチーフに、「将来への不安」がもたらすものとして捉えられている「少子高齢社会」について、「将来に対する不安」が招いたことなのではなく、人々がむしろ望んだ結果としてもたらされたのだと指摘する。「自分の実力が正当に評価され、評価に見合った報酬を得られ、誰にも干渉されない自由を獲得し、自分の選択で人生を切り拓き、確かな将来をわがものにしようとして」その結果到来したのが出生率の低下した「将来に対する不安」を感じる社会だったというのだ。つまり、人間社会のあり方というものは、一人ひとりの思いの積み重ねでありながら、その結果は誰にもままならない不合理なものになるのだという。目的地を先に決め、そこから導き出されるルートをたどっても、別の地点に到着してしまうのが人間社会の理だというのなら、手の届かない大きな未来にヤキモキするよりも、手が届く範囲の小さな選択を吟味して、小さな未来を開拓していくことの大切さを再認識すべきではないか。

そしてもう一つ、「自己実現こそが人間の最上の幸福である」ということへの疑問も呈しておきたい。マズローの欲求5段階説[25]を知っていてもいなくても、人は夢を実現することや、なりたい自分になることを目標とする生き方に対し、あまりに無自覚に肯定してきたのではないか。なりたい自分になろうとするうちに、欲求の罠にはまっていなかったか。競争原理に身を任せ、責任を取らない営利行為を積み重ねてこなかったか。小さなコミュニティの意義を忘れ、各々が自己実現を目指して努力した結果が、この放射能に汚染された社会を招いたのだとしたら、やはり前提が間違っていたのではないかと考える謙虚さも必要だろ

24　アダム・スミス
（Adam Smith　1723〜1790年）イギリスの経済学者・哲学者。主著は『国富論』。「経済学の父」と呼ばれる。

25　マズローの欲求５段階説
米国の心理学者アブラハム・マズローが、「人間は自己実現に向かって絶えず成長する生きものである」と仮定し、人間の欲求を低次から、生理的欲求／安全の欲求／所属と愛の欲求／承認の欲求／自己実現の欲求の５段階に分類したもの。（ウィキペディアより）

う。

有能なひとにぎりの指導者が指し示す単一の大きな未来ではなく、個人やコミュニティの共感や違和感から生まれる「小さな未来」を考えるためには、多様な人が集まり、様々な意見に触れ、広い視野を身につけていくことが肝要なのであり、公共の文化施設こそ、その場を担保する最適な立ち位置にいるはずだ。

こんなときにアートセンターに何ができるのか、震災以来自問してきた。そして、この「モヤモヤ会議」を経験して、アートセンターに求められる態度とは何かということに考えが至った。即ち、アートセンターに求められる資質とは、常に人が集う場所であり続けること、必要とあらば議論を始められる土壌を用意しておくことであり、さらに地域社会がある方向に動こうとするときに、オルタナティブな、つまり「もう一つ別の」価値を提示できることであると言い切りたい。

「アリオス・プランツ!」そして「アートおどろく いわき復興モヤモヤ会議」は、自分の住む地域を拠点に活動する、小さなグループや個々人が、小さな選択を積み重ねていくための様々な考え方や手法に触れられる場所だったのだ。その選択肢は「アート」という視点や態度を媒介することで、多様性が増し、時間や次元をも超越した強度を持つようになると思うのだ。この場で積み重ねた議論から生まれた、多様な活動の種が方々に散らばり、活動が連鎖して、何かを束ねて方向づけようとする者の手に負えなくなるくらいの事態になってほしいと願う。そういう「想定外」ならば、大歓迎である。

第3部　座談会——東北、文化の現場から

東日本大震災で被害を受けた文化施設は、福島県に立地する「いわきアリオス」だけではない。東北被災3県を代表する文化施設として、岩手県からは「盛岡市中央公民館」の坂田裕一《さかたゆういち》さん、宮城県からは「せんだいメディアテーク」の甲斐賢治《かいけんじ》さんと気仙沼市「リアス・アーク美術館」の山内宏泰《やまうちひろやす》さんを迎え、いわきアリオスの大石時雄《おおいしときお》さんと児玉真《こだましん》さんを加えた5名で座談会を開催した。

震災によってそれぞれの文化施設にはどんなことが起きたのか。それに対してどのように対応し、また今後の活動をどのように展開しようとしているのか、被災3県の現場の声として語っていただいた。

議論は、震災時の文化施設のあり方から、芸術や文化がどのように震災復興へ寄与していくべきか、ということにとどまらない。大震災をきっかけに、地域における文化施設や伝統芸能の役割、あるいは芸術と市民との関係は大きく問い直されようとしている。

1　地域と文化施設、震災を前に

——東北地方の文化施設は、震災で大きな被害を受けたわけですが、震災前、とくに地域との関わりでどのような活動をされていたか、それが震災によってどのような影響を受けたか、建物の被害なども含めてお話しください。

甲斐　せんだいメディアテーク[1]は2001年の設立から数え、12年目を迎えたところです。珍しいデザインで著名な建築の中に、仙台市の公立図書館を併設した複合文化施設で、図書館以外の施設管理と事業を仙台市の外郭団体が指定管理者としてやっています。

1　せんだいメディアテーク
美術や映像文化の活動拠点、すべての人々のメディア活動の拠点として2001年1月にオープン。最先端の知と文化を提供（サービス）、端末（ターミナル）ではなく節点（ノード）へ、あらゆる障壁（バリア）からの自由、という3つの理念を掲げる。施設はプラザ、ライブラリー、ギャラリー、スタジオ、シアターなどで構成、3－4階に仙台市民図書館を併設。伊東豊雄設計による建築は2003年度日本建築学会作品賞など数多くの賞を受賞。

来るべき市民のデジタルライフ

装置としては、図書館のほかに、会議室、天井高4メートル前後の広い壁のギャラリーが2フロア、それから映画館があり、7階のスタジオと呼ばれているところにいわゆるメディア活動ができるスペースが用意されています。おそらく90年代半ばに計画している段階で、インターネットが出てきて、来るべきデジタルライフを想定しながら、デジタル機器を使って市民活動ができるスペースを、という計画だったように思います。

したがって、コンピュータなりビデオカメラなりを備えている「スタジオ」という場所が設立当初より設置されています。学芸員が展覧会やワークショップなどを開催しますが、ワークショップという言葉も当時流行りで、ワークショップを頻繁にできるようにする意味で7階のスタジオというスペースがイメージされていたと思います。

でも、実際にオープンしてみると、デジタル機器を用いた市民活動はそんなにたくさんなくて、残念ながら上手く使いきれていない。大変優れたプランだと思うのですが、それが完全に機能するところまではいっていなかった。そのプランは、7階のスタジオに市民がプロジェクト単位で登録をするというものです。あるプロジェクトを立て、利用についての申請を行い、申請が通ると機材、環境すべて無償で提供されます。サポートも若干受けられます。でも、その利用には条件が1つだけあって、無償の代わりに1年間の成果を納品してくださいということになっているのです。

市民グループが作成した点字翻訳

たとえば、点字翻訳を行う市民グループの活動などが想定されます。ある本を1年間かけて翻訳するための環境と機材を提供し、1年後に点字化された本が1冊できあがり、そのデジタルデータは保管され、プリントアウトしたものが図書館のライブラリーに並び、それが

甲斐賢治（かいけんじ）
せんだいメディアテーク 主幹／企画・活動支援室室長。2000年ころから大阪府・市の文化事業の企画・広報に携わりつつ、個人とメディアをテーマにしたNPO remo（記憶と表現とメディアのための組織），地域とメディアをテーマにしたNPO recip（地域文化に関する情報プロジェクト）の二つを軸に活動。市民活動サイドからの表現として、映像、メディア、アートなどを扱う。2010年4月から現職。2011年度芸術選奨新人賞（芸術振興）を受賞。

市民に活用されていく、といったイメージです。でも、実際はそのようなフローに基づいて成功した事例はとても少なく、アーカイブ化やライブラリーに並べていく仕組みまでを踏まえた人員配置が十分になされていなかったこともあって、上手く機能していなかった。

市民活動の方も、1年かけてしっかりとした成果物を仕上げられないものも多く、報告書1枚限りで活動を終えていくものもあったようです。

そういった市民活動を支える側面と、現代美術、あるいは映画・映像文化などで、仙台という東北の大都市が担うべき発信力のある事業を行うという2本立ての活動が、せんだいメディアテークの概要になります。僕が来て、２０１０年から人員配置、ワークフローを含めてアーカイブしていく仕組み自体を改良していた途中で地震が来ました。

――天井が落ちるなど、建物も結構、地震で被害を受けたと伺いましたが。

甲斐　僕は、お休みで家にいました。神戸の震災の時に大阪にいたので経験としては2回目なのですが、地震自体のショックは正直神戸のときのほうが大きかったように感じました。

震災で被害を受けたせんだいメディアテーク

神戸の震災でも見た景色

今回はゆっくり揺れてどんどん激しくなり、机の下に入って揺れが収まるのを待って、すぐに荷物を用意してメディアテークに向かいました。道中、ビルから人々が出てきていて、信号が止まってという、神戸の震災でも見た景色があった。メディアテークに着くと、表も裏も人でいっぱいだったのですが、幸運なことに利用者にもスタッフにもケガ人はありませんでした。

館内に入り、スタッフと被害状況を点検しつつ7階に上がると、天井が半分近く落ちていて、スプリンクラーから水が流れていました。まだ天井が落ちるかもしれないという状況だったので、その日は全部閉めて市役所に集まって今後の対応を検討しました。僕はなんとなく市の動きに近いところにいたほうがいいと思い、避難所になっていた市役所で4日ほど過ごして、所管の方と密に話をしながら対応していったように思います。実はメディアテークは災害ボランティアセンターの第一候補だったのですが、特殊な建築物のため専門家が確認しないと構造的に安全かどうか最終判断ができず、第一候補から外れることとなり、そのため、いわば緊急時の利用価値がなくなった状態になりました。

―― それからしばらく閉館状態が続くということですね。

甲斐 再オープンは5月3日で、閉館期間は約2カ月弱でした。

―― 山内さんのリアス・アーク美術館(2)はどうでしょう？

山内 美術館は気仙沼市の高台に立地しているものですから津波の被害はありませんでした。

2　リアス・アーク美術館
宮城県の「広域圏活性化プロジェクト事業」の中核施設として1994年に開館。東北・北海道を対象エリアと捉え、質の高い芸術文化に触れる機会の提供、住民の創作活動や発表の場の提供を通じ、美術的な視点から個性豊かな圏域文化を創造する生涯学習施設。施設は、企画展示室、アークギャラリー、圏域ギャラリー、ワークショップ、ハイビジョンギャラリーなどで構成。設計は石山修武。

１９９４年の開館から現在18年目に入ったところで、運営母体は気仙沼市と南三陸町の一市一町の広域行政事務組合です。公式には気仙沼・本吉地域広域行政事務組合という名前で、元々は広域消防を管理運営するための組織として40年くらい前に作られたものです。その組合の中に教育委員会を設けて、美術館の管理運営をしています。なので公立館ですが、私は市役所の職員ではなく、広域組合の職員です。

基本方針としては東北、北海道までを含めて、ざっくり言うと北日本を自分たちのエリアと考えて、その中の芸術文化を盛り上げていこうというのがひとつの考え方です。同時に、開館以来、漁労文化、食文化を中心とした地域文化の研究、展示をずっとやってきています。美術館なのに歴史民俗、地域文化系の常設を持っているという形ですね。これには少し裏があります。開館が１９９４年ですから、バブルの全盛期に生まれた落し子、いわゆる〝ハコもの〟の類のひとつと考えざるを得ない。その中で当初は美術館という計画ではなく、どちらかというとソフトは地域の文化センター程度の計画しかない中で建物が建てられていった。途中から美術館ということになっていくんですが、そこに至るまでの間にすでに常設の中身は設計されていましたので、リアス・アーク美術館といってドーンと開館しながら、常設は歴史民俗、地域文化という形でのスタートでした。

予算が底をついてターニングポイントに

その常設の中身も様々な問題があって、２００１～０２年の間にすべてバラバラにして作り直しました。要は開館当初はコンペをやって、地域とはまったく関係ない人がデザインした常設展示でオープンしてしまったと。案の定、地元の人からまったく受け入れられなかった。ところが予算がどんどん減って、事業費が確保できなくなっていく中で、やはり常設がきちんと保てないと館を運営していけなくなったんですね。

山内宏泰（やまうちひろやす）
リアス・アーク美術館 学芸係長・学芸員。1971年石巻市生まれ、1994年同美術館の開館と同時に学芸員に就任。以降、同美術館の事業企画、教育普及を行いつつ、気仙沼市の「港まち恋人スクエア」、「スローフィッシュ国際イベント（伊ジェノバ開催）」など、まちづくり系の事業に携わる。美術家としても活躍し2004年には宮城県芸術選奨新人賞（美術・彫刻）を受賞。現在、スローフード気仙沼理事、著書に『砂の城』（近代文芸社、2008）。

2000~01年あたりが予算が底をついた時期で、財政的にはそこが限界、これ以上落ちたらつぶれるな、という状態でした。そのころに館の基本方針を大々的に組み換えて、大きなターニングポイントになった。気仙沼は食の街ですから、地域住民が誇りを持って見せたいものを核に据えるため、食文化を通して地域文化をひも解く、あるいは集約していくという形に切り替えました。

同時に大きな企画展もできない状況になったので、そちらもかなり考え方を変えました。それまで1本あたり800~1000万円ぐらいの予算規模のものを年間3本くらいはやっていたのですが、それができなくなった。年間の総事業費が1500万円、県立クラスだと1本の企画もできないくらいの予算で1年間運営しなければならない、しかも美術の常設がほぼないという中で——。

1本の企画に最大でも300万円ぐらいしかかけないようにした。どうやったかと言うと、全部自分でやるんですね。外注を一切しない。パンフレットであろうがポスターであろうが、展示であろうが集荷返却であろうが、ありとあらゆるものを自分たちでやる。逆にそれまでは5本ぐらいだった年間の企画数を12本ぐらいに増やしました。その代わり1本あたり100万円くらいでやる。切れ目なくいろいろなことをやるというスタイルに切り替え、リピーターを効率よく入れる形で、そこから逆に入館者数を毎年増やしていきました。

方舟《はこぶね》祭で美術館を開放

一方で、美術館の名前のアーク、つまり方舟にちなんだ方舟祭という催しを始めました。いわゆる文化協会の会員にはなれない小さな文化サークルを公募し、美術館を2カ月くらい開放してありとあらゆることをやってもらう、という企画です。エントランスまで使って、お芝居、歌、お茶会、生け花、もちろん写真展、美術展など、毎回20~30ぐらいの個人、団

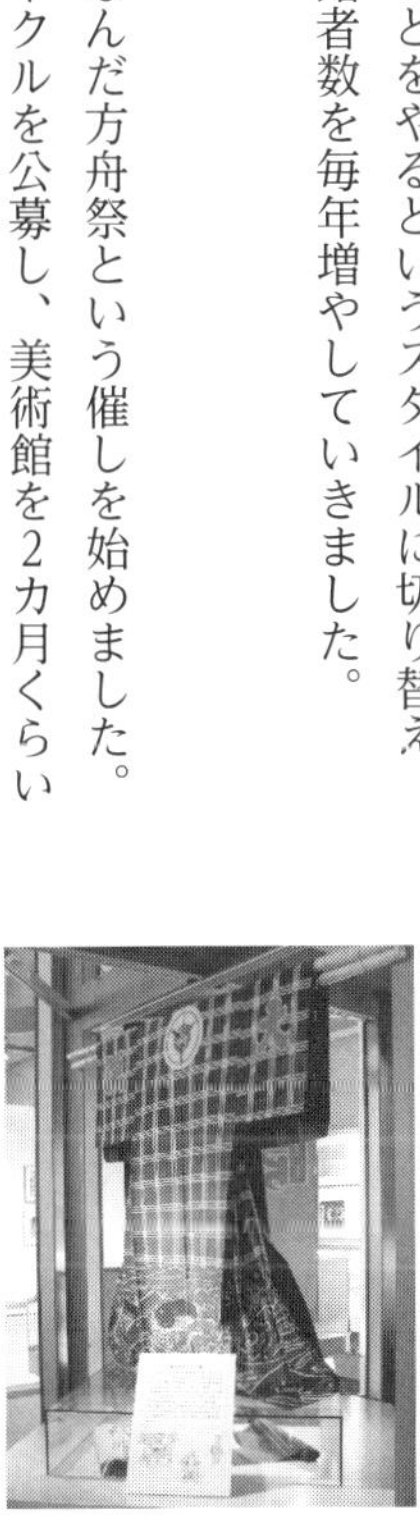

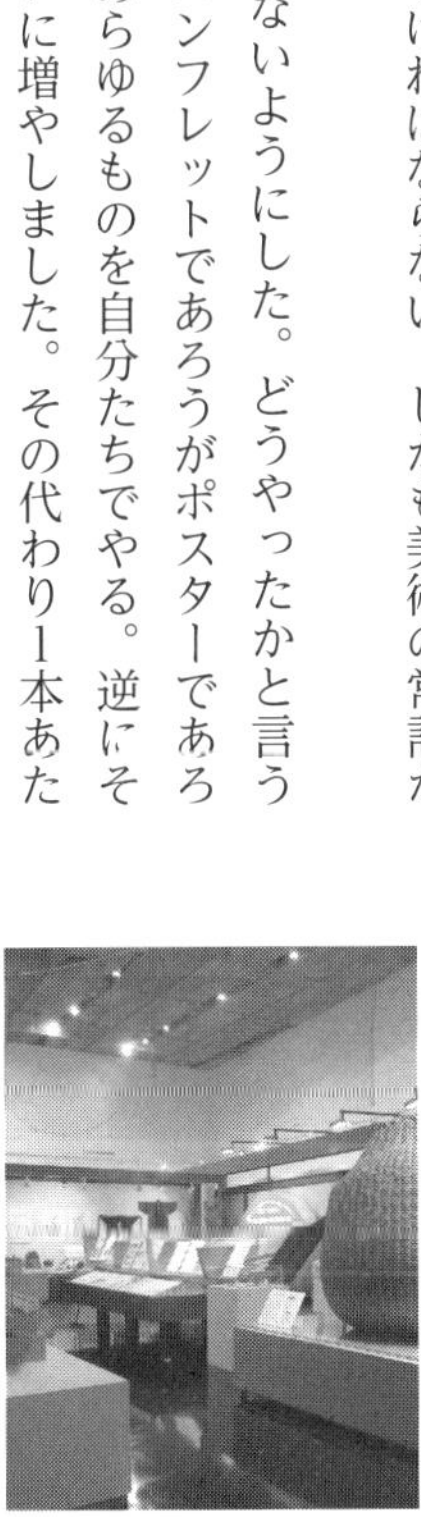

歴史民俗系の常設展示

体の企画が入って、新規の客層が1万人ぐらい増える。年間入館者は4万人ぐらいですが、そのうち1万人を2カ月間の方舟祭で入れます。

学校関係の共催展として、書道展や高校美術部の美術展、小中の図工展、そういったものを全部受け入れますし、地域在住の小中高生の絵画コンクール、公募展も開館以来ずっとやっています。

その裏で、一般的にはまったく無名の東北・北海道在住の若い作家さんの個展を年間5本、リレーの形でやり続ける。実は去年がその10年目だったんですが震災でできなくなった。9年目で中断しましたがこれまでに45人の作家を紹介しました。

市のあらゆるセクションと協働

そのほかにも、観光課、町づくり推進課、水産課、教育委員会、税務課、商工会議所など、市の関係機関から依頼された仕事もたくさんやっています。たとえば、税務課からはご当地ナンバープレートのデザイン監修を依頼された。とにかく気仙沼は小さなまちで、そこに1つしかない美術館、学芸員は地域に2人しかいない。で、美術館の学芸員はいろいろなことができそうだという噂が18年の間に広がって、何かあるとリストの中に名前が入ってくる。そういう形で、ものすごい数のまちづくり、地域活動に係わりを持っています。

震災では、嘱託を含めた11名の職員のうちの5名の家が流されて、職員の家族4名が亡くなっています。私も自宅が根こそぎ流されました。幸い仮設住宅には入らずに済んだのですが、津波の被災者です。施設も地震の被害が相当ありまして、設計まで含めた被害総額はだいたい4000万円ぐらいになりましたが、まだ修繕工事は着工できていません。2月中には着工になるかと思うのですが。

再オープンは2012年度の早期とは言っていますが、まだはっきりした時期は見えてい

坂田裕一（さかたゆういち）
盛岡市中央公民館 館長。盛岡劇場の立ち上げ、運営に携わった後、盛岡市観光文化交流センター副館長兼もりおか啄木・賢治青春館副館長。その後盛岡市のブランド推進課長として、文化・物産の発掘、プロモーションに携わり、2010年から現職。学生時代から演劇活動に取り組み、1979年に劇団「赤い風」を旗揚げ。2005年にＮＰＯ法人いわてアートサポートセンターを創設（副理事長）。岩手県演劇協会会長、岩手県芸術文化協会理事等。

ません。開館できれば、２００６年にやった津波展の再展示、去年中断した地域の学校関係の共催展などで回していくつもりですが、通常事業の再開は２０１３年度になるのではないかなと考えています。

２　３・11 混乱と地域の狭間で

――坂田さんの中央公民館は盛岡市内でそんなに大きな被害がなかったと思いますが、沿岸地域も含めて岩手県内の状況をお話しいただけますか。

坂田　まず3月11日ですが、私は盛岡市議会の教育福祉常任委員会に出席しておりまして、午後2時46分に、委員長が「次に、公民館費の審議に入ります」と言ったところで揺れ始めて、私の出番がなくなりました。盛岡市の中心部は岩盤の上に立地しているのでそれほど揺れは激しくないんですね。中心市街地が震度5強ということで、建物にも損壊するような大きな被害はありませんでした。

実は、盛岡市中央公民館(3)の敷地は日本一広いんです。なぜかと申しますと、旧盛岡藩主・南部家、大名家の別邸があったところだからです。２万平方メートルの敷地の中に日比谷公園の設計者による日本庭園とか、和洋折衷の大名家の別邸とか、江戸時代の商家を移築した国の重要文化財とか、平民宰相として有名な盛岡市出身の元総理大臣、原敬ゆかりの茶室などの建物が点在しています。本館は４００人入る平土間式のホールのほかに、公民館の講義室や会議室、展示室、美術工芸室など様々な部屋があります。

3　盛岡市中央公民館
盛岡藩主南部重信の子孫に当たる旧南部家の別邸跡に1980年開館。公民館としては日本最大の敷地面積を有し、本館には講堂、企画展示室、創作展示室、会議室、視聴覚室、リハーサル室兼音楽室、絵画・工芸等の実習室を設置。敷地内には、重要文化財の旧中村家住宅の他、原敬別邸の一部を移築した白芳庵や、愛宕亭、聖風閣が残されている。

旧南部家の庭園

資材と工賃の高騰で進まぬ復旧工事

市議会が休会となり、市役所から20分ぐらい歩いて中央公民館に帰る間に、職員は利用者を帰して設備点検をしていました。瓦が落ちたり、古い建物の土台が崩れたりで、被害総額は1300万円くらいでした。公民館本館は震災後数日で再オープンするんですが、一部の木造家屋の復旧工事はまだできていません。建築資材の値上がりと工事業者の人手不足で、これまでの通常経費では収まらなくなっているためです。これはおそらく東北全体に共通した状況で、それが復旧を遅らせる要因のひとつになっています。

普通なら公民館は避難所になりますが、盛岡の中央公民館には重要文化財や貴重な施設があるということで避難所の指定は受けていませんでした。盛岡市には中央公民館のほかにも盛岡劇場やキャラホールというホール併設の公民館というのがあります。それらも含め盛岡市を6ブロックに分けて大型の公民館を設置しています。その下の小さな公民館を合わせると3段階になるんですが、帰宅途中で大型公民館のひとつの上田公民館に寄ってみたら、ものすごい人であふれているんです。

明かりの点いたところに集まる市民

そこは岩手大学の近くで留学生が多いという理由から外国人の避難所という設定だったんですが、その隣の一般市民向け避難所の小学校がなかなか開けられなかったので、みんな上田公民館に来たんですね。なぜかと言うと明かりが点いていたからなんです。これはすごく重要だなと思ったんですが、明かりが点いているところに人は集まると。

余震の規模はそんなに大きいわけではなかったんですが、停電してますよね。ひとり暮らしの人には怖い。そういった中で非常用電源設備があって明かりの点いている公共施設にどんどん人が集まってきたんです。それは避難所であろうと何であろうと関係なく人が集まり

津波で壊滅的な被害を受けた
陸前高田市民会館（P197とも）

ました。

岩手県の内陸部のほとんどのホールや文化施設はそういう状況だったと思います。

沿岸被災地の状況ですが、私は陸前高田市で少年時代の3年間を過ごしたので、映像を見たときにはショックでした。陸前高田市の市民会館が全壊、宮古と釜石の市民文化会館は1階がやられました。2階より上は大丈夫だったんですが、まだ開館できていないのは、地下の機械室がやられたためです。機械の交換には何億というお金がかかりますよね。被災した場所に再建していいのか、移設すべきなのか、まだ議論が定まっていないと聞いています。それ以外では、大きなホールのある山田町の中央公民館と大船渡《おおふなと》のリアスホールは高台にあったため、避難所あるいは支援センターとして大きな役割を果たしました。この2つの施設は10月以降になってやっと再オープンできたという状況です。

被災地支援が殺到する大船渡のホール

今、大船渡のホールの利用率は非常に高くなっています。毎週末必ず何かが行われているんですね。市民の利用もありますが、被災地支援で文化イベントをやりたい団体が押しかけてきています。市は、どうぞお使いくださいというスタンスですが、十分なお手伝いはできないという状況です。

これは次の話にも関わってきますが、私はそうした状況の中で、公

民館にしろ、文化施設にしろ、地域の中でどんな役割を果たすかということでもう1回議論を起こさなければいけないのではないかなと思っています。実は、岩手県の県立美術館は、県の予算が全部復興に振り向けられたため、2011年度事業費がゼロになりました。でもそのために、県内のアーティストに目が向くようになったということも出てきています。

――ありがとうございます。ちょっと話が戻りますが、建物の修復がなかなか進展しない理由について、山内さんから紹介いただけないでしょうか。

山内　順を追って話しますと、3月11日の深夜、というか12日の早朝に教育委員会から一時避難所に使えるかという話がきたんです。ただ天井はグシャグシャになっているし、ありとあらゆる場所にクラック（亀裂）が入っている。しかも余震がまったく止まらない。我々でさえ中に入れない状態なので、無理ですとお断りしたんですね。

物資保管庫になった美術館、動かせない空調

その代わり14日から物資保管庫になりました。そのため電気は14日には復旧されたんです。普通に考えれば、じゃあ次は収蔵品保全のための空調だ、と我々の業界としては思うわけです。電気が来て熱源に使う重油の備蓄もありましたから、業者に復旧の段取りさえしてもらえれば動くはずなんですね。

14日から2～3日で業者の方から連絡をもらいました。で、かっこいいんですよ。どうですかと聞かれたので、こういう状態ですと施設の話をしたら、「いや、そんなことを聞いているんじゃないです。みなさん無事ですか？」と言うんですね。美術館は空調が動かなくては大変でしょうから、とにかく一刻も早く時間を作ってなんとしてでも行きますと。仙台の

業者なんですが、3月中に一度来てくれました。

そして4月6日にはいつでもスイッチを入れられる状態になった。家もなくなって、私も相当打ちひしがれていますし、町も壊滅している。おそらく東北全体で2~3万人は亡くなったのではないかとその段階では思っていますし、生まれ故郷の石巻も壊滅状態なのがわかっていました。日本の半分が滅茶苦茶だと言っているのに、さすがに勝手にスイッチを入れられないなと思って、一応聞いたんです、スイッチ入れていいですかと。そしたら案の定「待て」と……。

なぜかと言うと、気仙沼全体が真っ暗闇なんですね。美術館の電気は3月14日に復旧しましたが、明かりは点けていないんですよ。明かりがあるところに人が集まるという話がありましたが、うちが物資保管庫になっていることは隠していましたから、人が集まるとまずいわけですよ。あちこちで略奪だ何だ、誘拐事件まで起きたといううわさ話まであったんですね。

我々が最初に受けた指示は「美術館を守れ」というもので、入口などガラス張りのところは全部コンパネ(コンクリート型枠用の合板)を押し当てて、ロッカーとかでバリケードを作っていました。ヘルメットをかぶって万一に備えて2時間おきに巡回するというのが私の最初の仕事でしたし、そんな状態なのでずっと真っ暗闇のまま通していたんですね。

仕分けられた美術館

ただ空調だけは何とか動かしたい。でも町がそんな状態で、美術館で暖房を入れているとなってはまずいかもしれない。空調を動かすと音が出ますよね。なんだあそこ動いてるじゃないかとなると困るだろうなと……。その後、4月20日に構造設計家が点検して躯体に問題がないということになったので、動かしていいかと聞いたら、ちょっと確認するから待てということになった。それ以降、２日おきぐらいにしつこく聞くのですが、待てという状態が延々と続きます。結果的に連休が明けても許可が下りなくて。さすがにちょっと限界だなと、収蔵品も私の精神も限界に達していました。

いくらなんでも優先順位というか仕分けられている感覚なんですね。美術館なんてどうでもいいんですよ一言で言うと。まともにやったのでは無理だと思って、いろいろ裏技を使って５月18日にようやく空調を入れる許可が下りました。で、５月23日に美術館をどうするかという話が初めて上のほうでなされたんですね。その結果、復旧して開ける方針が示されました。

でも、６月に入って何を始めたかと言うと、結局お金がないので、なんとかしてお金を取って来いと。そこで、文部科学省の補助制度を利用することになるんですが、これが公共社会教育施設用という括りで、公民館、図書館、体育館、学校とかはあっても、博物館が含まれてないんですよ。博物館はそれに準ずるとだけ書いてあって、被害欄の例示に鉄棒が何本とか、そういう例が書き込んであるものを我々は受け取るわけです(4)。

博物館は特殊な施設ですから、ほとんど噛みあわないわけですね。これはどうするんだ、あれはどうするんだと一つずつ聞くんですが、制度上定義されていないから答えられないわけです。そんなことが６月ぐらいから11月ぐらいまで続いて、ようやく12月末に何とか内示をもらった。それは全体の３分の２を補助する制度なんですが、そもそも博物館が組み込まれていないものですから、結局、被害全体の60％くらいしか補助対象にはならない。さらにその３分の２ですから、結局総額の40％ぐらいにしかならないですね。

矛盾する国の補助制度

そして今度その制度を利用するには、クラック１本１本にマスキングテープで印をつけ

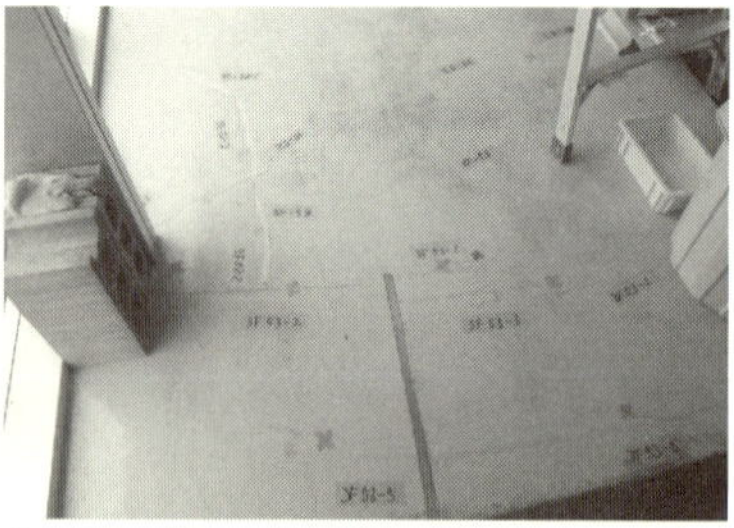

床のクラックとマスキングテープ

4　文部科学省公立社会教育施設災害復旧事業
激甚災害法に基づき、公立社会教育施設の災害復旧事業に対して国が補助を行う事業。対象は（１）公民館、図書館、体育館、運動場、水泳プール、（２）その他文部科学大臣が財務大臣と協議して定める施設（博物館、文化施設、生涯学習センター等）で補助率は３分の２。復旧費は、被災施設を被災前の位置に被災施設と形状、寸法及び材質の等しい施設に復旧するものとして算出することが原則。（文科省ＨＰ掲載情報より）

て、番号を書き込んで、写真を撮って、それを全部図面上に落として申請しないと書類すら受け取ってくれない。クラックなんて何百本入っているかわからない。一体どれだけの時間がかかるのかという感じで、年が明けちゃうわけですよ。

で、ようやく、次は業者に入札をかけるんですね。ところが公共施設だから地元の業者以外使ってはダメだと言われるわけです。ちょっと待ってください、気仙沼全体が壊滅している状態で業者なんかどこにいるんですか！　という話になるわけですね。ところがそうじゃないとダメだと言う。

案の定20社ぐらいに入札案内を出してもほぼ9割が辞退、入札も不調に終わる。そういうことを繰り返して、1月末にようやく業者が決まりました。さあ業者が決まったというのでお願いしたら、3月中には着工すらできない工事があると言うんです。ところが、国の制度自体は2011年度内には完了しなければいけないというものなんですよ。

そういうやりとりがずっと続いて、もうすぐ3月ですからほぼ1年経つのに着工できていない、というのが現状です。多分どこも似たような状況だと思います。

——今の話には、文化施設とか博物館が行政制度の中でちゃんと位置づけられていない、ということが象徴的に出ていると思いますが、甲斐さんのところは震災の後、メディアテークの復旧から活動の再開まではスムーズでしたか？

甲斐　そうですね。メディアテークは中に図書館があって年間百万人の利用者があり、市にとってもシンボル的な建物だということもあって、仙台市から図書館を1日も早く開けよという指示がありました。なので復旧作業を経て、当初は図書館のある4階までを再オープンさせ、5階6階を順次開けていきました。震災から数日で構造上は概ね大丈夫ということになったので、7階の天井が落ちたところを除いて、再開の準備に入っていきました。一部ガラスの復旧仮工事などが必要で、それが終わったのが4月末ぐらい。5月のゴールデンウィークにはなんとか開けられる状態になりました。

図書館の再開を待ち望んでいた市民

僕は図書館の担当ではないのですが、図書館のサービスを早く開けるということはなんとなくイメージができていました。どう言ったらいいのか、みんな行く場所がなくてうろうろしているんですね。市の中心部の被害はさほどではなく、1カ月ぐらいでガスも復旧し、都市機能、インフラはほぼ戻った。流通がまだ少し悪いぐらいで、暮らしにはほぼ何の問題もない。でも行く場所がなくて、みんなブラブラしている。そこでブックモービルで移動図書館をメディアテークの前に出したらすごい人が来たんです。4月20日ぐらいから10日ほどそんなサービスをして、図書館を再開したときは長蛇の列で10年前の開館時より人が来ました。

3 予算がゼロになるかもしれない

ただ、仮にメディアテークを開けても施設を借りる人がいないだろうということが問題としてありました。メディアテークには収蔵品がなく、主に貸館で日々が動く施設ですから。また、事業といっても予算がゼロになる可能性もありました。もし、予算がゼロのままオープンしたら、収蔵品もないし、ほかに見せるものがなく、借りる人もいなくてがらんどうになるおそれがある。これは、何か復興に向けた事業を立ち上げた方がいいと思いました。

ブックモービル

再開に向けた4つの条件と市民メディアの可能性

それで震災が起きて3日目、まだ市役所の避難所にいたころに、困ったな、と1人で思いながら、4つくらいの条件をどうやったらクリアできるかと考えました。まずは最悪、ゼロ円でできること、予算がないことを前提にできることはないか、と。次に、生涯学習という施設の設置目的に合っているかどうか。メディアテークは博物館法に基づいた施設ではなく、メディアテーク条例という特殊な条例のもとに建てられた生涯学習施設ですから。それからいきなり慣れないことをやるのは難しいだろうと思っていましたので、スタッフがすぐに動けるようなスキームであるかどうか。もうひとつはその事業が市民感情に添っているかどうか、それがとても重要だろうなと思っていました。

そんな中からメディアセンターみたいものを考え始めました。仙台ではまだあまり活発ではありませんが、全国には市民によるメディアの動きがいろいろあって、その全国集会が2011年9月に仙台で行われる予定でした。僕も個人的にその市民メディアの全国交流会のメンバーでもあるので、震災という事態に対して、市民活動としてのメディアはマスメディアにはない動きがとれるのではないか、という漠然としたイメージがありました。

また、都市部では深刻な被災を受けた方というのは限られていて、みなさんただショックを受けているような状況の中で、ビデオカメラを持つ必然を得たというか、当事者性みたいなものが底上げされたような雰囲気が感じ取れました。そこで、こういうときならば案外ビデオカメラを持って記録しようと思う人が出てくるかもしれないと思い、メディアセンターみたいなものを構想し始めたように記憶しています。

「3がつ11にちをわすれないためにセンター」

メディアテークでは、数年前から地域映像アーカイブという事業を国の緊急雇用の枠組で

3がつ11にちをわすれないためにセンター

やっていました。たとえば、区役所が持っている数万枚に及ぶ古い写真をデジタルアーカイブ化したり、8ミリフィルムをデジタライズしてライブラリーに並べていくというような作業です。その緊急雇用の補助金が使えないかと考え、市、県を通じて「震災のための地域映像アーカイブ」という形に読み替えられないかと問い合わせ、許可を得ました。それを下地にして「3がつ11にちをわすれないためにセンター」を動かすこととなりました。

もうひとつ、メディアテークの1階は広場になっていて、再開したときにそこを遊ばせておくわけにもいかず、何かできないかスタッフらと議論を重ねました。ある助成金で展覧会をする予定だったものを、助成団体にも相談したうえで、震災に対応するものに企画を変更し、結論的には「考えるテーブル」という名前の家具をアーティストに発注して、1階に常設することにしました。

話し合うこと自体を展示作品にした「考えるテーブル」

震災が来て、直接的な被害を受けていないながらも多くの人々がかなりショックを受けている、もしくは身近な人たちがいろいろな被害を受けている、という状況の中で、混乱した事態を把握するためにも、いろんな人、つまり他者と対話し、議論し、考える機会が必要ではないかと思いました。そこで「考えるテーブル」という名称とし、10人でも15人でもいいから集まって話し合うこと自体が作品として展示されているのだ、という少し乱暴な説明ですが、それで展覧会の助成金を使っていわば舞台装置としての家具を発注し、この1年間走ってきました。

「考えるテーブル」内のプログラムの1つである「てつがくカフェ@せんだい」は、元々大阪大学が90年代にフランスから輸入したものだそうです[5]。僕も、2010年から大阪で哲学カフェを実施している先生たちと親交があったので、こういうときに哲学カフェを主催し

5　哲学カフェ
1992年にフランスの哲学者マルク・ソーテがパリの近郊で開いたのが最初とされる。誰もが参加可能な公開の討論会で、テーマと進行役を設けて自由な意見交換を行い、各々が理解と思索を深める場となっている。日本では2001年１月に大阪で始まった「実験哲学カフェ」が草分け的な存在で、今では各地で開催されるようになっている。

「考えるテーブル」での
「てつがくカフェ@せんだい」開催風景

たらいいんじゃないかと、仙台で取り組んでいる先生に相談したところ「是非やろう」ということとなり、6月からメディアテークで毎月1回やってきました。

負い目、当事者、支援——。てつがくカフェで出てきた言葉

最初は、たしかテーマも何もなく集まったんですが、そこからいろんな言葉が出てくるんですね。「負い目」とか「当事者」とは何かとか、「支援」とは何かなど。今では若い人も年配の人も含めた100人近い人々が、2時間みっちり話し合うすごく不思議な空間になっています。これは、先ほど話した被災地でビデオカメラを持つ当事者性みたいなものともつながっている気がするんですが、とにかくとても真摯に、これまでとは違う機会を求めている市民がいるんだということを実感できる状態になっています。

——「3がつ11にちをわすれないためにセンター」の詳しい話はまた後で伺いたいと思います。アリオスの震災からの1年は第1部に詳しく出てきますが、避難所になってから再オープンするまでのプロセスを、大石さんから簡単にお話しいただけますか。

大石　地震があったとき、まず館内にいた約100人のお客さまとスタッフは、アリオスが隣接する公園に避難しました。隣にある市役所の職員や地域住民の方々も集まってきて、1000人以上が公園にしばらく立ちつくしていました。夕方になってパラパラとみぞれが降ってきたので、スタッフが目視で安全確認できた場所に入っていただいた。だいたい250人でした。その間に、館長がいわき市の災害対策本部に連絡したところ、そのまま避難所として運営してくれということでしたので、そのまま、5月5日までの56日間、アリオスは避難所として機能することになりました。

大石時雄（おおいしときお）
いわき芸術文化交流館アリオス支配人。広告代理店勤務の後、伊丹市立演劇ホールの設立に参加。パナソニック・グローブ座（現・東京グローブ座）の制作担当を経て、世田谷パブリックシアター（東京都）、可児市文化創造センター（岐阜県）、いわき芸術文化交流館（福島県）の設立に参加。

4・11の余震で市の分庁舎となった別館

それから1カ月後の4月11日に、いわき市では3月11日とほぼ同じ震度6弱の地震がありました。避難所になっていたアリオスに被害はなかったのですが、市役所本庁舎は大きな被害が出ました。1階部分の床が波打ったみたいになった。そこには住民票や戸籍証明書、印鑑登録証明書の発行など、市民が普段利用する市民課があるのですが、もはや機能できなくなった。直前の4月4日にアリオスの設計・施工者による現場検証が終わっていて、アリオスの別館は躯体に問題はないことがわかっていたので、そこに市民課、市民生活課、国保年金課、市民協働課が引っ越して来ました。10月までの約半年間、別館はいわき市の分庁舎になりました。

避難所が閉鎖された後、6月から部分的に利用を開始したのですが、同時にアリオスの修復工事と市役所本庁舎の修復工事も進み、それが10月半ばに終わって、別館の分庁舎も解放され、11月1日から全館再オープンしたという流れです。

——その間、アリオスのスタッフが市民に直接会って、要望を聞くようなことをされたと伺いましたが。

児玉　僕は震災の時に九州にいたんですが、東京に戻ったところ、アリオスの何人かのスタッフも仕事で東京に残っていた。

何かしなくてはと逸《はや》る気持ち

そこで、東京で企画担当者が集まったんですが、みんな、なんか逸ってるんですよね、気持ちが。とくに企画の担当者は元々いわきの人が少なくて、みんなアリオスのために各地か

児玉真（こだましん）
いわき芸術文化交流館アリオス チーフプロデューサー。音楽事務所勤務の後、カザルスホールのプロデューサーとして多くの企画を手掛ける一方で、公共ホールの主催事業の構築やアウトリーチ事業のコーディネートなどに携わる。現在、地域創造プロデューサー、昭和音楽大学及び東京藝術大学非常勤講師。

ら集まった人たちなんです。それで、何かしなくてはいけない、東京にいてはいけないんじゃないかとすごく焦っていた。僕も同じような部分があったんですけれど、みんなの逸る気持ちを聞いて、まあ待て、と言ったんです。

4月になっても、いわきの人間ではない僕たちが逸った気持ちのままで動いてしまってはよいことはないだろうと思って。なので、企画セクションはまず地域の実情を聞くことが一番必要だと思った。その段階では当然アーティストにも話ができる状態ではないわけだから、全員で地域を回って話を聞いていらっしゃい、ということになった。

その時にありがたかったのは、「おでかけアリオス」という外に出る事業をたくさんやってきたので、学校とかコミュニティとかに人脈があったんですね。そういう人を中心に、なるべく2人で組になって、あちこち訪ねて話を聞くことになった。それが4月、5月です。

スタッフを冷静にさせた市民との対話

話を聞きに行くとなるとみんなもちょっと冷静になる。市民から直接話を聞くのは怖いですからね。そうしたら話を聞けば聞くほど、いわきも場所によって状況がまったく違うこともわかった。海岸では陸前高田のように壊滅的な被害を受けた浜もあれば、山の方はそんなに被害がないとか。もちろん、市民に話を聞いてやるべきことがわかってきたという面もありましたが、実はそのことで2カ月間は冷静でいられたということが大きい。

アリオスは直営なので予算が凍結された状態ではガソリン代も使えない状況だったんですが、復興予算については震災復興に意味のある企画を検討して提出した。大なたを振るって有料公演を減らし、コミュニティ事業はほとんど残す形にして構想を出しました。

いわき市はアリオスに対して理解があったのだと思います。6月初めには予算が決まりました。綱渡りみたいでしたけれど実際6月4日からワークショップも始めました。予算が決

6月に実施した「珍しいキノコ舞踊団」のおでかけアリオス（Photo：鈴木穣蔵）

まる前に、アーティストには話だけでもしておこうと進めていたんですね。また、予算凍結と言いながら、市民協働課からは「おでかけアリオスは、いつから始めるの？」という問い合わせが来るような状態でした。それを聞いて市の期待の大きさを感じました。市民に対して「アリオスはちゃんと事業を継続する」というメッセージを出すためにも、ホールの修繕の計画などが固まってきた6月にアウトリーチを始めた。その結果この1年間は、アウトリーチとかワークショップ系が非常に多くなりました。

4 文化からの復興に向けて

――徐々に震災後の話になってきましたけど、震災後どういう形で動いてきたか、いわてアートサポートセンターも含めて坂田さんからご紹介いただけますか。

坂田 まず中央公民館の立場では「3・11絵本プロジェクトいわて」という活動を起こしました。彫刻家舟越保武《ふなこしやすたけ》(6)さんの娘さんで児童図書の編集でも有名な末盛千枝子《すえもりちえこ》さんという方がおられて、その方が2010年5月にお父様の別荘があった八幡平《はちまんたい》に引っ越してきていました。舟越家は敬虔なカトリックで、引っ越した翌年の3月に震災にあったとき、末盛さんは何か自分に課せられた使命があるのではないかと感じたそうです。それで震災直後にいろんな方々にメールを出しました。絵本を被災地の子どもたちに届けよう、読み聞かせをしようと……。

なぜかと言うと第二次世界大戦後、子どもたちが戦禍や災害で放っておかれた地域では、絵本がすごく役に立ったという実例があるらしいんです。かつて国際児童書評議会の理事だった末盛さんも、それを自分もやらなければいけないのではないかと思ったんですね。

6 舟越保武（ふなこしやすたけ）
1912〜2002年。岩手県生まれ。佐藤忠良とともに戦後日本を代表する彫刻家。代表作は『長崎26殉教者記念像』（1962年、高村光太郎賞）、『原の城』（1972年、パウロ6世より大聖グレゴリオ騎士団長勲章受章）など。

メールを受け取った中で、唯一、私の盛岡市中央公民館がいっしょにやりましょうと手を挙げました。何ができるかわからなかったんですけれどね。

とにかく何かやろうという人と連帯を

被災はしたけれども被害は少なく、岩手県全体から人が集まる盛岡が、とにかく何かをやろうという人と連帯することが重要だと思ったんです。沿岸部には親戚もいれば友人もいる。津波の直接の被害はなくてもやっぱり心はかなり痛んでいる人が多い町なわけです。そういう土地でとにかく何かやろうということで絵本プロジェクトを立ち上げた。

５月末までに全国から24万冊近くの絵本が届き、ほかに、活動支援金が２０００万円ほど集まりました。すごい本の数と金額だなと思いました。それだけ絵本を届けたいという思いが全国の方々の中にあるということに熱い気持ちになりました。岩手県の沿岸部を中心に青森の八戸《はちのへ》市から宮城県の石巻市まで絵本を届ける活動を始めました。

仙台の10－BOX(7)も同じような活動をしたと思うのですが、うちの場合が特殊だったのは、ものすごい数のボランティアが集まったことですね。延べ３２００人、実働で１５０人くらいの方が集まりました。それは単に何か手助けをしたいという気持ちではなくて、被災地で苦しんでいる人たちといっしょにいたい、寄り添うような活動をしたいという気持ちからでした。何かをして助けてあげようという上からの目線ではなくて、いっしょにいたいという気持ちが非常に強かった。

日本初の軽自動車型ブックモービルを開発

そういった方々といっしょに、日本で初めて軽自動車を改造した「えほんカー」（ブックモービル）を開発して6台作りました。宮古や大船渡でも読書ボランティアが活動を始めて

えほんカー

7　せんだい演劇工房10-BOX（てんぼっくす）
「試しながらじっくり演劇を創る空間」をコンセプトに、演劇公演などの一連の工程に応じた大小の稽古場、舞台装置の製作が可能な作業場、道具の保管スペース、簡易印刷室、などを装備。利用者の自主管理による舞台芸術の地元発信と交流の拠点を目指している。

いましたので、そういう現地の方々の活動と連携するため、6台のうち5台のクルマを沿岸被災地に贈りました。今は、野田村や大槌《おおつち》町の図書館の支援も行っています。被災した図書館の復活に向けて児童図書の部分をきちんと登録して届ける、という作業をやっています。

実は23万冊以上が集まったんですけど、半分以上は使えない本でした。古すぎる。落書きがある。汚れている。私たちは事前に使える本を対象年齢別とか種類別に分類して、郵送ではなく人の手で届けています。ところが沿岸被災地で驚いたのは、体育館の至るところに本の入った段ボールが山積みにされているんですね。開いても誰も片づけようともしない。聞いてみると、とても片づける余裕がない。事前に電話があれば断れるけれども、ただただ物だけが送られてくる、という状況だったのにはびっくりしました。

読み聞かせと音楽や大道芸

ボランティアが絵本の読み聞かせをするわけなんですが、私は演劇の世界の人間でもあるので、ただの読み聞かせだけではなく、何かもう少し効果的な仕掛けがあってもいいかなと思いました。ちょっと演奏も入れようかとか、人形劇をやったらどうだろうかと、徐々に音楽家や劇団のお手伝いが入るようになり、この前はヴァイオリニストの服部《はっとり》譲二《じょうじ》さんが参加してくれました。静岡から大道芸の人たちが大挙してやってきて、読み聞かせボランティアもいっしょに子どもたちと遊んだ、なんてこともありました。

絵本プロジェクトの事務局は中央公民館がやっているんですが、当初はそのことについて市役所内部からは賛否両論が出ました。やるべきだという意見と、公民館の仕事なのか？という意見です。でもやっぱりやっていくとみんな理解してくれるんですね。後でわかったのですが、中央公民館は、避難所には指定されていなかったけど、ボランティアの活動場所に指定されていました。結果的に絵本プロジェクトというボランティア活動を支えていたわ

絵本を受け取る子どもたち
（野田村保育所）

けです。

もうひとつ、演劇人の立場で関わっている「いわてアートサポートセンター」というＮＰＯが核となって、「いわて文化支援ネットワーク(8)」という文化で被災地支援を行う組織を立ち上げました。こっちは、５００～６００万円くらいの支援金だったんですが、音楽を中心に楽器支援を始めました。宮古市の文化会館の指定管理者だった楽器屋さんから、被災状況がどんどん聞こえてきて、宮古市と山田町で合わせて１００台ぐらいのピアノが流されたというんですね。

仮設住宅の個人に電子ピアノを寄贈

坂本龍一《さかもとりゅういち》さんをはじめピアノを贈る活動はたくさんあるんですが、ほとんど幼稚園、保育園、学校、公共施設が対象です。個人にはピアノが来ない。僕たちは、一番困っているのはピアノ教室の先生方だというのに気づきました。そういう方々に寄贈したらどうかとほかの支援団体に申し上げたら、個人の所有になるものに支援はできませんと……。だったらそこは僕たちがやらなければいけないね、ということで、お金を集めてピアノを贈ることにしました。

今、電子ピアノを含めて40台ぐらい支援しています。なぜ電子ピアノかというと仮設住宅に入っている人がいて、仮設住宅ではヘッドフォンでなければピアノは弾けないんです。今は電子ピアノもずいぶん性能がよくなって、タッチはそんなに変わらなくなってきています。子どもたちの中にも、将来自分は音楽で食べていくとか、音楽の先生になるとか、音楽学校に入りたいという人もいます。そういう人には仮設住宅にいても、親戚の家に身を寄せていても、なんとか毎日ピアノが弾けるようになってほしい。

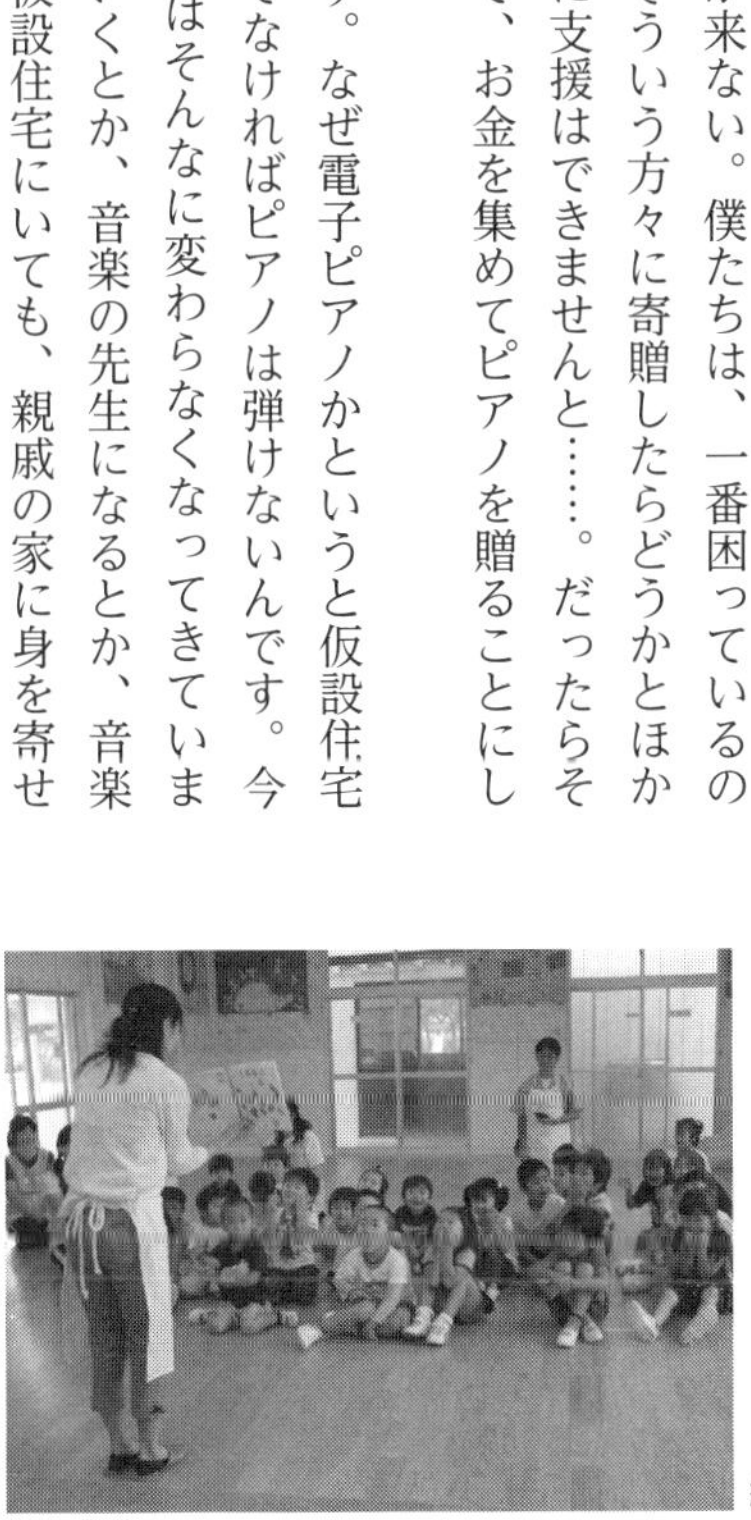
絵本の読み聞かせ

8　いわて文化支援ネットワーク
東日本大震災で被災した地域の文化芸術による支援活動のサポートを目的に2011年４月に設立。各種文化団体やＮＰＯ、岩手県、岩手県文化振興事業団やSAVE IWATE、3.11絵本プロジェクトいわて、もりおか復興支援ネットワーク等とのネットワークを活用した文化支援を実施。

震災を機に結成された「いわてフィル」

もうひとつ音楽で、「いわてフィルハーモニー」が誕生しました。東北ではプロの管弦楽団は仙台と山形の2つで岩手県にはなかったんですね。私たちのNPOの理事の1人が、寺崎巖《てらさきいわお》さんという弦楽の指導者で、前々から岩手でもプロの管弦楽団を作りたいと思っていました。それで、震災の影響で学校の文化鑑賞の予算が削られたところもあって今回震災でニーズが出てきたんですね。山寄りの学校で、津波の被害がなく、住民も比較的元気なところでも、文化予算がなくなってしまった。実は訪問を予定していた東京のオーケストラが行かれなくなった。でも子どもたちは楽しみにしているので、何とかやれないかという話が出てきました。

それを寺崎さんに話したら、この際だから自分たちで頑張ろうと言って、県内のレッスンプロも含めて「いわてフィル」を作って演奏活動を始めました。演奏会以外にもいろんな学校に出かけてワークショップをしています。

今年の夏には宮古市の浄土ヶ浜《じょうどがはま》で復興イベントの話があります。浄土ヶ浜だから浄土思想を生かして、世界遺産になった平泉に伝わる「延年の舞《えんねんのまい》」をやろうということで、いわて文化支援ネットワークと宮古市民が協働して復興イベントをできないか、検討しています。

祭り、芸能の復活

もうひとついわて文化支援ネットワークでサポートしたのは、祭りなどの芸能の復活です。私たちは演劇とか音楽とか、現代美術とかそういった活動が最も先端の文化活動、芸術活動だと思っていたんですね。私も民俗芸能が大好きだしお祭りも好きですが、どこか心の中でそれは楽しむものであって、自分が命をかけてやるものではないんじゃないかと。囃子《はやし》がかかれば聞きに行くし、好きだけども、どこかで私たちがめざす表現とは違うと思っ

陸前高田市「うごく七夕」
(2011年8月7日)

ていました。

宮城県の県北から岩手県にかけて、ちょっと生活が落ち着いてきたら何よりも民俗芸能の復活と祭りの再興の動きが起こり始めたんです。いろいろな人の話を聞いて、そのことにかける情熱に打ちのめされました。私たちのやっていた文化っていったい何だったのかと。このエネルギーに勝てるようなものだったんだろうかと感じて、そういう方々のお手伝いもしました。

たとえば、宮古に有名な黒森《くろもり》神楽《かぐら》(9)というのがあって、最初は巡業の神楽宿《かぐらやど》がなくなってどうしようかと言っていたんですが、国際交流基金から被災地の芸能をモスクワに派遣したい、という話が私のところに来て、迷わず黒森神楽を紹介しました。モスクワ公演は実現し、そのことによって彼らや地域は自信を取り戻すことにつながったのではないかと思います。それから陸前高田には「うごく七夕」、「ケンカ七夕」というお祭りがあるんですが、被災地では、そういう祭りの復興のための助成金の申請書が書けない。書けと言われても当初はインターネットもつながらないような状況でしたので、申請書を書くためのお手伝いをしました。

——伝統芸能のような歴史のある文化と地域の関係を考えると、公立文化施設は地域にとってどんな意味があるのか、厳しく問われているような気がします。

メディアテークの「3がつ11にちをわすれないためにセンター」と「てつがくカフェ」ではどんなことをやっていらっしゃるか、甲斐さんからご紹介いただけますか。

甲斐 メディアテークはまず、2011年の事業をすべて「震災復興」という軸で組もうということにしました。その大きな軸が「3がつ11にちをわすれないためにセンター」と「てつが

9 黒森神楽
国指定の無形民俗文化財。元々は黒森山を行場とする修験山伏の集団によって伝承されてきたが、現在は宮古市や岩泉町をはじめ三陸沿岸の住民有志によって受け継がれている。修験のカスミ（旦那場）廻りの伝統を神楽巡業によって現代に受け継ぐ数少ない神楽集団で、重要な儀礼慣行をもつ。現在は正月明けに黒森神社を舞立ち、北廻りと南廻りを1年交代で、1～2カ月間巡業する。

くカフェ@せんだい」の2本柱となります。わすれないためにセンター、通称「わすれン！」は、7階のメディアセンターのスキームを震災の記録に特化させようということで、当初は震災復興市民メディアセンターみたいな名称から始まりましたが、それでは何かわからないと思って、若いスタッフも交えて名称を考えました。

心に刺さる3・11という表現

3・11という言葉はどうもなにか心に刺さるような気がして、3月11日の漢字も嫌で、ひらがなにしようということになりました。それから、最初は「忘れないセンター」だったのですが、たとえば、仙台の中心部から沿岸部まではクルマで20分くらいなんですが、その物理的な20分という距離に、今はすごい隔たりがあります。もしそこで「忘れないセンターです」と言ったら、「忘れないってどういうこと？　こっちはまだこんな状態なのに！」という感情があるんじゃないか、などと議論をしました。それで最後の最後に「ために」をつけて、「3がつ11にちをわすれないためにセンター」になりました。

5月の一部開館時には、7階のスタジオは使えなかったので、2階の空きスペースを2つに分けてコンピュータを並べ、ユーストリームで中継できる放送局とスタジオにしました。緊急雇用で偶然、VJ（ビデオジョッキー）とかアーティストとか若い人たちが手伝ってくれることになり、映像の技術を持っている子たちをベースに運営していくこととなりました。実は、5月3日に開けたときに、機材とチラシだけだとまずいと思ったので、3月から付き合いのあるアーティストや社会運動の中で映像を扱う人たち数名に声をかけていました。そしたら、関心があると言ってくれた方々もいて、早い人は3月の終わりごろに仙台に来てくれて、どういうスキームが動きやすいか、などの意見をもらいながら「わすれン！」のシステムと見本となるようなコンテンツを作っていきました。

3がつ11にちを
わすれない
ためにセンター

オープン直後の「わすれン！」

それと同時並行で発信できるＷＥＢサイトの準備に入るわけですが、クリエイターの仕事が一気になくなると思ったので、仙台のクリエイターのインキュベーション施設に声をかけて、ＷＥＢサイトを作る仕事を発注しました。また預かった映像は、権利面も基本的にすべて仙台市に寄贈してもらう形にしましたが、それを二次利用できる仕組みをしっかり作った方がより良いだろうと考えました。一番重要なのは取材対象者となる人々の肖像権の処理で、現地でインタビューするときに相手の方に許可のサインをもらうというような書類を、弁護士に相談しながら作っていきました。「わすれン！」の開設は5月3日ですが、そのシステムは6月の頭ぐらいに、ＷＥＢサイトは7月近くにできあがって、ようやくコンテンツがいくつかある状態になりました。

わすれないためにセンターとビデオカメラ

現在は参加者と呼ばれる人たちが約１００名いて、概ね半分は仙台、半分は県外の人たちです。また半分は何らかの専門性を持っており、映画監督であったりアーティストであったり、人権の団体だったりします。あと半分ぐらいはそういう技術はないけれど、ビデオで何かできないかということで来た人たちです。

元々のコンセプトが生涯学習施設であることから、ビデオカメラの役割をもう一度考えました。あきらかに私見ですが、昔、江戸時代の村に御触れが出たとき、村人は看板に書いてあることが読めないので想像していた。要するに話すことはできても文字が読めない時代があった。それが教育という形で「てにをは」を学び、本を読めるようになり、書いてあることを話してみたり、自分で書いて表現したりできるようになった。それと比較すると、現代の映像の状況はただ受け取っているだけの状態がずっと続いている。つまり「てにをは」を習っていないので、映像で何かを書くことがやりにくい状況だと思うんです。

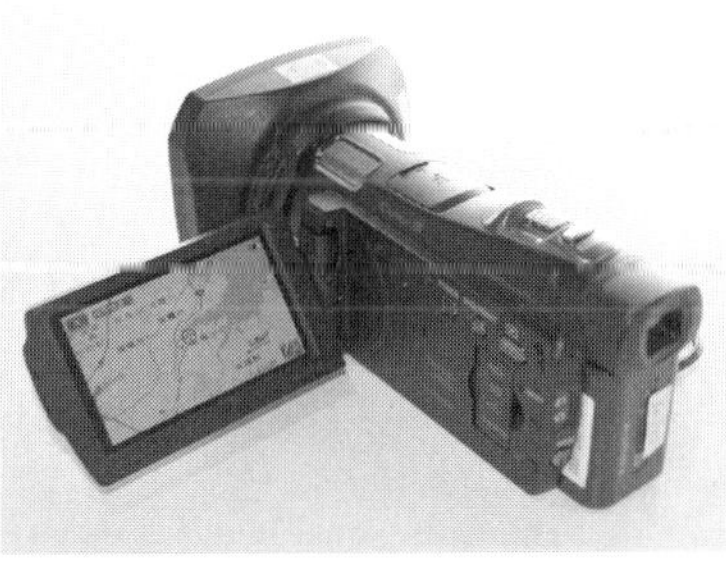
貸し出し用のビデオカメラ

そのことが僕の仕事における問題意識の根幹にあり、ビデオカメラも鉛筆と同じように何かを知っていくプロセスに関係するし、何かを考えていく道具でもあるという考え方があります。ですので、ビデオカメラを通して今回の事態を自分たちなりに考えるための機会として「わすれン！」をつくろうと思ったんです。

5

被災の隔たりを行き来する回路としての「わすれないためにセンター」

もう少し抽象的なレベルでは、先ほど話したクルマで20分ぐらいの距離の沿岸部は今、市内とは違う状況があって、物理的な距離以上の距離が生まれています。いわば「こちら側」と「あちら側」が生まれているんですね。また、たとえば家がなくなった人となくなっていない人がいる。そのような被害の差によっても、あるいは、首都圏と被災地の間にも、なにかの「距離」ができてしまっているように思えます。5月のオープンの時に哲学者の鷲田《わしだ》清《きよ》一《かず》さん(10)にお願いし、1階でトークを行いましたが、鷲田さんはこのことを「隔たり」と示しておられました。そこで、この隔たりを行き来するための回路を何か作る必要があるだろうと考え、ビデオカメラ自体も、「わすれン！」そのものも回路だというふうにイメージしました。

たとえば、ビデオカメラを持って高校生同士がインタビューしたとします。自分は震災の時にこんな感じだったけれども、自分だけだとなかなかうまく話せないし、ほかの人がどう感じたかはわからない。でもインタビューすることで他者がどういうふうに感じたかが少し理解できる。つまり、他者を想像し、理解する機会になるのではないかというのが、ビデオを隔たりを行き来するための回路だと考えたひとつの理由です。

また同時に、当時原発のこともあって東京の方ではかなりモヤモヤとした状態があるのが

10 鷲田清一（わしだきよかず）
哲学者／大谷大学教授、前大阪大学総長。専門は現象学。哲学の思考を問題発生の現場につなぐ「臨床哲学」に加え、社会・文化・芸術批評にも取り組む。著書に『モードの迷宮』（ちくま学芸文庫）、『ちぐはぐな身体』（筑摩書房）、『たかが服、されど服』（集英社）、『「聴く」ことの力』（阪急コミュニケーションズ）など。サントリー学芸賞、桑原武夫学芸賞、読売文学賞受賞。

なんとなく伝わってきていました。若い友人やアーティストが大丈夫ですか？ と連絡してくれるけれど、そういう意味でセンターをつくると、そこにアクセスしてくれるのではないかということも考えにありました。つまり、震災という事態を何らかの形で内面化するような機会として、「隔たりを行き来する回路」となりはしないかと用意したというのが、「わすれン！」だと言えます。

インタビューすることで考える

「わすれン！」の参加者には映画監督もいます。作品「なみのおと」が山形国際ドキュメンタリー映画祭でも上映された共同監督の濱口竜介《はまぐちりゅうすけ》さんと酒井耕《さかいこう》さんなどは、いま2作目の「なみのこえ」に取り組んでいます。つまり、滞在し続け、作品の制作を続けているのです。また、小森《こもり》はるかさん、瀬尾《せお》なつみさんという若いアーティスト2人の取り組みにも注目していますが、彼女たちは、まるで小動物のようにどこにでも入って行けるようなところがあるのか、たとえば避難所で知り合ったおばさんが仮設住宅に移っていく過程で何度も会いに行き、インタビューしたりしています。そのようなインタビューだけでも１００本は超えるそうですが、両監督にせよ、彼女たちにせよ、つまりは作品かどうかは別にして撮影しながら考え続けているように思います。

逆にカメラの技術はまったくないけれど何かできるのではと思った人々もいます。ある30代の人は、いわゆる被災地でどうしてもヒトにカメラを向けられないので、福島第一原発から20キロ圏内の動物を保護するＮＰＯに随行したことを契機に、動物を撮ったらいいんじゃないかということとなって、ずっと記録しているようです。それでも、本人いわく「なぜ僕がこれを記録しているのかがわからない」と自分自身に問いながら続けている。

『動物たちの大震災』
東日本大震災では犬や猫も大きな受難を生き抜いてきた。寄り添って生きてきた人々にも、困難の日々があった。動物と人々が生き抜いてきた150日の日々を紡ぐ。
〔監督〕宍戸大裕〔撮影地〕宮城県・石巻市、福島県・双葉郡警戒区域内

ビデオカメラを持つ必然性と市民意識

メディアテークでは、そういう技術を持たない人々の話し相手になることは、とても重要だと考えています。なぜなら、たとえ若くてもアーティストや映画監督やジャーナリストならビデオカメラを持つ必然があるわけですが、職業的な必然がない市民がビデオカメラを持って記録を行っている。おそらくそこには、ビデオカメラが職業と密接に結びついていて、家庭のビデオは撮っても、それが本人の社会的なアイデンティティにつながってない。いわば後見のない状態があるように思うのです。

彼は図らずしてこの事態の中でできることとしてビデオカメラを選び、動物がおかれた状況を撮影している。おそらく個人の倫理観とか、いろんな意思が関係するのだと思いますが、あいにく社会的には認められない状態の中で悩みながら取り組んでいるわけです。この職業意識のもうひとつ下の階層にある意思や感覚が、もしかすると本来の「市民意識（シチズンシップ）」のようなものではないかと思いながら、今見ています。そういった市民活動の一番奥の、先ほどお伝えした当事者性と関係するような、この辺りが今後の文化施設として見ていきたい、付き合っていきたいポイントだと思っています。

市民サービスを提供する側とされる側の配置替え

２０１０年に仙台に来たときに、僕は「市民サービス」という言葉が気になっていました。図書館も文化施設も市民サービスを行う装置なわけですが、サービスを提供する側、提供される側という関係がある限り、そこが固定される限り、文化施設はもうだめなんじゃないかと思っていました。なので、仙台に来たときから利用者を主体化するようにモードを切り替えようという話をスタッフともしてきました。今年も、コールアンドレスポンス(11)という展覧会を作るワークショップを始めています。それは市民が自分たちで企画して、２０１

11　コールアンドレスポンス
アーティストやキュレーターから作品制作や展覧会制作について学び、参加者が集団で展覧会企画をつくるプロジェクト。2011年７月～12年２月にかけて「アーティストを知る」「キュレーターの仕事を知る」「現代の社会を考える」という３本のレクチャーを受けながら、参加者がワークショップやディスカッションを行い、2012年度に参加者の企画した展覧会をメディアテークで実際に開催する予定。

2年度に展覧会を開くというもので、そのために1年間勉強をするわけです。

参加者は、てつがくカフェに何度も参加し、ある被災したアーティストのトークや、キュレーターなど専門家の話を含め、全部で十数回の講義を受けたうえで、展覧会の企画を立案し、実施するという仕組みになっています。現在、参加者は15人くらいいますが、基本的にそれらの決定に、メディアテークのスタッフは関与しないんです。若干の示唆をするぐらいで、参加者が自分たちで議論をし、展覧会を作っていくというプログラムになっています。震災の影響もあるとは思うのですが、みなさんかなり真摯に取り組んでくれていて、「今、ここで私たちが展覧会を作るということは、どういうことなのか」ということも含めて考えながら、市民自らが展覧会を企画・実施をするという事業が今も進行しています。展覧会は2012年度の終わりぐらいに開催の予定です。

被災と向き合うアーティスト

もうひとつ重要なのは、アーティストとの付き合いです。数年前から仙台空港に近い名取市に拠点を置いて制作していた志賀理江子《しがりえこ》(12)さんという写真を扱うアーティストがいます。彼女は2011年の秋にメディアテークで展覧会を開く予定でした、家もアトリエも全部流されてしまった。メディアテークは、彼女のことをとても優れたアーティストで、重要な仕事をしていると考えていますので、震災という文脈に彼女の仕事が呑み込まれてしまわないために対策を練りました。荒っぽい言い方ですが、「被災アーティスト」と呼ばれてしまうことを回避すべきだと思ったんです。

担当学芸員との話し合いの結果、彼女がそもそもなぜ名取に来て、どういう仕事をしてきていたのか、そして、今どうなっているのか、などについてオープンにしてしまおうということとなり、毎月1回、10回のトークを組みました。トークには東京からも含め100人く

12　志賀理江子（しがりえこ）
1980年愛知県生まれ。2004年ロンドン大学チェルシーカレッジ・オブ・アート卒業後、ロンドン、ベルリンで制作。2009年から宮城県名取市に制作拠点を移し、国内外の展覧会で作品を発表している。2008年、写真集『CANARY』と『Lilly』で第33回木村伊兵衛写真賞を受賞。2012年秋メディアテークで個展の予定。

7階に設置された
志賀理江子さんのアトリエ

らいが来てくださっています。被災、震災のことも当然、視野に入りますが、同時にそれでも表現が曲がらないことも示されているように思います。彼女のトークは、２０１２年秋に本にまとめる予定です。

実はてつがくカフェもすべて文字起こしをしています。途中から「要約筆記[13]」を入れられるようになったので耳の聞こえない人も参加できるようになり、時々ですが、発言もいただいたりします。そこにも僕らの想像を越えた現実があり、市民それぞれの考え方、たとえば絆ということをいろんな形で捉える人たちがいる、というようなことがあからさまに議論されるようになっています。いずれはすべてをフリーペーパーの形でもう一度、街に返したいと考えています。

坂田　「てつがくカフェ」をもう少し詳しく説明してもらえますか。

甲斐　あるテーマについて、そこに集まった人々で議論するんですね。たとえば「愛とは、何か」というテーマがあって、中立な立場の進行役が1人いて、誰かが「僕はこう思います」と言うと、別の人が「僕は、もうちょっとこう考えています」と意見を重ね、対話していく場です。「てつがくカフェ@せんだい」という市民グループの主催になっています。

坂田　盛岡でもやってたので何かな？　と思って。

甲斐　ええ、今、おそらく「てつがくカフェ@いわて」、「てつがくカフェ@ふくしま」と派生していて、ネットワーク化していると思います。12~13人の先生方が共同でやっているようです。

13　要約筆記
要約筆記とは、話されている内容を要約し、文字として伝えることで、聴覚障がい者への情報保障手段の１つである。主に第一言語を手話としない途中失聴者。難聴者を対象としている。

坂田　もうひとつ、写真や映像の話が出たので。3・11を忘れないという切り口の中で、〝記録〟と〝記憶〟という言葉があると思うのですが、実は11月に神戸ビエンナーレ[14]に行って被災地を撮った写真展というのを見ました。

文化とアート

韓国の写真家が撮って東北大学の先生が監修していたんですが、いっしょに行った美術家と市議会議員も含め、3人とものすごく嫌なものを見てしまった気持ちになった。津波で家が流されて散らばった子どもの写真だけを集めて撮って、それがBゼロ判くらいのものにランダムに貼り付けられ構成された写真とか、お地蔵様の首が取れた写真を組み合わせたでっかい写真とか。

嫌なものを見たと思って、どうしてこれを出さなければいけないんですか？　って主催者に聞いたら、東北大学の先生がこれでいいって言ったから問題ないという答えだった。つまり、芸術だからという言い方で片付けられちゃったわけで、それがすごく辛かった。

児玉　それは、関西で17年前の記憶がかなり薄くなっているということがあるのと、やはりアートと文化はつながっているようで常に相容れない部分があるんじゃないかという気がします。いわきアリオスは一応地域のアートセンターって言っているけど、陳腐でも文化センターという言い方もあり得るじゃないですか。文化とアートの関係は、両立することも多いけれど、生活の土台にある文化の感覚とそれを壊そうとするアートのエネルギーという意味で、ぶつかる関係も同時に持っているのかな、と今思いながらお話を聞いていました。自分の中にもずっと迷いがあるままにここへ来ているんですけど、今のお話のように嫌なものは絶対にあると思いますね。

てつがくカフェ@せんだい

14　神戸ビエンナーレ
神戸は、阪神・淡路大震災からの復興の中で、芸術文化の力を実体験したまちでもあることから、震災10年を機に「神戸文化創生都市宣言」を行い、まちの賑わいづくりや活性化につなげるため、2007年から隔年で「港で出合う芸術祭・神戸ビエンナーレ」を開催している。

甲斐　話がずれるかもしれませんが、「わすれン！」を始めた当初は、いろいろな若いアーティストや映画監督に対し、基本的に「作品を作るのではなく、記録をしてほしい」というのが僕の考えでした。みんなそれを承知で「わすれン！」に参加してくれたんですけど、ちょっとずつ僕自身の考えも変わっていきました。

作品という形式で運ばれていくものと記録としてのアート

記録するということの淡々とした重要さがあると思いつつ、結局遠くに伝えるというか、将来の先まで伝えようとしたときに、何らかのアート、もしくは作品という形式で運ばれていくものがあるんだろうなということに気がついたのです。

たとえば映画という形式にすると、映画館という装置があって、配給というシステムがあり、流通していくわけです。対して、純粋な記録では流通しづらいと言えます。作品という形式、アートというものが何かを伝承していくということがやっぱりあるのだということに気づきました。ある日、少し乱暴な解釈なのかもしれないですが、レンブラントの『夜警』という絵画作品が頭に浮かんで、芸術作品の中に昔は記録という成分もあったことを思い出したんです。ところが最近はそれがどこか抜け落ちて、なんだか作品の「純度」のみが捉えられている。そう思えてきていて、僕はちょっと怪しいなと思い始めたんです。もちろん記録の価値だけではないと思うので、記録する側面がないとだめだというのではありませんが、そういう側面を持ったアートというのが、現代にも十二分にあり得るということにようやく気づいた気がしています。

――先ほど甲斐さんの話の中にあったサービスを配置替えする、利用者を主体にするというアプローチがこれからの文化施設のキーワードかもしれませんね。

メディアテークが作ったものを市民に提供するのではなくて、市民が作ったものを市民に提供するということに変わる。配置替えとはそういうことですね。

甲斐　そうです。言い換えれば市民にも責任を持ってもらう。

――志賀さんのレクチャーやてつがくカフェなどのインプットがあったうえで出てくる企画案の中には、やっぱり震災のことは自ずと入ってくるんですか？

甲斐　今仙台では、どのような行為も根本的には震災や放射能汚染という文脈からは離れられないと思いますが、形式としては博物学的展示でも、歴史的な展示でも、情報展示でもいいと思っています。たとえば子育て展とか格差展とか、そういうことでも問題ないと僕は思っていますが、まだ最終の企画案は決定されていないので、どうなるかわかりません。

社会とアートの両方を行き来する

ただ、参加者には社会とアートの両方を見据えたうえで、今の彼／彼女らにしかできない「切実な展示」を作ってもらいたいと思うので、てつがくカフェにも関わってもらいながら企画を考えていくという形にしました。

児玉　僕もプロが企画するだけでなく市民が企画を作るのはありだと思う。そのことはずっと前から意識していて、実際に試みたことも何回かあるんだけど、なかなか難しいですよね。芸術的な分野は半分ぐらい趣味という世界があって、半分ぐらいはそうじゃない世界がある。両方とも文脈では文化なんですけど、趣味の世界では自分がやりたいことが優先されるし、誰かのためにやるという発想を持つのは非常に難しいですよね。そこで何回か挫折もしながら僕もやって来ているんですけど、もしかしたら今がよい機会かもしれません。

人のために何かを考える企画

人のために本気で何か考えなくてはいけないという、そういう人たちがひとりではなくて何人も集まって企画を考えると、もしかしたら初めて会館の主催事業として同じ地平に立てるのかな。そうすると逆に市民の企画が本当に市民のものになる感じがもう少し実感できるかなと思う。もしかすると市民の範疇は仙台の場合では100万の市民のことではなくて、もっと狭いところでしかないかもしれない。でも、そこから広がる可能性もすごくある。僕もトリトン・アーツ・ネットワーク[15]でもサポーターに企画をしてもらったりもしたけど、きちんと範囲を決め、ミッションを考えていく時間をかけないと難しいかもしれないですね。

――先日甲斐さんにお目にかかったときに、劇場・ホール系と生涯学習系では何か根本で違いがある、という話があった。甲斐さんがおっしゃったことですけど、文化振興というと提供するものをどこかで選んでいかなければいけない。その場合に質に関する問題が発生する。たぶん今児玉さんがおっしゃっている難しい要因のひとつなのかなと思うんですけれど。

6 この町を変えることを自分の仕事に

――同じ時に甲斐さんに聞いた「与えられた当事者性」と「獲得していく当事者性」という話も含め、後で今の話題にもう一度戻りたいのですが、ここで山内さんに話を伺いたいと思います。山内さんのところはまだ館の修復工事が始まっていないということですが、震災前に

15　トリトン・アーツ・ネットワーク
2001年、東京晴海にオープンした第一生命ホールを拠点に、「音楽を中心とした芸術活動」と「音楽による周辺地域の活性化を図るコミュニティ活動」の2つの柱を軸に活動しているNPO法人。

やってらっしゃった「まるかじり気仙沼ガイドブック」[16]の話が、今日議論したい地域と文化センターの関係を考えるうえですごく重要なことだと思うので、それをご紹介いただけますか。

山内　先ほどから話に出ている当事者性とか、外部の人の表現とか、記録のままではだめで表現に昇華しないと継承できないとか、実は私はすべてにおいて当事者なんですね。元々モノづくりで、作家でもあり、今回はもろに被災もし、実は3月12日から命がけで何万枚の記録写真を撮り続け、ありとあらゆる地域の人たちと議論を交わし、みたいなことをずっとやってきていますから。今の一連の話はいろいろな意味で理解できるというか、こうではないかという思いがいろいろあるんですけども、この本もひとつの例にはなってくるので、お話ししたいと思います。

まるかじり気仙沼ガイドブック

この「気仙沼の食・文化・歴史・観光まるかじり気仙沼ガイドブック」の発行元は気仙沼商工会議所で、国から助成をもらって立ち上げた「気仙沼∞全国展開プロジェクト」の一環として作られたものです。この事業は、地域の新しいブランド、特産品を作っていこうという側面と、文化的まちづくり事業を行うという側面があって、文化という部分の相談が私のところにあった。そのとき、私が個人的に書いていた「まちを知るための本制作について」という企画書を渡したら、これがぴったりだからやろうという話になって立ち上がりました。

なぜそういう企画書を書いていたか。18年前に気仙沼に来た当初はほんとにまずい所に来ちゃったなという感じがしました。陸の孤島と言われる場所ですから、それこそ何があるんだろう？　って感じで。とりあえず美味い物を食って、お酒が飲めればいいかなという感じはありましたが、期待したほど海もきれいじゃない。釣りをしてみてもさっぱり釣れない。

16　まるかじり気仙沼ガイドブック
気仙沼商工会議所による「気仙沼∞全国展開プロジェクト」（2007年度）の一環で、官民一体となって作り上げた総合ガイドブック。「食」をキーワードに、気仙沼の風土、歴史、民俗、文化から見どころ、おみやげ品、飲食店に至るまでのあらゆる気仙沼情報を網羅した一冊。編集：スローフード気仙沼／監修：リアス・アーク美術館／発行：気仙沼商工会議所／2008年。

海水浴と思っても意外と泳げる場所がない。かといって磯で遊んでいると監視船が回って来て、漁業権があるからウニとか獲らないでよ、なんて言われる。

リアス式海岸を自然観光の目玉にしていますけど、気仙沼にある自然の風景って、たとえば「潮吹き岩」があってドバーンと潮が吹いているけど、「どうすればいいんだ?」みたいな。あるいは明治29年(1896年)の津波で先端が折れた「折れ石」というのがあって、海から男根みたいなものが突き立っていて、オーッすげえ立派だなって……どれも見るだけなんですね(笑)。

魚が美味しい町だと言うけど、東京のお客さんに気仙沼で一番美味しい寿司を食いたいと言われて連れていくと、値段を気にせずどんどん食べる。でも店を出た瞬間に、やっぱり寿司は銀座に限るなと言われたんですよ。鮮度はいいですよ、たしかに。でもシャリがな、みたいな。やっぱり腕じゃないですか。フカヒレも生産量、質が世界一と言いますが、気仙沼の中華料理屋で食ったって美味しくないわけですよ。結局はダシ、味付けですから。

つまり気仙沼という町が観光と食べ物ですよと言ったところで、どんな勝負ができるかという話になっちゃうわけですね。ましてや子どもにとっては「気仙沼は何もない町だ」となっちゃう。だからそれだけで勝負しようと思っても無理なんですよ。

地域文化は人が使い続けてつながっていく

でも、一概にそうではない部分があって、私が知らない土地の地域文化に関わって見聞きした一個、一個を読み物にまとめると、面白いものができあがるわけです。でもそれは裏を返せば当たり前のことで、何千年もの間、人が生活してきた歴史をひも解いているのだから面白いに決まっているんですね。そういう目線で地域文化を顕彰する。地域文化とは、防犯システムでがっちり固められた博物館のガラスケースで古代遺物や歴史遺物を見るという類

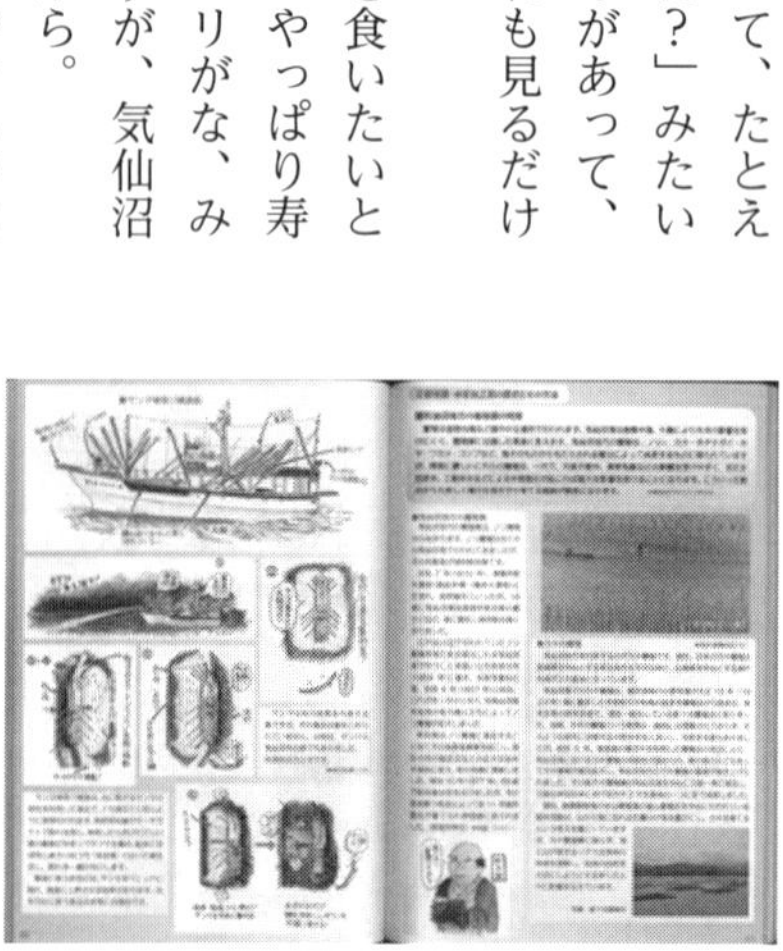

まるかじり気仙沼ガイドブック

のものではなくて、日常生活で毎日使っていくものですよね。常に使われて進化するし、常に過去と未来があって、人が使い続けてつながっていく。

そういう地域文化のつながりが昨今切れてしまっている。だから子どもたちは地域にどんな歴史があるか、どんな面白いお話があるか何も知らないわけです。教えられる大人もいなくなっちゃいましたから。市史のような堅苦しい本にしたり、民俗学者が読みにくい文体で発表しても何も伝わらない。そういうことがずっと続いてきて、やっぱり面白くないと思われる日常になってしまっていた。それを誰でもパッと手にして面白いと思えるような読み物にしたかったんですね。

この本には、分厚い市史の何冊分とほぼ同じ内容が入っています。前半は読み物で、後半には、飲食店やみやげ屋、地元の人しか知らない名所とかを全部詰め込んだ。つまり観光情報的なものと前半の読み物が全部リンクしているんです。たとえば、カツオ漁の歴史解説のところに、カツオ料理が美味しいお店のリンクがあって、そのお店のリンク先を見るとカツオが買える店だったりする。

気仙沼には何もない

話が最初に戻りますが、私の美術館のワークショップなどに通い続けてくれた子どもがいました。地元の劇団でミュージカルの主役をやり、学校では生徒会長で、図書館から賞状をもらうくらい本を借りていた子です。その子が大学に受かり、気仙沼を離れるときに、大学を出たらどんな仕事をするんだと聞いたら、大学の4年間で決めると言われた。それは当たり前だなと思った。ところで気仙沼には戻ってくるの？　と何気なく聞いたんですね。

その瞬間フンと鼻で笑って吐き捨てるように言ったんです。気仙沼になんか帰ってくるわけがないと。なんで？　と聞いたら、だって気仙沼には何もないじゃないですかと。あんなに文化活動に熱心だった子どもにそう言われてショックでした。

これはどうにかしなきゃいけないと。気仙沼には、自然科学系のことに詳しい元学校の先生がやっている自然塾があるんですね。そういう人たちも含め、若いころに市史編纂で原稿を書いたりしていた人、市役所の観光課だ、教育委員会だ、まちづくり推進課だ、水産課だ、とにかくありとあらゆる関係者全員に声をかけて総勢２００～３００人でこの本を作ったんです。地域の飲食店も一軒一軒調査員が行って、お勧めのメニューを食べたりしました。集約したものを美術館が監修し、私がパソコンで全部まとめて完成原稿を作った。そういう形で、これはひとつの地域文化活動なんだろうな、と思います。

復旧復興の教科書になったガイドブック

この本は、今となっては気仙沼の形見みたいになってしまいました。ここに載っているところは半分ぐらいがなくなりましたから。ところが復旧復興の支援に来たＮＰＯ、ＮＧＯの人たちがこれを目にして、教科書にできると言ったんですね。元の町のことを知らないと復旧復興の手伝いができない、ということで、今彼らがお金を出して増刷しようとしています。そんな中で、編集した人が美術館にいるみたいだから、先生になってもらって勉強会をしようとなった。つまり、震災復興のＮＰＯ、ＮＧＯの人たちが、美術館に来て地域文化の勉強をさせてください、ということが今気仙沼で起きつつあるんです。

どこまでが美術館の活動なのか、公共施設の活動だったのかというと、はなはだ怪しいんですが、ただ美術館の機能のひとつとして、そういうことをやってきたことだけは間違いないし、そういう積み重ねがうちの場合はあるんですね。

――山内さんがおっしゃるように、従来の考え方だとそれが美術館の仕事かどうかわからないですけれども、気仙沼にとってはすごく意味のある仕事だったのではないでしょうか。

山内　1994年に美術館が開館したときの話です。展覧会でお世話になった作家さんがオープニングの時に気仙沼駅からタクシーに乗って「リアス・アーク美術館に行ってください」と言ったら、タクシーの運転手に「東京からわざわざあんなところに何しに行くのさ？」と言われた。そういう状況の中でスタートした美術館でした。私が気仙沼に来たときは23歳で、「学芸員って学芸会と何が違うの？」と言われ、山内君は芸術家肌だなとバカにされて終わりなわけです。やっぱり最初は、ひどい所に来ちゃったなと思うわけですよ。

だけど次の瞬間に思ったのは、どこに行っても多分同じだろうなと。だったら逆にこの町を変えるということを自分の仕事にしようと。理解のないことを言うヤツがいなくなれば、自分も生活しやすくなる、と思ったんですね。私は地元の人たちに悲しいことを言われると、いちいち面と向かってああでもない、こうでもないとやらかすわけです（笑）。ある時、地元で有名なお寿司屋さんとトラブルになった。自分の持っているコレクションを貸してやるから美術館で展覧会をしろという。それは無理ですよといくら話しても通じない。そしたら、学芸員というくそ生意気なヤツに直接話をするから連れて来いと、寿司屋に呼ばれまして、2人っきりの部屋でテーブルをはさんで座って、目の前に寿司がどん！　と置かれるわけですよ。

「まずあんたは俺の持っている作品の素晴らしさがわかっていねえんだ。だから俺のコレクションを案内するから見てくれ」と言うんですね。県内のあちこちに支店があって、丸1日付き合わされました。でも、一周りして気仙沼に戻ったときに握手されて「あんたのためなら何でもやってやる」となった。1日で態度が引っくり返ったんですね。今はその社長さんから年間数万円分の図書を美術館に寄贈していただいていますけれども、そうやって常に人と向き合って変えてきたんですね。

地域に役に立つ美術館

地域と向き合い続けるうちに、何かあるとあいつが何とかしてくれるかもしれない、という話になっていった歴史があるんです。それが美術館かどうかというと怪しいのですが、美術館があって、そこに学芸員がいて、学芸員というヤツはそういうことができるらしいということが気仙沼に徐々に定着していった。その結果、美術館はそういう意味で役に立つんだ、という別の価値観が気仙沼に根づいたんですね。

——以前の山内さんの話で印象に残っているのは、商工会議所の人とかいろんな人が集まって、新しいプロジェクトの話がある程度まとまってくると、「じゃあ山内さん、後はよろしく」ってことになって、山内さんに頼むとだいたい形になると思われていると。そういう話を伺うと、多くの文化施設は地域との関係づくりを怠ってきたのではないか、と思います。

坂田　今の山内さんのお話を聞いて、どこまでが美術館の仕事でどこまでが個人の仕事でというジレンマの中でやられたと思うんですけども、それはすごく重いことだと感じます。

決して古くない公民館活動

先ほど私が、地元のお祭りや伝統芸能に突き付けられたという思いにもリンクしていますが、たとえばいわきアリオスではおでかけアリオスをやっていますね。すごく目新しいことのように思うんですけれども全然そうじゃない。私は公民館なんて古い施設だと思っていたんですね。消えていくものだと思っていた。でも昔の人の話を聞くと、「俺たちはよう、16

ミリの映写機をかついで回ったんだよ。何か面白い絵描きが来るとそいつを連れて行って、その地域でいっしょに絵を描いたんだよ。ヴァイオリンの人が来ればそこで演奏会もやった」と。昔の公民館は普通にそういうことをやって、地域の人と関係を築いていた。
それが講座という名前に変わって、カルチャーセンター化していくわけですね。そして公民館には文化がなくなったと言われて、そのころから文化ホールがどんどんできるようになった。当初は多目的施設でしたが、やがて専門ホールを作るようになってアウトリーチという言葉も出てきた。その中で私たちは専門分野のプロデューサーになったつもりでどこか高みにいたり、予算がふんだんに使えた時期は自分たちが呼びたいアーティストや劇団を決めて公演をやることもできた。そうすると、どこかで実力もないのにホール職員という力を借りたえせプロデューサーが出てきてそれを自分の力だと思い始めてしまう。その結果、地域の市民が何かしようと思ったときに逆に抑え込んだり、自分の意に沿わないと、それはできないと否定するようなことがどんどん出てきた。

まちのリーダーとホールのプロデューサー

今回の震災のようなことがあると、まちにはリーダーという人が何人も現れる。本当に動ける人は自分で動いていろいろなことをやっていく。そのときにホールのプロデューサー、ホールの職員たちが一体何ができたのか、と問われたときに、できたところもあるけど、多くのところは縮こまっていたんじゃないかと思う。高いところから住民を見ていたら、こういうときに何をすべきかわからなくなる。私たちは、芸術、文化、暮らし、それから地域というものをもう1回見直す、ということを今回与えられたと思ったんですね。

山内　うちは美術館としてアートという言葉は使っていません。美術、美術家という言葉は使うけどアートという言葉は意味不明だから使わないことにしている。ただアーティストという言葉は限定的に使います。アーティストというのは弁護士、教師と同じように社会的身分を表す言葉であって、社会的機能として動いている人間であればアーティストでいいと思います。ただモノを作っているだけで、社会の中で機能していなければそれはアーティストではないというのが私の定義です。だからアートという言葉はなるべく使わないで美術と言いますし、ほとんどの場合は表現としか言わないことにしています。

震災と表現、津波の災害史を常設展に

実は2014年の開館20周年には、元々考えていた記念展の計画は白紙に戻して、「震災と表現」という仮のタイトルで展覧会をやる予定にしています。表現の中には、文学も入り音楽も入りビデオみたいなものも入る、つまり人が何がしか感じたことを表し、それを人に伝えることが表現だとすれば、今回の震災に関しての表現なんて無数にある。もう1回「表現って何なのか?」と考えつつ、何が表現されたのかを考えられればいいなと。

もうひとつは、「東日本大震災の記録と津波の災害史」というタイトルで、常設展示を作る計画を考えています。今我々が現場で撮っている写真や、震災以前から集めてきた資料、蓄積がありますから。三陸沿岸部は津波常襲地帯で、だいたい30年から40年のスパンで襲われている。ということは、人が生まれると死ぬまでに一度は災害の経験をする可能性が非常に高いんです。津波が来るたびに地域社会が滅茶苦茶になって、そこから復旧して落ち着いてきて何年かするとまたやられているのが実情なんです。なのに忘れるんです。これは災害だから忘れるのであって、地域文化として定着させれば忘れようがないだろうと。それがこれから事業化していく根幹になる考え方です。

日本の人口減少と文化施設

――今度の震災で東北地方は人口減少が加速する、というニュースがありますが、人口の減少は東北に限らず、日本全体の大きな問題になっています[17]。

大石　新しい人口推計によれば、50年後には、日本の人口は約4000万人減って、現在の3分の2になるそうです。いわきアリオスの運営コンセプトを考えていたころ、大きなターニングポイントになったのが、2005年に日本の人口が減少に転じた、ということを新聞で知ったことです。

人口が減るってどういうことなんだろう、自分の仕事場である文化施設とか、音楽とか演劇にはどういう影響があるんだろう、ということを考え始めました。人口減少に関する本はけっこうな数を読みましたね。少子化、高齢化が進み、人口が減少する。生産人口の減少にともなって、当然経済も縮小します。そうなったら、国や地方自治体の財政も悪化する。地域には文化会館のほかにも、公民館、図書館、美術館といった文化施設があって、これは基本的にお金を生み出さない施設ですから、維持管理費や改修費などが足かせになってくる。だとすれば、それらの施設は要らないということになるだろうと。日本人の芸術文化に対する価値観は、イギリス、フランス、ドイツなど芸術の先進国と言われている国と全然違う。だから公立の文化施設が財政的な重荷になると、行政も首長も、議員も住民も文化施設は要らないという判断をする。じゃあ、劇場も音楽も演劇も要らないってことか、と思ったんですよね。

文化施設とアーティストがつくる地域コミュニティ

もちろんそれは最悪の事態を想定した場合の仮説です。じゃあどうしようかと考えた。政

17　2010年に１億2, 806万人だった日本の総人口は、2030年に1億1, 662万人、2048年に１億人を割って9, 913万人、2060年に8, 674万人になるとされている。高齢化も進行し、2060年の65歳以上人口の割合は39. 9%、生産年齢人口の割合は50. 9%と推計されている（国立社会保障・人口問題研究所）。

治と行政は、お金を国民から集めて配るのが基本的な機能ですが、そのお金がなくなるということは、何でもかんでも行政頼みにはいかないだろうと。じゃあ、どうするか。地域コミュニティを作って、二重三重のセーフティネットを自分たちで張り巡らせるしかない。そう思いました。つまり行政と政治に頼らない、地域の住民同士で助け合う仕組みを作るしかないだろうと。とりあえずアーティストとファシリテーターと人が集まる場所、この3つがあれば、地域コミュニティができて、その仕組みを維持できるのではないかと考えました。

　アーティストが必要な理由ですが、日本の多くの地域が農山漁村だったころは、生まれてから死ぬまでずっといろんな人間関係の中で生きていくことができました。家族が多くて、親戚もいとこも近くに住んでいて、学校に行って、社会に出て、会社に勤めて、と人生が進むにつれて新しいコミュニティができる。人間関係はわずらわしいけれど、それが自分の人生のセーフティネットになります。

　ところが日本全体では都市化が進んで、兄弟がいない、片親がいない、学校には行きたくないから不登校、就職しない、結婚しない、というふうに、人間関係をつくる機会が少なくなってきている。そういう人をつなげるにはどうしたらいいかと考えたときに、先ほど山内さんがおっしゃった、社会的機能として動いているアーティストを起用すれば、音楽が好きな人、アニメが好きな人、演劇が好きな人、絵を描きたい人がそれぞれ集まって、そこに新たな関係性ができるだろうと。アーティストには、表現以外にも役割がある。

坂田　十数年前アリオスの計画中に、いわき市の方が民間人を中心に20人ぐらいで盛岡市に来たことがあったんですよ。ずっといっしょに夜まで飲みまして、ホールが地域の中でどんな役割を果たすべきかということで、盛岡劇場の演劇の広場づくり事業[18]の話をしたんですね。劇場は広場であるべきだと。

18　盛岡劇場「演劇の広場づくり推進事業」
「劇場は地域の広場であり、盛岡劇場は演劇をキーワードにして集う市民の広場になろう」というコンセプトのもと、1994年に開始。「教育プログラム」「参加交流支援プログラム」「情報継承プログラム」「組織プログラム」の４本柱の事業を展開。市直営から市文化振興事業団に管理運営委託となった後、プログラムは一部変更され、「演劇の広場づくり事業」と名称も変更された。

文化施設が地域のコーディネーターに

いわきの場合は市域がすごく広いから大変だと言いつつ、いいものをきちんとやる部分と、地域に根ざして本当の意味での地域の拠点になっていく部分の両方をやらなければいけないという話になった。その後、アリオスができて、あの時の話のとおりになったんだなと思っています。でっかいホールや専門劇場を作るとそれしかしないというところが多いじゃないですか。さっきは古いと言いましたが、おでかけアリオスのような活動をなさっているというのは、評価されるべきだと思います。

震災があって、大石さんの話のように地域のコーディネーターになっていくということを、我々自身がもう一度作り直していかないといけないと思うんですけどね。

大石　そうですね。アーティストがいて、文化施設のスタッフがファシリテーターになって、文化施設が人の集まる場所であればいい。僕はアリオスのことを「劇場」とは言わないことにしています。「音楽主目的のホールが2つ、演劇主目的劇場が2つ、そのほかにいろいろある、図体のでかい集会所」と言っています。それはネガティブなイメージでの集会所ではなく、地域には、すてきな集会所や公民館の方が劇場よりも必要だと思っています。大震災があって実際避難所にもなったわけですから。

7　避難所としての文化施設の存在価値

いわき市の教育委員会の方とは、「公民館の価値を見直そう」と話し合っています。1966年に5市4町5村が合併して誕生したいわき市は、広大な面積を持っていて、たくさんの公民館が残っています。これからは、それらの維持管理費や改修費が市財政の負担になってくると思います。きっと、「もう要らないんじゃない?」という話が出てくる。

坂田　出てきますね。

大石　今回は地震と津波だったけど、日本には台風も水害も大雪もある。毎年のようにいろいろな災害が起こるのだから、長期的に避難所として使える公民館は必要でしょう。ならば、そういう災害を想定した公民館に造り直せばいい。そのほかの文化施設だって、普段は美術館だが、何かあったらクルッと回って避難所になる。普段はコンサートホールや劇場だが、何かあったらクルッと回って避難所になる。そういう文化施設になればいい。

劇場や美術館に対する価値観を変える

だから結局は、文化施設に対するイメージを変えていく。それらには普遍的な機能性もあるけれど、地域のニーズとか、時代のニーズに上手く合わせて変えていい面もある。大事なのは思考停止にならないことです。希望とは、自分が変わることです。

――地域と文化施設の関係、あるいは市民と文化施設の関係を考えると、文化施設が特別な存在で何かを提供する場所だと思われてきたことが、震災で見直しを迫られている。避難所になるというのはその典型ですよね。それまでどんなに努力をしても文化施設に見向きもしなかった人を含め、誰でも来るわけですし、初めて来る人だっているわけですから。それがこれからの文化施設を考えていくうえで大きなヒントにならないかなと。

それは、甲斐さんがおっしゃったサービスの配置替えということとつながっているような気がして、少し話が出かけた当事者性ということも含めて話していただきたいのですが。

甲斐　まず、前提になりますが、サービスを提供する側と提供される側を入れ替える、と先ほど言いましたが、これは実はメディアテークの設立時に出版されたコンセプトブックに書いてあることなんですね。

最先端の精神とは提供する側と提供される側を入れ替えながら考えていくこと

まずメディアテークのミッションのひとつに、「最先端のサービスを提供する」というのがあります。そして、その最先端のサービスとは、「提供する側と提供される側を常に入れ替えながら考えていく精神」、とコンセプトブックには説明されていて(19)、僕はそれに準じているだけなんです。

ではどうやって主体性が得られるのか。そもそも、どういうものが「主体」なのか、よくわからない中で地震が起きました。結果、何となく「当事者性」というものが地面が底上げされるように、与えられたと感じたんです。実は、僕は「当事者」の意味がよくわからなくて、震災後、たまたま読んだ本に、「当事者」という言葉が英語で「インサイダー」と説明されているのを見つけました。インサイダーがあるということは、おそらく外側にアウトサイダーがいるわけです。つまり、事態の内側にいる人と外側で事態から遠い人々がいる。今回の震災なら、東北と首都圏や関西かもしれないし、現在と100年後の人かもしれない。そういう意味で、図らずも「当事者」という「主体性」の主成分のようなものが、ある日、与えられたように思えました。

そして、同時に、その本ではさらに、インサイダーとアウトサイダーの間には、シンパサイザーやエンパサイザーという「共感者」や「同情者」のような立場があると示されていました。つまり、当事者と非当事者の間には、共感や同情という感情的な態度があって、それが「当事者性」のレベル、高さ低さとかに関係しているように思うのです。

19　せんだいメディアテークは最先端のサービス（精神）を提供する。メディアテークにとっての「最先端」とは、「提供される側」と「提供する側」といった立場を常に反転させていきながら、メディアテークを成長させていこうとする精神です。「桂英史，せんだいメディアテークへようこそ（せんだいメディアテーク コンセプトブック）」

与えられた当事者性と獲得されていく当事者性

今回、首都圏から多くの若いアーティストが「わすれン!」に参加してくれていますが、その彼、彼女らの中にも、震災直後、こちらに来るのが怖かったし、勇気を必要としたと言う人がいます。また、この震災に「関わる資格」など自分にはないのではないか、とも考えたそうです。でも、彼らは常に何かを獲得するように自らを動かして、当事者に近づいてきたのです。僕には、これが「与えられた当事者性」ではない、もうひとつの「獲得されていく当事者性」のような気がするのです。

彼らが感じた、「関わる資格などない」ということが、ある場面では、こう表現されます。「当事者の気持ちなどわからない」と。でも僕は、今回の震災の究極の当事者は震災で亡くなった方だと考えています。なので、当事者の気持ちはわかりきることはできない。したがって、わかろうとする姿勢、少しでも近づいていこうとする態度が重要な気がするのです。共感や同情をその動機として、当事者に近づいていく。そのような、知識を動機としない、ごく人間的な自然な行為とも思える感情を動機とする行動が、今回の震災からの復興過程を通じ、意識できたように思え、それがとても重要なことだと思っています。

要は、震災という事態によって、「与えられた当事者性」と「獲得されていく当事者性」があるんだな、と僕なりに理解したんですね。なので、この獲得されていく当事者性によって、私たちは同情や共感をもってして、沖縄の基地の問題を考えることができ、僕らは当事者性を少しずつでも獲得することができる。同じように、パレスチナの問題についても関心を寄せることができる。つまり、「それは、おかしいんじゃないか」と意見が言えるし、言っていいんだと理解できるように思えるのです。

おそらく、これが「市民自治」の基盤となるところのアイデンティティなのではないかというふうに感じ始めています。このことがとても重要だと思っていて、今後、その態度にどうやって働きかけていけばいいんだろう、と考えています。そのひとつが「てつがくカフェ」かもしれないし、「わすれないためにセンター」なのかもしれないと。

災害で生まれるユートピア、あっという間に閉じていった扉

今回、集まった映像をどう再活用するか、記録されてしかも表現にまで高められたものを活用して展覧会みたいなことを考えたときにも、当事者性ということが関係してくる、と漠然と考えています。そのことをもう少しひも解くと、レベッカ・ソルニットという人が書いた「災害ユートピア」[20]という本によれば、9・11のような人災であろうとハリケーン・カトリーナのような天災であろうと、災害があった時はユートピアが生まれると。人々が助け合ったり、協調し合ったりすることが自ずと生まれると。さらに彼女いわく、そのようなとき、同時にエリートがパニックを起こすと。

彼女によれば、世界はこの両方、つまり、お互い助け合うという相互扶助と、誰かが統治して、権力や制度でコントロールするという、2つで成り立っている。本当は2つの力で社会が構成されているけれども、普段お互い助け合う方はあまり見えない。もちろん個人的にやっている振る舞いはあるけれども、普段は社会的に意識されていない。でも震災のようなことがあると、それがすごい力を持って社会を修復していくようなことになる。今回の事態も同様に、エリートはパニックを起こし、もう一方の力がパーッと出ていって状況を整えようとする。でもしばらくすると逆に、相互扶助は一気に目減りしていく、つまり災害ユートピアがどんどん薄れていく、と。

これは仙台でもあって、多くの人々が言っていました。なんというか、普段、閉じている街の扉が開いたような感覚が、1週間、2週間であっという間になくなって、もとどおりになっていった。大丈夫ですか？　という掛け合う声が、一気に街中から消えていったと。同

20　レベッカ・ソルニット（高月園子訳）、『災害ユートピア――なぜそのとき特別な共同体が立ち上がるのか』、2010年、亜紀書房

9.11の世界貿易センタービル

じようなことはニューヨークの9・11の時にも起こったと、あるアーティストから聞いたことがあります。それがどんどん薄れていくのをどうやって目減りしないようにアクションを起こしていくか。それが、僕らの社会の課題であるとも思います。そこを目減りさせない動きとして文化施設にも役割があるんじゃないかと思うんです。

属人かシステムか

山内さんのお話で面白いと思ったのは、文化施設はある意味システムで、誰がやってもいいサービスをするコンビニみたいなものを維持しようとする感じがあります。でも、属人的にやった方がいい部分もあると思いました。今の世の中はどうもこれを嫌うんですね。でも、システムだけじゃなく、やはり両方必要なんじゃないかと。どこか属人的に何かをやりこなして、ある意味はみ出したり怒られたりしながらやっていった方がいいんじゃないかなと思いました。

僕もメディアテークではディレクターという立場をフル活用しようと思っています。僕は専任の職員ではないので、ディレクションという権限は持っているけれども、僕のクビは切られることができる立場なんですね。なので、公共性、公益性を考えるのは、僕そのものだと考えています。それでアクションをして、やり過ぎたら僕は切られるので、メディアテークは守られるわけです。だからディレクションする立場を組織の外に置いてやる仕組みは案外いいんじゃないかなと。それを一定の範囲、属人的にやらせていくシステムといえばいいでしょうか。

児玉　いやそうともいえない。属人的にやるのも一定のシステムはある。でも永続的なシステムはひとつもなくて、何十年も持たないので、たとえば僕が辞めたら別の人が別のシステムを持ってくればいい。その時に大事なのは、その人がどれだけ基本的な姿勢を持っているかで、その時に、アートの本質的なことは忘れてほしくはない。

坂田　私は東北の住民なので東北文化を基本に考えることがあるんですね。そんな中で民俗芸能の成り立ちとは何かと考えたときに、演じ手と受け手が互いに交代しうる、ということなんですね。だから仮面をつけるわけです。神楽や鹿踊りでは仮面をつけてやる。でも脱ぐと観客になる。そういう中で民俗芸能に代表される東北文化というのは、昔から地域とか暮らしに根づいていたはずだと思うんです。私が以前にアートを忘れろと言ったのは、その表現を忘れろと言ったのではなくて、その暮らしとか文化とか、地域とかから隔離された表現ではなく、もう一度自分に、地域に帰っていただきたいなということです。

8　東北の文化に誇りを持って

今回の震災で本当に立ち上がったのは、そういう東北の文化だと思います。その誇りを持って私たちは生きていかなければいけないし、ホールもそうあってほしいと思う。いわきアリオスには全国から人材が集まってすごくいいなと思います。だからこそ、アリオスというところが東北文化に根ざしたものになってほしい。仙台も同じですが、大都会になってしまっている、時々あれっ？　どこに行ったの？　東北じゃないよね、と仙台を見て思うことがある。盛岡もそうなる可能性があるんですね。音楽ホールだからって、必ずしもパイプオルガンをやらなくてもいいと思うことがある。震災で出てきたことを本気で見つめることが必要ではないかと思います。

山内　今日はＮ．Ｅ．ｂｌｏｏｄ21（エヌイーブラッド21）というシリーズ企画の資料も持ってきました。その企画では、動物だけを描く北海道釧路の作家、コンピュータで描き、出力したものにさらに加筆し絵を描く仙台在住の作家、海外も含めリアス式海岸の写真をひたすら撮る盛岡在住の写真家、山形在住の家具職人、金属を使う仙台在住の作家、というように東北・北海道在住限定でこれまで45人の作家を扱ってきました。

東北という場所の気質が見えてくる

Ｎ．Ｅ．ｂｌｏｏｄ21のＮ．Ｅ．というのは東北で、ブラッドは血、つまり気質とか、そういうことを含めた意味です。だからこういう展覧会を延々と続けていけば、東北という場所の気質が見えてくるのではないかと。カタログの色はスズメバチのイメージで、1匹でも怖いけど集団になって襲ってきたらクマでも逃げるだろうと。

出身とか縁というのはよくやるけど、私は今住んでいることが大事だと思った。一般的には東京に住んだ方が人の目に触れる機会が多いでしょうから。でも若い作家があえて東北に住みついて活動をしている。しかも生まれも育ちもその土地という人はあまりいなくて、どこかから来て住みついたとか、巡り巡ってそこにたどり着いたとか、そういう作家さんが多い。

そういう作家にやってみませんかって声をかけるんです。ただし、公立の美術館と作家さんが協働事業として展覧会をやるという形です。美術館は場所を提供してカタログを作り、1カ月間管理をする。作家さんは自分の作品を持ってきて、展覧会を作る。カタログには、必ず作家が文章を書き、写真も作家が選択するなど、作家自身が営業に使えるものとして編集してもらって、できあがったら作家さんには200部ぐらい渡します。

そうやって組み立てた展覧会をずっと続けてきました。なぜかと言うと、うちは地元を東北、北海道だと思っている。その地域の中でどういう役割を果たすのか、どういう還元がで

N.E.blood 21のカタログ

きるのかというテーマでやってきているからです。

作家に守られた美術館

今回の震災で、美術館という形のままでの再起は可能だろうかと考えたんです。なんせ運営母体の町がほぼ壊滅して、南三陸町は役所も全部なくなり、町長も数日間行方不明でしたから。でも、危機的状況で美術館がだめになるかもしれないと思ったときに、過去にやった45人の作家さんたちが、これはやばいと思ってくれた。この東北からリアス・アーク美術館がなくなって、この事業がストップしてしまったら今後ものすごい影響が出ると。10年もやってくると、地元の高校生にとっては将来自分もあそこで展覧会をやりたいという目標になっていたんです。東京に出ていかなくても地元の美術館できちんと展覧会をやってくれるというふうに、若い世代がどんどん育っていた。

それがなくなるのは大変な損失だから、何とかして継続させようと、彼らが独自にN．E．アーティスト協会を立ち上げました。そして、岩手県美とか青森県美とかあちこちの美術館に、やってくれないかと歩き始めたんです。その結果、２０１１年度に取り上げる予定だった八戸の作家さんの展覧会を青森県美が1カ月間やってくれることになりました。震災復興特別支援企画展という形で、調査で撮った写真１００点に文章を付けたものと、このシリーズの実績とを合わせてやってくれることになった。

作家さんたちがうちの美術館を守ってくれたんですね。このことで、地域の作家さんとの付き合い方も考え直さなければいけない、と改めて感じています。

——今の山内さんの話は、公立文化施設は市民に対する役割を明確にする、と同時に、地域のアーティストにとってどんな存在になり得るか、ということも考え直さなければならない、ということだったと思います。

覚悟を決めてやるべきだと思うことをやる

――今日は、東日本大震災に直面して東北3県の文化施設には何が起こったか、その中で次のステップをどのように踏み出そうとしているか、そしてそこから見えてきた文化施設の役割や可能性は何か、について5人の方々に語ってもらいました。

震災からの復興はまだ入り口にさしかかったばかりですし、その中で文化の役割についても改めて考えなければならないことが浮き彫りになった気がします。最後に、ここまでの座談会で言い残したこと、読者のみなさんに伝えたいメッセージをお願いします。

甲斐　先ほど言いそびれたことがあります。「獲得されていく当事者性」というのが、シチズンシップと関係するのではないかということですが、僕は、それが政治性につながるとも思っていて、それは何々党という意味の政治ではなくて、文化施設をやっていくこと自体が、すごく政治的なことだと思いますから。つまり、その土地の歴史とか、もしくは中央と地方の関係を含めて政治的なことを抜きに文化施設のことは考えられないはずなのに、それはあまり論じられない。いわゆる大文字の政治ではないけど、そのことに自覚を持って、当事者性が獲得されていくような現場づくりに取り組むことができれば、文化施設からでも何かが変わっていくのではないかと思っています。

山内　私はすごくシンプルで、やっぱり今みんないろんなことを考えていると思うので、できることをするのではなく、やるべきことをやってほしいと思います。できるできないでは何も変わらないので、本当にやるべきだと自分が思ったことを何とかしてやっていただきたい。

それをしないで時間がたつと、また同じことが続いていく。覚悟を決めて自分がやるべきだと思うなら、嘘をつかずにやってほしい。それでクビになったらそれでいいんじゃないか、と私は思います。

大石　文化施設を仕事場に選んで、大阪、東京という二大都市のあと、人口10万人に満たない岐阜県可児市《かにし》に移りました。そこで自分の価値観が大きく変わった。大阪、東京のころは若いこともあって自分のやりたいことを実現するのが仕事だと勘違いしていたけれど、そうじゃないことがわかった。やらなければならないことをやるのが仕事だとわかった。やらなければならないことはどうやったらわかるかというと、地域の歴史と住民の声に向き合うことだということを理解しました。東日本大震災を受けた今、自分がやりたいことは横に置いて、未来の子どもたちのためにしなければならないことをやる。それが大人のすることだと思います。それで日本が持ち直したら、次の世代の人たちが自分のやりたいことをやればいいのではないでしょうか。

児玉　今やらなければならないのは、会館やプロデューサーがアーティストとの関係性を活用して、社会の要望を実現していくことだと思っています。アーティストが考える思いを社会化するために、プロデューサーは市民との間で編集的にそれを現実にしていく努力をする。その意味では、震災でいわきアリオスは何か方針を変えたかというと、そんなことはなくて、思想の原点としては、今までやってきたことの延長線でしかやっていない。

僕の中では、震災で少し変わったのは、一人ひとりの人が目の前の小さいことを美しいと思ったり、心で大事にできるような仕組みをつくりたい、と思うようになったこと。聴き手が目の前の一輪の花がきれいだと感じられなければ、いくらすごい芸術があっても駄目だと思っていて、その辺をどうやったらできるか、考えていきたい。

坂田 私たちはもっとオープンになって、人とのネットワークをきちんと作っていく努力をしていかないといけないと思います。その中で公立文化施設の人も外に出て、人や地域との関係を作り直してほしいと思います。その中から次のステップに向けて何ができるか、みなさんといっしょにやっていきたいと考えています。

［2012年2月17日、いわきアリオスにて――進行・構成 吉本光宏］

座談会（出席者）撮影：鈴木穣蔵

第4部　未来に向けて

第1部では、震災直後に避難所となり、閉館状態の中でも市内各地でおでかけアリオスを展開したいわきアリオスならではの震災対応を、1年間のドキュメントとして紹介した。第2部では、地域との連携の中から生まれたアリオス・プランツ！と市民の文化的実践を振り返りながら、震災復興に向かう場面でも、いわきアリオスと市民との有機的な関係が「モヤモヤ会議」を通して、大きな力になりつつあることをお伝えしてきた。

第3部の座談会では、岩手県、宮城県でも、震災後、文化による様々な支援プログラムが立ち上がる一方で、東北の芸能やお祭りの再興にまで話が及んだ。意見交換からは、震災を経て、文化施設は今まで以上に地域との連携を強化すべきだ、ということが浮かび上がった。

それらを踏まえ第4部では、いわきアリオス誕生の過程で施設運営に込められたコンセプトを、支配人自らがその思いとともにお伝えしたうえで、震災直後に行われたアンケート調査から、いわきアリオスが、市民にとっていかにかけがえのない存在になっているかを解説する。そして最後に、本書のまとめとして、アートや文化施設ならではの復興プロジェクトを紹介しながら、これからの日本における文化からの復興の意味を考察してみたい。

1 いわきにアリオスをつくり、将来に引き継ぐということ

いわき芸術文化交流館アリオス　支配人　大石時雄

前提となる考え方

歴史の何かが終わろうとしている。といっても、その「何か」の正体をはっきりと掴んだわけではない。だが、自分がこれまで身を置いてきた日本の社会が崩れていくような感じが

してならない。いままで自分が信じていたものや、大事にしていたものが、まるで幻想であったかのように自分のなかで色あせていく。この現実はいったい何を意味しているのか。はっきりしているのは、どことなく生きにくい時代になってしまったと感じさせるような報道ばかりが目につく、という事実だ。かつて国内総生産（ＧＤＰ）が米国に次いで世界第２位と言われた日本の、しかも大都市の真ん中で、食べ物を買うお金がなくて、誰にも気づかれずに亡くなる人がいるなんて、信じられるだろうか？　きっとそれは、新聞メディアがぼくにウソをついているのだ。だが、ぼくが危惧するこの状態が、現代という時代のすべてではない。それは、分かっている。それでも、日本人の生き方とか、生活のあり方といった、そのような根源的なものにおいての価値転換をしなければ、この国はたいへんなことになる。ぼくにはそう思えて仕方がないのだ。日本は、自殺と孤独死と児童虐待の国になってしまった。それでいいのか、と思う。

劇場計画プロジェクトチーム

２００３年３月、佐藤信《さとうまこと》さん(1)から電話があった。「福島県いわき市の新しい文化交流施設の建設計画に関わることになった。大石くんも手伝ってくれ」と言う。師と仰ぐ佐藤さんの依頼だから、断るわけにはいかない。「ぼくで役に立つことがあれば、喜んで」と返事をした。その翌月の4月18日、東京・青山にある会社の会議室で、いわき市の人と会う。いわき市が考える文化交流施設についての説明を受けた。そして5月16日、佐藤さんを委員長とする「劇場計画プロジェクトチーム」(2)が発足し、ぼくはその日、生まれて初めていわき市に足を踏み入れた。端午の節句を過ぎたばかりのいわきは、光や風や匂いをありありと感じさせる澄み切った空気が美味しくて、とても気分が良かった。端午の「端」は、文字通り「はじ

1　佐藤信（さとうまこと）
1943年生まれ。劇作家・演出家。1966年、串田和美、斎藤憐とともに「自由劇場」（のちの「オンシアター自由劇場」）を結成。1971年、「68／71黒色テント」を設立。以後、日本の小劇場演劇運動の中心的存在として現在に至る。2009年から、東京都杉並区立杉並芸術会館（愛称「座・高円寺」）の芸術監督を務めている。

2　わが国を代表する劇場歴史学者・劇場建築家の斎藤義（環境デザイン研究所所長）をコーディネーターとして、いわき市の新しい文化交流施設（のちの「いわき芸術文化交流館アリオス」）を建設するための「要求水準書」を作成するチーム。チームリーダーを佐藤信、舞台機構を熊谷明人、小宮山忠彦、舞台照明を西村充、建築音響を勝又英明、佐藤克明、安岡正人、山崎芳男、交流空間を大石時雄が担当した。

／最初」の意味。ぼくといわきが「縁」を結んだ記念すべき始まりの日だったのかもしれない。それからというもの、東京といわきに定期的に足を運ぶことになる。「劇場計画プロジェクトチーム」の会議に出席するためであるが、ここでは主に「どういう施設を造るか」というハード面の検討がなされた。いわき市民の要望と、劇場専門家の見識が、施設全体の設計に盛り込まれていった。

劇場は広場である

そのころ、芸術監督がいて、演劇プロデューサーがいて、演劇の舞台を創作する公立の劇場を指して「公共劇場」と呼称されることが多くなった。少なくとも、首都圏ではそうであった。１９９７年に、東京・三軒茶屋に世田谷パブリックシアター[3]が開場してからは、それまでの公立文化会館とは設置目的が違う公立の劇場を指して「公共劇場」という言葉が流布し始めたのだと思う。目的が違うというのは、少々乱暴な言い方を許していただけるならば、劇場を住民に貸すために建てたのではない、という意味だ。だが、世田谷パブリックシアターの劇場監督（芸術監督ではない）は、佐藤信さんだ。彼は世田谷区民を排除するような馬鹿げた考え方はしない。むしろ、演劇人たちと世田谷区民が集まって出合う広場を目指したのである。そうでないと「公共」とは言わないのだと。

劇場監督の佐藤さんが掲げた、世田谷パブリックシアターの基本的なコンセプトは「劇場は広場である」という言葉に集約される。つまり劇場は、舞台が好きな人もそうでない人も、いろいろな人たちが集まる広場のような空間でなければ魅力的ではない、ということだろう。生意気だが、佐藤さんのそのような哲学に共感し、支持した。ぼくが文化施設で働く間は、彼の哲学こそが「灯台の火」なのである。余談だが、彼が設立した黒色テント[4]のお芝

3　東京都世田谷区立の公共劇場。1997年に開場した。現在は狂言師の野村萬斎（のむらまんさい）が芸術監督を務めている。

4　現在は、「劇団黒テント」が正式名称。1968年、佐藤信らが創設した「演劇センター68」が前身。1970年から、黒いテントによる移動演劇を開始し、全国を巡回する。1971年に「68/71黒色テント」、1990年に現在の名前に改称。

居を学生時代から見てきた。公園や神社などにカラス色をしたテントが突然出現する。テントのなかには、舞台装置と桟敷客席がしつらえてあって、ぼくたち客は膝小僧を両手で抱えてぎゅうぎゅうに詰め込まれて桟敷客席に座る。当然お尻は悲鳴を上げる。芝居が始まると、役者たちの唾が容赦なく飛んでくる。「ああ、これが芝居という面白さか」と夢中だった。そして、翌朝になると、猥雑な芝居も不気味なテントも跡形もなく消えた。そうした黒色テントや、唐十郎《からじゅうろう》(5)さんが率いる状況劇場／紅テント(6)こそが、「公共劇場」の名に相応しい、とぼくは今でも信じている。

いわき市の新しい文化交流施設の基本理念は、「いわき市総合計画」の中で語られていく。たとえば「人と出会い、文化と出会い、新しい自分に出会える、いわきコミュニティの創造」といった具合に。だが、どんなメッセージがうたわれても、施設の具体的なビジョンを語るには「劇場は広場である」というコンセプトがイメージしやすい。ただ、いわきアリオスには4つの劇場・ホールがあるが、いわきアリオスそのものは、図体のデカイ集会所である。

日本の人口が減少に転じた

劇場計画プロジェクトチームとは別に、ニッセイ基礎研究所　芸術文化プロジェクト室といわき市が進める、運営方法、組織体制、自主事業などに関する会議も始まって、ぼくはそちらにも参加させていただくことになった。以来、いわき市の人と、質問、回答、報告、情報メールの応酬が始まった。古い言葉を使うなら「まるで、交換日記」のような頻度でメールのやりとりをした。だが、それは決して無駄な時間ではなかった。オープンしてからのいわきアリオスの運営に反映されているからだ。ぼくはこれまで、伊丹市立演劇ホール(7)、世田

5　唐十郎（からじゅうろう）
1940年生まれ。俳優・劇作家・演出家。1963年、劇団「シチュエーションの会」を創設。1964年、「劇団状況劇場」に改称。現在、「劇団唐組」を率いる。

6　唐十郎のほかに、李礼仙、麿赤児、不破万作、大久保鷹、四谷シモン、根津甚八、小林薫、佐野史郎、六平直政、渡辺いっけい等の人気俳優を輩出した。1967年、新宿・花園神社境内に紅テントを建て、唐十郎作・演出『腰巻お仙・義理人情いろはにほへと篇』を上演し、人気を不動のものにした。

7　兵庫県伊丹市立の文化施設。
通称「ＡＩ・ＨＡＬＬ」。1988年に開館した。

谷パブリックシアター、可児《かにし》市文化創造センター(8)の立ち上げと運営に参加させてもらったが、オープンまでの準備段階に4年間もの関わりを得たのは初めてであり、その分いわきアリオスにはぼくの意見も採用していただいている。

日本の人口が減少しているらしい。新しい人口推計によれば、50年後には、日本の人口は約4000万人減って、現在の3分の2になるという。いわきアリオスの運営コンセプトを考えるうえで、ぼくにとってひとつのターニングポイントになったのは、そのことだ。2005年から日本の人口が減少に転じたということを新聞で知ったとき、ぼくの頭はそのことでいっぱいになった。人口動態を見据えない戦略はあり得ない。たとえ芸術文化や文化施設であっても。

人口が減っていくというのは、どういう意味があるのだろう。少子化、高齢化、人口減が進めば、生産年齢人口が減って経済活動は活力を失って縮小する。経済成長の源泉は、労働力の拡大と資本の蓄積と技術革新の3つだと言われているから、生産年齢人口の減少は、そのまま経済と市場の縮小につながる。そうなれば、医療や介護などの社会保障費にまわす税金が不足し、芸術文化関連費は削減されるだろう。衣食住足りての芸術文化だと。税金を納める側の国民の財布は軽くなり、コンサートホールや劇場、美術館に通う小遣いはなくなるかもしれない。そもそも、コンサートホールや劇場、美術館がなくなるかもしれない。とてもじゃないが、「これでいいのだ」とは思えない。

断っておくが、ぼくは悲観論者ではない。むしろ、人口が減少すればいいこともいっぱいあるに違いない、と思っている。数値的な指標だけを見れば、きわめて非活性的な日本になり、ひとつの国として老いていくイメージがあるが、人間と同じで、老いていくことは悪いことばかりではない。人間も国家も地球も同じことだ。だが、ひとつだけ条件がある。それ

8　岐阜県可児市立の文化施設。愛称「アーラ」。2002年7月に開館した。

は、これまでの生き方を変えなければならないということだ。少なくとも、経済が成長してこそ人類は貧困から脱出できるのだ、という成長神話は捨てなければならない。芸術先進国である欧州の国々に目を転じてみれば、6000万とか8000万の人口で上手くやっている国はいくつもある。狭い国土の日本の人口が8000万になったところで、何を驚く必要があろうか。大事なのは、これからの日本、ぼくたちの暮らしにほんとうに必要なものは、いったい何だろうかということを、ぼくたち一人ひとりが真剣に考えて、自分の判断で行動に移すことだと思う。

文化施設を核にしたコミュニティ

「アーティスト」と「ファシリテーター」と「人が集まる場所」の「3点セット」があれば、コミュニティが生まれ、それを上手く機能させれば持続可能な地域コミュニティを構築できる、とぼくは考える。国と地方自治体の財政が悪化するなかで、行政サービスが行き届かなくなることが想定される。ならば、住民同士で二重三重のセーフティネットを張り巡らせる必要があると思うのだ。実際に、東日本大震災と東京電力福島第一原子力発電所事故が起きたとき、家族、地域、避難所、ボランティアのなかのコミュニティが、多くのいのちを救った事実に証明されている。人と人とが助け合い、支え合い、認め合い、褒め合うような状況があってこそ、災禍に堪えることが可能になるのだ。

ファシリテーターは、文化施設で働くスタッフがなればいい。どこの地域でも芸術文化でまちづくりに貢献しているアーティストや若者がいるので、彼ら彼女らと連帯するのもいい。人が集まる場所は、説明するまでもない。文化施設を提供すればいい。公民館、文化会館、美術館なら、どこにでもあるだろう。アーティストを虫が集まる電灯みたいに起用すればいい。そうすれば、趣味が合うもの同士が仲良くなれる。地縁・血縁がなくとも、新しい出会いを生み出していく回路を、アーティストは持っている。芸術の回路はとても重要なのだ。

ホールや劇場を持つ文化施設が、音楽や演劇やダンスの事業を実施するにしても、ただそれらの舞台を海外や東京から招聘して住民に鑑賞してもらうだけでは、これまでの文化会館の自主事業と変わりはない。もちろんそれもある程度は必要だが、それに加えて、できるだけ長い時間を、できるだけお金をかけないで、アーティストと文化施設のスタッフと地域住民とが楽しく過ごす。そういう仕組みをつくることが大切だ。

文化施設に問われていること

民間企業も同じことだが、地域に溶け込もうと思うのならば、地域にとって文化施設がどれだけ貢献しているのかが問われる。音楽や演劇が好きな住民を喜ばすような催事を実施しているだけでは、地域に歓迎されない。いろいろな人に、いろいろなふうに施設を使っていただきながら、施設に足を運ぶことのできない、もしくは足を運ぶ理由のない人たちに対しても関与するような事業を展開しなければ、文化施設の未来はない。

東日本大震災が始まってから、数え切れないほど多くのいのちを失った。だが、人との結びつきを大切にしたい、世界中からの思いをつなげたい、と考えて行動する日本人は少なからずいる。今回の災害は受け入れ難い災禍であるが、それでも「この悲劇を他人事にしない」日本人が増えている事実は、もしかすると、この国の未来にとって、唯一の希望かもしれない。

最後に、いわきアリオスで働いているぼくが、いわきアリオスの支配人として覚悟していることを書いて、この原稿を終わりにしたい。「文化施設は、地域住民に使われてこそ価値がある。そのうえで、優れた芸術文化を地域住民に提供できるならば、その価値は高まる」「たとえ芸術文化であれ、たとえ文化施設であれ、時代と地域と住民の変化に対応できなければ衰退するのは明らかなことだ。下手をすれば消滅することを、覚悟しなければならない」

いわきアリオスが、いわきにとってなくてはならない文化施設であり続けるために、一時として無駄に過ごせない。確固たる評価を勝ち取ったうえで次の世代に渡すことが、支配人としての責任だと考えている。

2 震災で近づいたいわきアリオスと市民の思い

ニッセイ基礎研究所 芸術文化プロジェクト室 研究員　塩澤誠一郎

いわきアリオスでは、市民の声を事業運営に反映させるため、開館前の2006年から市民や観客・参加者を対象にアンケート調査を行ってきた。震災後は館内での事業が再開した2011年9月より、震災に関する設問を設けて実施した(9)。その結果には、市民にとってなくてはならないアリオスの存在がはっきりと映し出されている。

芸術文化は震災復興の力になる

まずいわきアリオスが再オープンしたことについては、回答者の9割以上が歓迎し、それを喜ばしいと受け止めている(図1)。また、100%近い回答者が、震災後わずか3ヵ月で実施した「おでかけアリオス」を支持している(図2)。

9　2011年9月～12月に行った24の事業における観客や参加者を対象に実施。812人から回答を得た(回収率9,2%)。

続いて、震災の前と後とで芸術文化に対する意識の変化を尋ねたところ、「震災を経て芸術や文化の大切さをより感じるようになった」回答者は6割以上にのぼった（図3）。さらに、ほとんどの回答者は、「震災前と同じようにコンサートや舞台作品を観られることが大事なこと」と感じ、「芸術文化は震災復興の力になる」と考えていることがわかった（図4）。

いわきアリオスは、2008年の開館から市民に活用されること、芸術文化を通じて地域の課題に向き合うことを意識して事業を組み立て、施設を運営してきた。この調査結果には、その着実な成果が示されており、かつ震災を経てそれがより確かなものになったことが現れている。

いわきアリオスに伝えたいこと

アンケートでは、震災の経験を踏まえていわきアリオスの再オープンに感じることや、震災復興に向けた期待を自由記述の形式で尋ねてみた。

その結果、何より驚いたのは、その書き込みの圧倒的な量である。(10) これほど多くの市民が、自分の言葉でいわきアリオスに対する思いを伝えようとしてきたことに、思わず胸が熱くなった。アリオスとその活動は、市民にかけがえのないものとなっていることを、自由記述の一つひとつが物語っている。

ほんの一部であるが印象的な回答を紹介しよう。

「音楽に救われました。そして、アリオスの活動に元気をもらいました」「芸術は必要ないと思えた震災直後でしたが、やはり芸術も必要でした」「芸術や文化は心に感動を起こして、生きる希望、楽しさに繋がると思います」

「アリオスはここに来れば何か新しい演奏会や公演が見られる貴重な場であり、同じ気持

10 自由記述式の設問には812人のうち298人が回答した。文字数にすると約２万3,000字に及ぶ。

図1　震災以降しばらく、施設の安全点検と改修工事のため臨時休館、公演や催し物の中止が続きましたが、アリオスが再オープンしたことをどのように感じますか？

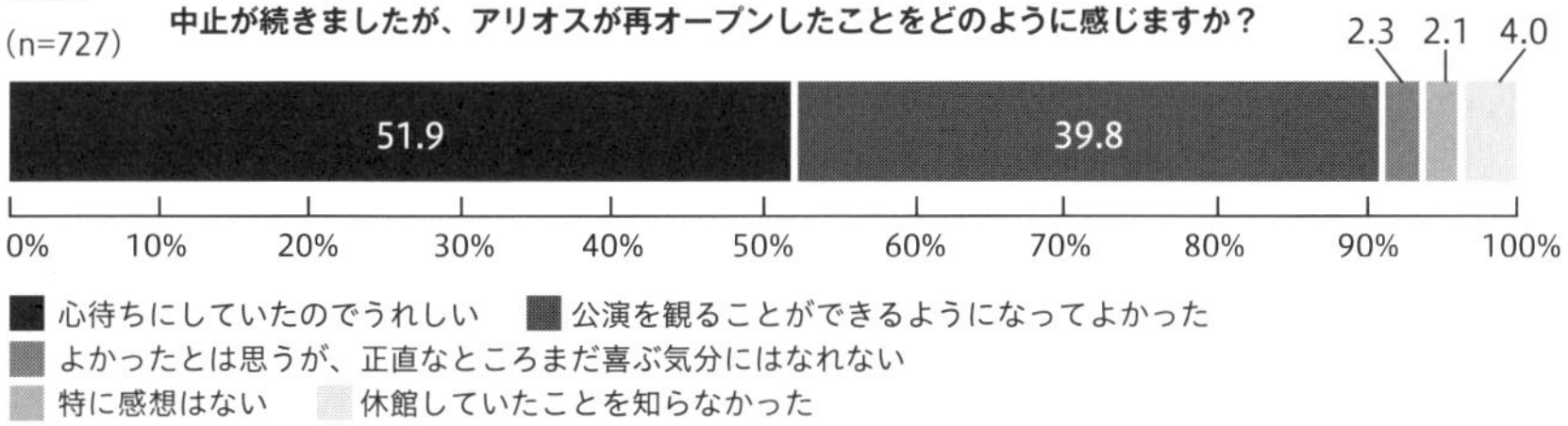

図2　アリオスで公演ができない期間も、6月からアーティストと一緒に学校などに出向いてアートを届ける「おでかけアリオス」を実施してきました。このような「おでかけアリオス」の取り組みについて、どのように感じますか？

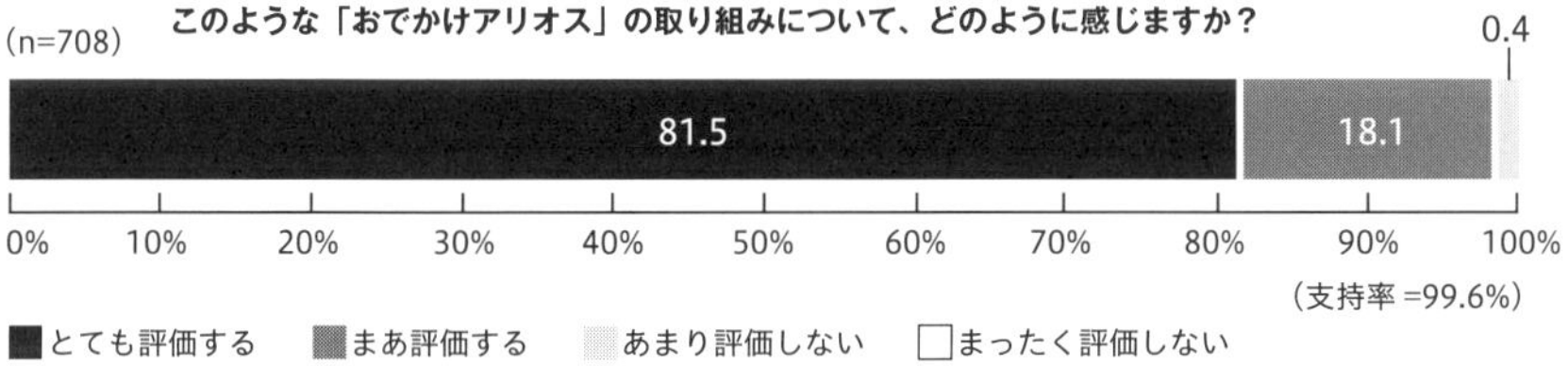

（注）支持率は「とても評価する」と「まあ評価する」の合計。

図3　震災の経験を踏まえて、芸術や文化に対する気持ちに変化がありましたか？

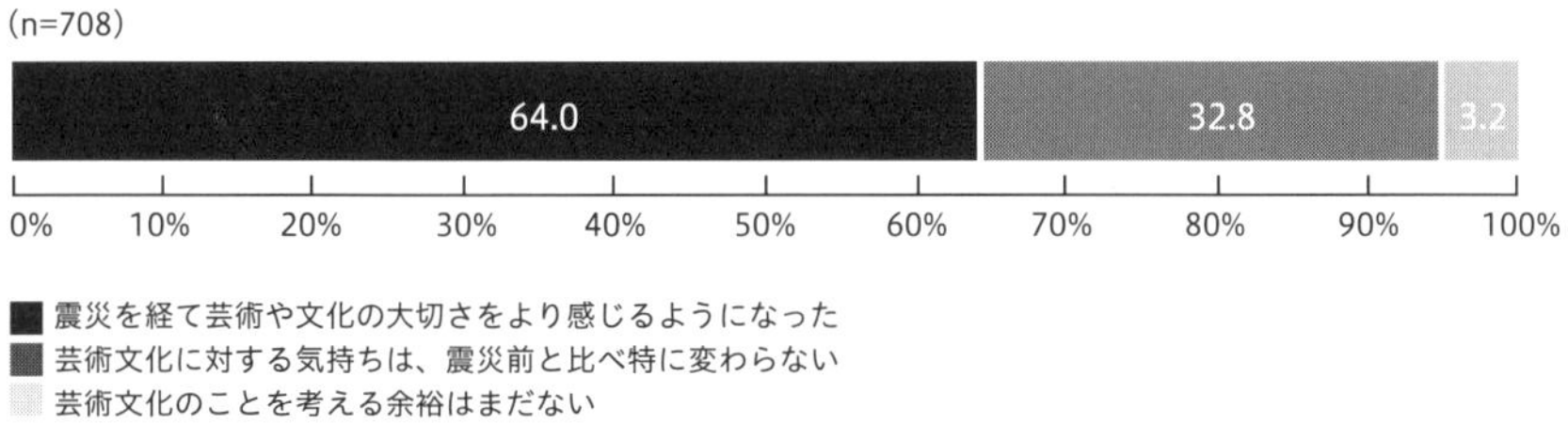

図4　芸術や文化に対する今のお気持ちをお聞かせください。

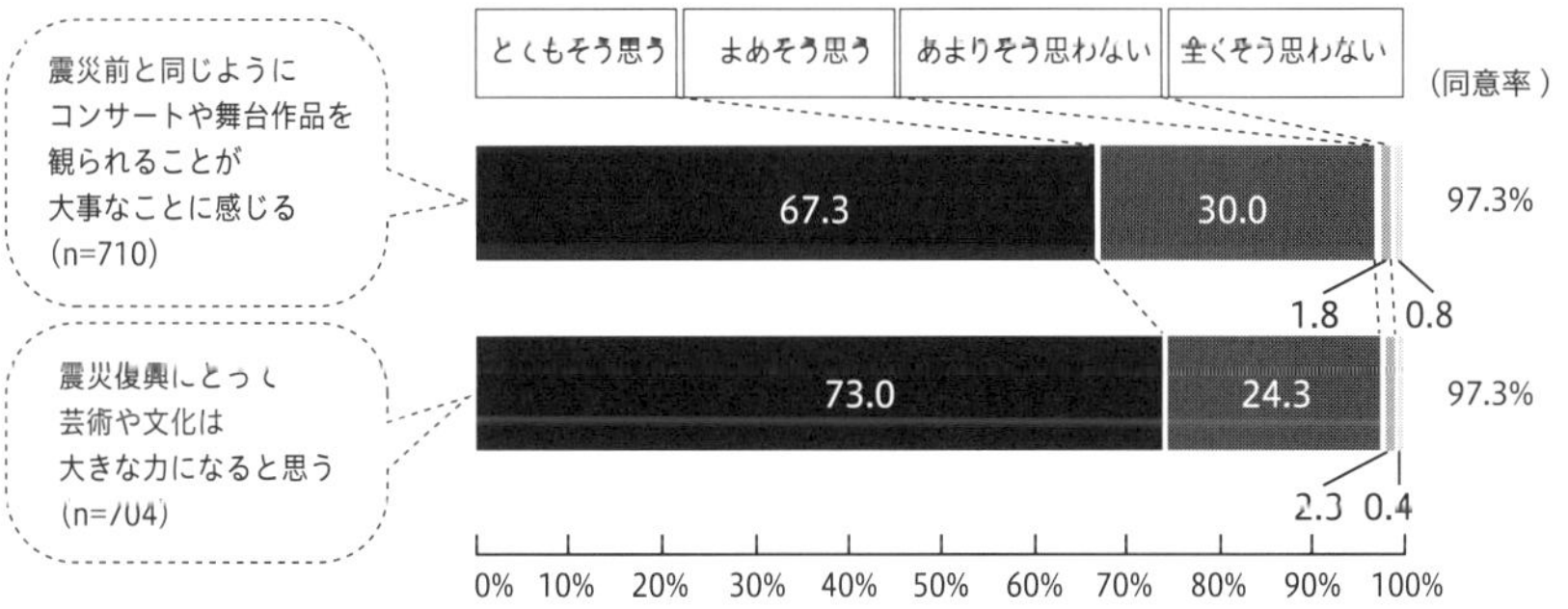

各図は無回答を除いて作成した（n は集計回答数）。
ニッセイ基礎研究所調べ

（注）同意率は「とてもそう思う」と「まあそう思う」の合計。

ちの人と交流ができる場です。今後もそのような場であり続けてほしい」「人と人との繋がりの中心にいてほしい」「芸術・文化は力を持って人の心を動かすと確信します。その中心となるアリオスに期待しています！」

「芸術は、人が生きるために絶対条件ではありませんが、〝生きる喜び〟につながる、とても大事なものであると思います。震災前に、このような素晴らしいホールができあがったことを、神に感謝したい」「永遠に存在させなくてはならない芸術のセンターとなることを期待する」「決してアリオスをなくしてはならない」

市民のパートナーとしてのいわきアリオス

これらの回答からは、震災で芸術文化の力を再認識し、それを市民に届けるいわきアリオスへの期待の大きさが伝わってくる。同時に、芸術文化に親しみ、人と人とが交流する拠点として存続していくことをいわき市民は熱望している。

それは、開館以来いわきアリオスがめざしてきたことと重なる。アリオスと市民の思いが震災を経てより近づいたのだ。その結果アリオスは、芸術文化の力でともに復興に取り組む市民のパートナーになったのではないだろうか。

アンケートの結果はそれを浮き彫りにしている。

3　文化に託された試練と未来

ニッセイ基礎研究所 主席研究員・芸術文化プロジェクト室長　吉本光宏

震災復興と文化。一体何を語れるのだろうか。自分にその資格はあるのだろうか。

本書の座談会の事前取材も兼ね、2012年2月上旬、八戸、盛岡、気仙沼、仙台、水戸を回った。関係者の方々に話を聞いた後の率直な思いだ。

日常の中に続く被災と文化による復興

大震災から間もなく1年になろうとしていた。復興になにがしかの進展が見えているのではないか。期待は気仙沼沿岸の風景によって見事に打ち砕かれた。そんな甘い見込みを抱いている自分が、恥ずかしくもなった。地盤沈下であたり一帯は海水で覆われ、うず高く積まれた車両の残骸は茶色く錆び付いたままだった。

そして、終わりの見えない原発事故。「一見平常に戻ったようでも、被災は日常の中で続いていています。洗濯物を日向に干すこともできないし、子どもたちを外で遊ばせることもできません」。〝アートおどろく いわき復興モヤモヤ会議〟で、市民の1人が発した言葉が、今でも耳から離れない。私を含め、東京で電力を使う誰もがこのことと無関係ではない。いや、日本に住むすべての人も同様だ。それは、私たちが作り上げてきた現実であり、そのことに一人ひとりはあまりにも無力である。

それでも、震災直後から「文化による復興」を訴える声は少なくなかった。

芸術や文化にはたしかに復興を後押しする力がある。被災で固まった気持ちをほぐし、希望や生きる活力を与えてくれるからだ。人間は衣食住だけでは生きていくことができない。震災からの復興に芸術や文化が欠かせない、と思えるのはそのためである。先のいわきアリオスのアンケート結果は何よりもそれを物語っている。

しかし、それだけが文化や芸術の持つ力のすべてではない。アーティストならではの創造力や発想力が、ユニークな復興プロジェクトを生み、芸術に携わる人たちの想像力や感受性が、見落としがちな現実に光を当て、アートならではの支援活動に結びついていく。
3月11日以降、多くのアーティストやNPOは、がれきの片付けや泥かきのボランティアに汗を流した。そして、アートにできることを模索し、行動した。(11)

アートならではの被災地支援

たとえば「プロジェクトFUKUSHIMA!」福島県出身の演奏家/作曲家の大友良英《おおともよしひで》さんが、原発事故の終わらない福島を世界の希望の土地へ、という思いを込め、同じ福島県出身の詩人・和合亮一《わごうりょういち》さん、音楽家・遠藤《えんどう》ミチロウさんといっしょに立ち上げたプロジェクトである。2011年8月15日に福島市で開催された音楽フェスティバルには、1万3000人が参加した。

メイン会場となった四季の里は一面芝生の広場。放射線量は基準値以下だったものの、子どもや参加者の心配を払拭するため、6000平方メートルの公園全体を覆う「福島大風呂敷」が製作された。全国から風呂敷やシーツなどの布地を募集し、ボランティアのお針子さんの手によって広大なパッチワーク模様の風呂敷が完成、会場に敷き詰められた。

不名誉な形で世界に知られた〝FUKUSHIMA〟をポジティブな言葉に変えていく。そのため、詩や音楽のワークショップ、放射線の勉強会、インターネット放送などを通じてFUKUSHIMAの断面を今後も発信し続けるという。

この原稿を書いている最中に、アーティストの開発好明《かいはつよしあき》さんから「政治家の家 3月15日も忘れない」というメール(12)が届いた。彼も、震災後にデイリリー・アート・サーカスというプロジェクトを展開。兵庫県を出発点にトラックにソフト彫刻などの作品を積み込んで被災地を回り、子どもたちにアートで元気を届ける活動を実施してきた。

11　震災直後の動きは、企業メセナ協議会「メセナ note69号、緊急特集＝東日本大震災、文化をめぐる動き」に詳しい。
東京の3331 Arts Chiyoda では、2012年3月、「『つくることが生きること』東日本大震災復興支援プロジェクト展」を開催。アーティスト、建築家、デザイナーなど約80組のプロジェクトが紹介された。

プロジェクト FUKUSHIMA!
200人による即興オーケストラ

その開発さんが、3月15日、福島第一原発から20キロの南相馬市原町区に「政治家の家」と大書した看板付きの小さな小屋を設置するという。政治家こそ原発事故の現場を間近に見るべきだ、というアーティストならではの痛烈な社会批評だ。しかしそこには、彼の熱い願いが込められている。3回目の水素爆発が起こった3月15日が世界最後の原発事故になってほしい、と。

津波で壊滅的な被害を受けた宮城県南三陸町では、〝生きる〟博覧会２０１１が開催された。「きりこ」と呼ばれる切り紙に、人々の思い出や物語を刻みながら、再生に向けて町民の心をつなげていこうというプロジェクトである。震災から2カ月目に当たる5月11日には、南三陸町民が志津川湾に向けて思いを寄せる黙祷集会が開かれた。ギタリストの佐藤止《さとうまさ》隆《たか》さんの演奏と声楽家の鈴木美紀子《すずきみきこ》さんの歌声の中、一人ひとりがキャンドルを灯し、かけがえのない命を奪った海と向き合った。その様子は、震災で町を離れた町民の集う避難所にも、ユーストリームで同時中継された[13]。

この活動を主催するＥＮＶＩＳＩ《えんびし》の代表吉川由美《よしかわゆみ》さんは、震災後初めて南三陸に支援物資を届けた際、避難所で「せっかく来たんだから、泊まってったらいいっちゃ」と言われた。被災者が求めているのは決して支援されることではない、と確信したという。

第3部の座談会でも、サービスを提供する側と受け取る側を入れ替える、という話があった。復興の現場でも、支援する側とされる側という関係を超えて、文化によっていっしょに何かを作っていく、ということが重要なのではないか。吉川さんは、「南三陸町・未来を歌に」というプロジェクトを立ち上げ、震災後1年目の3月11日に向け、被災地の子どもたちといっしょに歌づくりに取り組んだ。南三陸町総合体育館で開かれた追悼式では、仙台市民交響楽団の伴奏で、子どもたち自身によって5つの歌が披露された。震災を乗り越えていこ

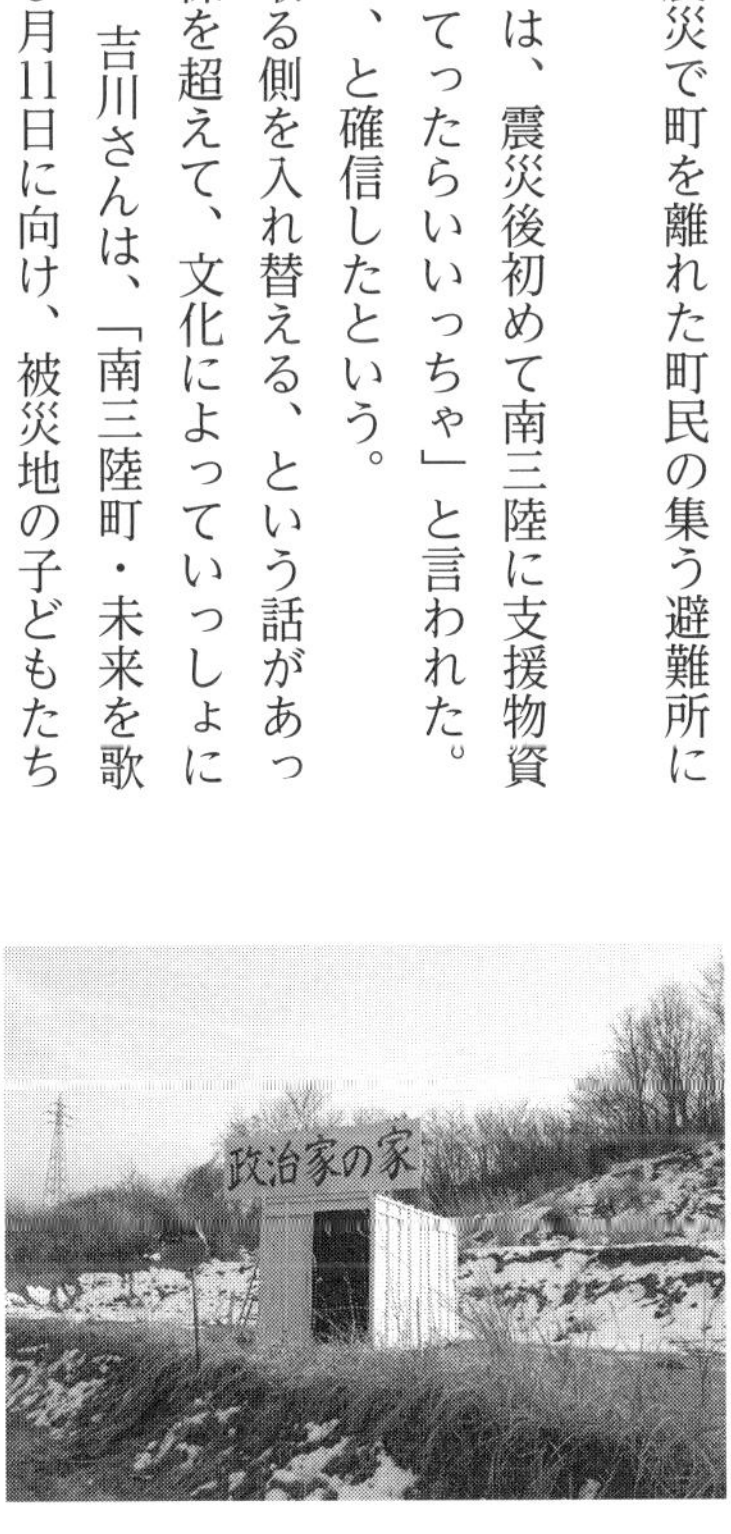

開発好明『政治家の家』

12 「3月15日に3回目の水素爆発によって、一挙に数百キロ圏内が放射性ヨウ素、放射性セシウムによって汚染され、多くの避難民を出してしまうことになりました。私はこの日が世界最後の原発事故になって欲しいと思い、3.11ではなく3.15世界原発デーとして開催することにしました。この家は、政治家の皆さんに是非現場で感じ、体験して頂くため設置させて頂きました」

うという強い希望に満ちた歌に、2700人の参列者はみな心を動かされたという。

打撃を受けた文化施設と避難所としての可能性

被災地の文化施設は震災によって大きなダメージを受けた[14]。一方で、避難所として機能した会館も少なくない。全国公文協の調査では2011年3月から4月にかけて6県で21館が避難所となっている。実は劇場・ホール施設には避難所として好都合な点がある。近年の施設は耐震、免震構造で自家発電装置を備えているからだ。地域一帯が停電になっても、テレビ、ラジオで情報が入手できる。八戸ポータルミュージアム「はっち」のように携帯電話の電源を提供することも可能だろう。

重要なのはスタッフの対応だ。舞台スタッフは、劇場備え付けの器材を巧みに使い、被災者に少しでも居心地の良い環境を速やかに整えられる。停電で真っ暗になった中、非常電源の明かりを頼りにやってきた市民に対し、「フロントスタッフは思わず『いらっしゃいませ』と言ってしまうんです」と話してくれたのは水戸芸術館の丹羽麻里子《にわまりこ》さんだ。

文化施設の運営で培われたホスピタリティは、被災した市民を温かく迎え入れるのにも有効だ。水戸芸術館はアーティストのために用意しておいた飲食物や近隣の店舗からの差し入れを被災者に提供し、八戸はっちは周辺の飲食店街の協力で温かくて美味しい食べ物を用意できた、とも伺った。

避難所は、文化施設の日頃の殻を打ち破る機会にもなる。避難所になった途端、芸術文化への興味に関係なく、すべての市民に開かれた場所になるからだ。初めて施設に足を踏み入れる人もいるだろう。そうした人々に対して、ホールや劇場が自分たちのまち

「ファイト！南三陸」
作詞作曲　伊里前小学校４年１組

水くみ　手伝った
支援物資　運んだ
みんなのごはん　作った
みんなでがれき　かたづけ
少ない食料　やりくり

がれきは重い
水も重い
みんなで力合わせた

仕事場なくなった
負けずにお店つくった
がんばりはたらきだした
流れた船　ひっぱった
シロウオ　サケ　とった

ホヤ　カキ　ワカメ
種を入れた
みんなで力合わせた
みんなで力合わせた
みんなで力合わせた

「南三陸町・未来を歌に」で熱唱する子どもたち
(Photo：浅田政志)

にあってよかった、と思ってもらえることは大きい。

文化施設の底力

被災地の文化施設の多くが、施設や設備の損傷によって事業の再開に躊躇する中、いち早く被災者向けのサービスや公演を敢行したホールもある。

仙台市の南約30キロメートルに立地する仙南芸術文化センター（えずこホール）だ。震災直後の3月13日から3日間、避難所の大河原町総合体育館で、ストレッチやマッサージ、コミュニケーションゲームなど、被災者の体と心をほぐす活動を行った。震災前から長期滞在していた劇団山の手事情社の俳優、岩淵吉能《いわぶちよしのぶ》さんの協力で実現したものだ。そして、震災から1カ月後の4月12日には、劇団二兎社《にとしゃ》の「シングルマザーズ」の公演も実施した。3月11日の東京芸術劇場での公演をはじめ、各地で中止を余儀なくされた作品である。

劇団を主宰する劇作家・演出家の永井愛《ながいあい》さんは、えずこホールも中止だろうと思っていたところ、ホール所長の水戸雅彦《みとまさひこ》さんから公演を実施したいという連絡を受ける。ガソリンの入手もままならない中、永井さんは東京から車を飛ばして駆けつけた。「上演できる状況があり、劇場にやりたいという意向があるなら、喜んでお伺いします。公演料はいりません。無料公演で被災者の皆さんも招待しましょう」となった。

県内のほとんどの店がシャッターを閉ざし、ガソリンスタンドに長蛇の列が続いていた時期だ。それでもチケットは1日でなくなり、避難所からの被災者も訪れた。屋外の庭園には、鎮魂と希望の思いを込めて311本のキャンドルが灯された。公演は観客にとっても出演者にとっても忘れられないものになったはずだ。このえずこホールの英断に、県内の多くの文化施設が勇気づけられたという。

13　この模様は、「アートNPOエイド」のサイトに映像記録がアップされている。

14　全国公文協が、震災直後の3月17日から4月8日に青森県から静岡県の会員施設505館を対象に実施した調査によれば、通常通りの開館は126館、条件付きの開館は97館と両者を合わせても半数弱。6月から7月の追跡調査では、岩手、宮城、福島の3県で35館が再開未定と回答している。沿岸部の施設は、津波による流出（陸前高田市民会館）や1階部分の全損壊、浸水など深刻な被害を受けたが、ひび割れ、天井落下、漏水などの被害は東北だけではなく関東にも広がった。

被災地に立ち、まちの声を聴くこと

「民賃の方々が心配なんです」こう語るのはせんだい演劇工房10-ＢＯＸ《てんぼっくす》の八巻寿文《やまきとしふみ》さんだ。震災後に新しく建てられた仮設住宅ではなく、民間の賃貸住宅に入居する被災者は約８００世帯。そうした人たちを孤立から守る文化プログラムはできないだろうか、というのが彼の関心事だ。10-ＢＯＸは、宮城の舞台表現者たちを中心に立ち上げられ、表現を通して被災者の心のケアなどを行う「あるくと」[15]の拠点にもなっている。

「大震災の夜に見上げた満天の星空は忘れられない。普段見えないものの中にこそ、私たちが忘れてしまった豊かさがあることに気づかされたから」こう話してくれたのは、震災でパイプオルガンの落下など大きな被害のあった水戸芸術館の中川歩美《なかがわあゆみ》さんだ。緊急避難所の混乱の中での体験を胸に、再オープン後の演劇プログラムに取り組んでいる。

未知の表現を追求し、新たな価値を模索するアーティストたち。芸術や文化に携わる人たちは、彼らと仕事をすることで、物事の本質を見つめる力や他人の意見に惑わされない判断力が養われ、柔軟性や機動力が鍛えられる。震災復興の現場にはなくてはならない能力だ。

本書を読まれた方は、今からでも被災地を訪問し、現地の声に耳を傾けてほしい。被災の現場に立てば、皮膚感覚を通して何かを感じるはずだ。そこで生まれるであろう思索や葛藤、つまり、芸術や文化に何ができるのか、という問いかけが、これからの日本の芸術文化の姿勢を左右すると思えてならないからである。

民俗芸能の宝庫、東北

東北は郷土芸能や伝統的なお祭りの宝庫である。一説によればその数は1千にものぼるという。文化による復興を支援する企業メセナ協議会のＧＢＦｕｎｄ[16]はこれまで5回の助成を

15 ART REVIVAL CONNECTION TOHOKU（ARC＞T《あるくと》）は、避難所や学校、仮設住宅の要望に応じて、俳優やダンサーを派遣し、ストレッチ体操や朗読劇などを実施。被災した人々の声に耳を傾け、震災を語り継ぐような作品の創造も目指している。

えずこホールの屋外に灯された311本のキャンドル

行ったが、被災者自らの手で民俗芸能やお祭りを復興したい、という申請が急増している。
２０１１年６月の選考委員会では、岩手県内の鹿踊《ししおど》り保存会から団体名と連絡先しか記載のない申請書が届いた。事務局が確認の電話をしたところ、申請経験がなく記入要領がわからなかったことが原因だとわかった。「鹿頭《ししがしら》や鹿角《かづの》などの装束一式、太鼓や付属品の一切が津波で流出してしまった。代々続いてきた郷土芸能を再開させないわけにはいかない」という訴えに、選考委員会ではほとんど白紙の申請書への助成を決定した。

以降、お盆を直後に控えた８月の選考会も含め、これまでの助成件数89件のうち、郷土芸能や祭事への支援は31件にのぼる。こうした動きを受け、同協議会では震災で打撃を受けた地元の芸能や祭りの再興を助成する「百祭復興プロジェクト」を立ち上げた。ニューヨークに拠点を置き、日米の文化交流を推進するジャパン・ソサイエティも２年間で25万ドル（約２０００万円）の支援を決定している。

２０１２年３月、地域伝統芸能活用センターは、被災３県の３団体に特別賞を授与した。そのうちの一つ、釜石虎舞《とらまい》保存連合会が継承する釜石虎舞の由来は８３０年前に遡るという。第３部の座談会で坂田裕一さんが指摘したように、各地の公立文化施設は、こうした地域に根づいた文化にどれほどのまなざしを向けてきただろうか。あるいは、それと比肩できるほど地域や住民との関係構築に取り組んできただろうか。

２０１２年３月11日のいわきアリオス

大震災からちょうど１年目。その日に「いわきでつくるシェイクスピア」の舞台を見せていただいた。これは、いわきアリオスが２００８年の開館時から市民とともに取り組んできた事業である。２０１１年３月20日に予定されていた第４回目の公演は震災で中止になった。

16　企業メセナ協議会は震災直後の３月23日に臨時理事会を開催し、GBFund（東日本大震災芸術・文化による復興支援ファンド）を創設。①被災者・被災地を応援する目的で行われる芸術・文化活動、②被災地の有形無形の文化資源を再生していく活動、の二つを対象に助成している。2012年３月15日現在の寄附総額は6,116万円、助成決定総額は4,626万円、助成件数は89件。

中劇場での大石時雄支配人の挨拶に続き、2時46分に黙祷。その後、この事業のファイナルとなる第5回公演、シェイクスピアの「十二夜」が演じられた。この舞台に参加した市民は35名、昨年9月～11月の募集に応募した方々だ。震災後、それぞれの思いを持っての参加だったに違いない。でも、客席には笑いが絶えない。舞台に立つ市民の熱演にも目を見張った。シェイクスピアを心から楽しませてもらい、被災したいわき市民の舞台にかける思いに元気をもらった。

同じ頃、大ホールでは追悼集会「3・11いわき追悼の祈りと復興の誓い2012」が、音楽小ホールでは弦楽四重奏の演奏会が開かれていた。舞台が終わり、すっかり日が暮れた平中央公園には、市民が思いを込めた何百個ものキャンドルが灯されている。仮設ステージでは、沖縄市からやってきた久保田青年会のエイサーが披露され、いわきのじゃんがら念仏踊り(17)が続いた。聞けば、エイサーとじゃんがらはどこかでルーツがつながっているらしい。エイサーの招へいは、アリオス・プランツ！でいわきに関係ができた沖縄のアーティスト、林《はやし》僚《りょう》児《じ》さんの尽力で実現したという。

中劇場では市民による西洋演劇の舞台、小ホールでは室内楽、大ホールでは追悼集会、そして平中央公園では追悼のキャンドルイベントに東北と沖縄の伝統芸能の競演。演劇専用劇場と音楽専用ホールもある巨大な集会所、公園と一体となった運営、まさしくいわきアリオスのコンセプトどおりの姿だ。そこに集ったいわき市民の熱気は、文化からの復興を象徴するような光景だった。

次の日本に向けて

今回の震災は、明治維新や第二次世界大戦と同じように、日本に大きな変革を迫る試練と

2012年３月11日の
平中央公園といわきアリオス

17　いわき市に伝わる郷土芸能で、ドラ、太鼓を打ち鳴らしながら新盆を迎えた家などを供養して回る踊念仏の一種。

なるだろう。人口減少と高齢化がそれに追い打ちをかけている。「日本は、明治の『富国強兵』と昭和の『経済復興』の二度にわたり、従来から培ってきた独自の文化体系を壊してしまった」。こうおっしゃるのは資生堂名誉会長で企業メセナ協議会の会長でもある福原義春《ふくはらよしはる》さんだ。

明治以降、西欧諸国に追いつくことばかりが優先され、忘れ去られてしまった民俗芸能や日本固有の文化も少なくない。戦後は経済的な復興と高度成長に邁進し、文化はいつも二の次にされてきた。そして東日本大震災。復興はまだ緒に就いたばかりだ。住宅や学校、病院や福祉施設、交通やエネルギー等インフラの復旧は一刻を争う。経済や産業、生活の立て直しも不可欠だ。しかし、そのことで文化がないがしろにされるようなことがあってはならない。

大震災で壊滅的な打撃を受けた東北の芸能や祭りは、被災者の手によって力強く復興されつつある。私たちは、それが日本のかけがえのない財産であることを、被災地に教えられた。芸能や祭りは、人々の誇りや連帯を取り戻し、コミュニティの再生と地域からの復興を下支えしていく。

復興に欠かせない文化は伝統的なものだけではない。明治以降、日本に移入された西欧の芸術や文化は、すでに私たちの生活や社会の隅々に根を下ろしている。その中で自らの芸術表現を追求する現代のアーティストたち。彼らは、アートＮＰＯなどの手も借りながら、しなやかに被災地に入り、独自のアプローチで日本の危機に立ち向かっている。

地域の文化施設の役割も忘れてはならない。本書に登場したいわきアリオスや盛岡市中央公民館、せんだいメディアテーク、リアス・アーク美術館もまた、被災の現場で地域や市民と向き合いながら、復興への一歩を踏み出している。

文化と震災復興には二つのベクトルが存在する。被災地の文化や芸能を再生すること、そして、芸術や文化の力を使って復興を後押しすること、である。そこから文化を主軸に据えた新しいまちを創造していかなければならない。アーティストばかりでなく文化に携わるすべての人の力が問われようとしている。

文化からの復興。その先に次の日本の姿が見えている。

地域と文化を結ぶ「縁側」のような施設になりたい

まず、この本の出版についてご提案くださった、ニッセイ基礎研究所 代表取締役社長の竹原功氏に感謝しなければならない。パートナーであるニッセイ基礎研究所の吉本光宏氏の研究を通して、東北の中核都市の一つに過ぎないいわき市に誕生して間もない文化施設の活動に、竹原功氏が目を留めてくださらなかったならば、東日本大震災を受けてしばらくの間「営業停止」になったいわき芸術文化交流館アリオスの1年間と、被災者となってしまったいわき市民の活動がこんなにのびのびと語られ、整然とまとめられることはありえなかったに違いないからだ。このような稀有な機会を与えてくださったことへの感謝を、ひとことだけでもここに記しておきたい。

里山の民家には「縁側（えんがわ）」という場所がある。そこにつながる庭で男たちがモチをつき、つき終わったモチを縁側で女たちが千切って丸める。広々とした座敷で勝手に遊んでいた子どもたちは、アンコが入ったできたてホヤホヤのモチをかっさらって、女たちから手をたたかれないように走って逃げる。縁側は、家の中で生活をする人間が、家の外（自然）と仲良くするために造られた、優れた「装置」なのかもしれない。

いわき芸術文化交流館アリオスは、そんな「縁側」のようにありたい。文化施設と地域が仲良くするための、音楽や演劇といった舞台芸術と住民が仲良くなるための、お年寄りと子どもたちの心が離れないための「縁側」になりたい。そういった思いを抱いて、2008年、いわきの市街地に立ち上がった。

そして、順調なフライトを目指して快適に滑走路を走り始めた矢先に、2011年3月11日の朝を迎えた。金曜日だった。その日の午後、数え切れないほどたくさんの家族の別れが突然やって来た。アリオスの縁側が、56日間の避難所になった。
地震や津波によって逝った者にとっても残された者にも突然のことだったが、東北の被災地の人々はいずれ立ち上がって、避難所と仮設住宅と瓦礫のヤマに別れを告げて、美しい古里を取り戻すために力を尽くすだろう。それが東北人、日本人の「性（さが）」だから。被災地の惨状に心を揺さぶられて全国から集まったボランティアが誠意を持ってお年寄りに手を貸し、いっしょに汗も涙も鼻水も流している。そして、ともに声をあげて笑う。
この本の中には、東日本大震災以後の大人たちの姿が、がれきの光景といっしょに入っている。自然の脅威と人間の傲慢を目の当たりにした中で、未来をあきらめない東北人の存在があった。ぼくたちは、今、本物とまやかしを見分ける感性を問われている。ぼくたちは何を選ぶべきなのか、目を閉じてこころの声に耳を澄まそう。そして、いわきアリオスは再び前に出よう。いわき市民とつないだ手は、もう2度と離さない。

最後になってしまったが、インタビューにお答えいただいたいわき市民の方々、座談会にご協力いただいた各氏、そして編集面の先頭に立ってくださったニッセイ基礎研究所　経営企画部部長（広報担当）の廣渡健司氏、この本の出版の労をとってくださった水曜社さまにも心からのお礼を申し上げたい。

２０１２年７月

いわき芸術文化交流館アリオス

●見返し写真

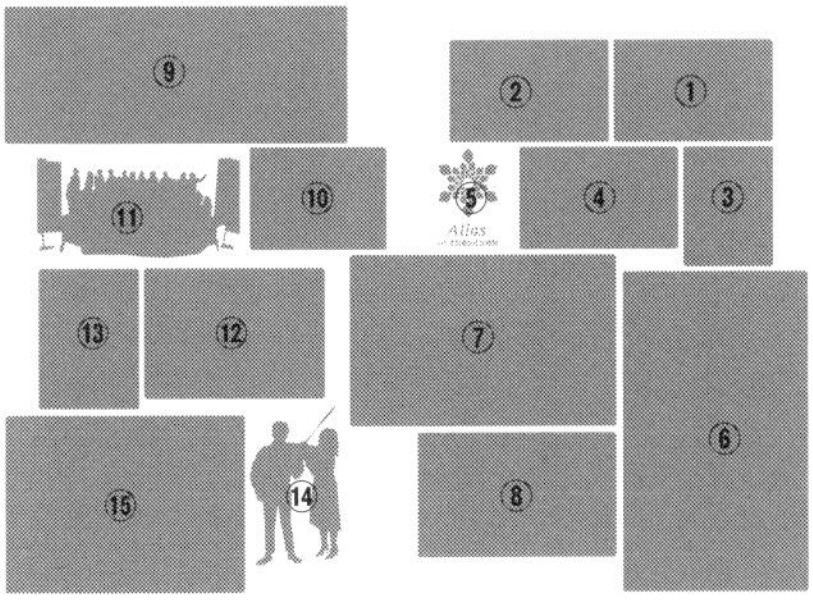

① いわき市出身のピアニスト、鈴木香保里さんによる小学校での「おでかけアリオス」
② いわき市の伝統芸能「じゃんがら念仏踊り」
③ 「あそび工房」で、子どもたちがフランス製のカプラブロックを使ったかまくらづくりに挑戦
④ 余震と原発事故の影響に苦しむ地区で実施した「おでかけ落語会」(2011年 7 月11日)
⑤ アーティストの石井竜也さんが手掛けた、いわきアリオスのシンボルマーク
⑥ 全館再オープン当日に開催されたシルヴィ・ギエム＆東京バレエ団「HOPE JAPAN」福島特別公演(2011年11月 1 日)
⑦ 「いわき文化復興祭」で賑わう平中央公園といわきアリオス(2012年 5 月13日)
⑧ 震災から 1 年の当日に上演されたいわきでつくるシェイクスピア「十二夜」(2011年 3 月11日)
⑨ いわき市出身の世界的指揮者・小林研一郎さんと日本フィルによる大ホールの再オープン記念特別演奏会(2011年11月20日)
⑩ 津波の被害が激しかった小名浜地区で開催した「0 さいからのコンサート」(2011年11月21日)
⑪ パーカッション奏者、渡辺亮さんとサンバとアートのワークショップ「OVO NOVO」参加者
⑫ バックステージツアー「たんけんアリオス」で舞台スタッフの仕事を体験する子どもたち
⑬ 原発事故の影響で外遊びができない子どもたちに遊び場を提供する「あそび工房」の様子
⑭ いわき出身のヴァイオリン奏者、常光今日子さんによる小学校での「おでかけアリオス」
⑮ 人形劇俳優たいらじょうさんによる市内幼稚園での特別公演

Photo：
④⑦⑩村井佳史、⑥⑨堀田正矩、⑧石川 純、⑪⑫⑬⑭⑮鈴木穣蔵

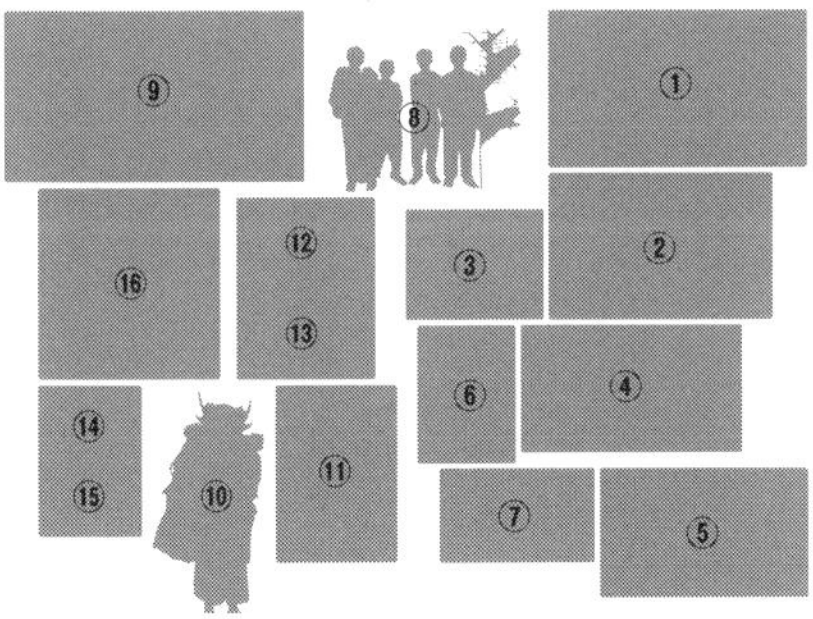

① 全国からの風呂敷やシーツで作られたコンサート会場の「大風呂敷」
②③ 南三陸町の“生きる”博覧会2011。行方不明者のいる海に初めて向き合った 5 月。8 月にはようやく渚に近づけた。
④⑤ 南三陸町・未来を歌に。歌づくりのワークショップ(伊里前小学校)と追悼式に参列した子どもたち。
⑥ リアス・アーク美術館では歴史民族系の展示に力を入れている
⑦ 市民の真摯な対話が続く「てつがくカフェ@せんだい」
⑧ 城山虎舞の復興、継承に取り組む子どもたち
⑨ 小鎚神社例大祭には、震災復興を祈願し町内の郷土芸能十数団体が一同に会した
⑩ 小鎚神社例大祭には子どもの元気な姿も
⑪ 津波で12団体の山車のうち1体だけが残された向河原虎舞の山車
(⑧⑨⑩⑪2011年9月、岩手県大槌町)
⑫ 黒森神社例祭における黒森神楽の権現舞(2011年7月)
⑬ 黒森神楽のシットギ(米粉)獅子による厄払いのお守り(2011年6月)
⑭ 日本初の軽自動車型ブックモービル
⑮ 絵本を受け取って喜ぶ子どもたち(岩手県野田村保育所)
⑯ 震災を契機に結成されたいわてフィルの音楽ワークショップ(釜石市立白山小学校)

写真提供
①プロジェクト FUKUSHIMA!
②③④⑤ENVISI
⑥リアス・アーク美術館
⑦せんだいメディアテーク
⑧⑨⑩⑪企業メセナ協議会 東日本大震災芸術・文化による復興支援ファンド(GBFund)
⑫⑬宮古市市史編さん室
⑭⑮3.11絵本プロジェクトいわて
⑯いわて文化支援ネットワーク

●執筆者一覧

大石時雄（おおいし ときお）第４部－１

いわき芸術文化交流館アリオス支配人。広告代理店勤務の後、伊丹市立演劇ホールの設立に参加。パナソニック・グローブ座（現・東京グローブ座）の制作担当を経て、世田谷パブリックシアター（東京都）、可児市文化創造センター（岐阜県）、いわき芸術文化交流館（福島県）の設立に参加。

大澤寅雄（おおさわ とらお）第２部－４、５、７

ニッセイ基礎研究所 芸術文化プロジェクト室 研究員。文化施設の管理運営計画等に携わった後、文化庁新進芸術家海外留学制度により、米国シアトル近郊で劇場運営の研修を経て2005年から現職。アートマネジメントや文化政策分野の調査研究に携わる。「これからのアートマネジメント“ソーシャル・シェア”への道（共著）」

塩澤誠一郎（しおざわ せいいちろう）第４部－２

ニッセイ基礎研究所 芸術文化プロジェクト室 研究員。住宅・都市問題研究所を経て2004年より現職。同年から、いわき芸術文化交流館アリオスの事業運営等に関する調査を担当。文化施設の開発・運営のほか、まちづくり、住まいづくりに関するコンサルタント業務、調査研究に携わる。

長野隆人（ながの たかひと）第１部

いわき芸術文化交流館アリオス広報グループ チーフ。1976年静岡県生まれ。クラシック音楽情報誌「ぶらあぼ」の編集とバレエ・ダンス情報誌「ＤＡＮＺＡ」の創刊に携わり、2007年からいわき芸術文化交流館アリオスに勤務。「200ＣＤ 鍵盤の覇者たち（共著）」など。

森隆一郎（もり りゅういちろう）第２部－１、２、３、６、７

公益財団法人東京都歴史文化財団東京文化発信プロジェクト室広報調整担当課長。ティアラこうとうなどの勤務を経て、2012年3月までいわき芸術文化交流館アリオスマーケティングマネージャー。2012年4月より現職。アサヒ・アート・フェスティバルの立ち上げにも携わり、地域とアートの関係性づくりを主なフィールドとする。

吉本光宏（よしもと みつひろ）第３部（進行・構成）、第４部－３

ニッセイ基礎研究所 主席研究員・芸術文化プロジェクト室長。社会工学研究所などを経て1989年から現職。文化施設開発やアートワーク計画のコンサルタントとして活躍するとともに、文化政策分野の幅広い調査研究に携わる。「再考、文化政策」「Insular Insight（共著）」「アート戦略都市（監修）」など。

●扉写真

第１部(p.11)　いわきアリオス館内の節電対策で登場した「アリオス水族館」で遊ぶ子ども
第２部(p.105)　平中央公園でのアリオス・プランツ！パークフェスに出展したケータリングカー
第３部(p.187)　岩手県大槌町の城山虎舞
第４部(p.247)　バックステージツアー「たんけんアリオス」に参加した子どもたち

Photo：鈴木穣蔵（第１部・第４部）、村井佳史（第２部）
写真提供：企業メセナ協議会 東日本大震災芸術・文化による復興支援ファンド（GBFund）（第３部）

●写真提供にご協力いただいた方々

第１部　日々の新聞社／日経アーキテクチュア
第２部　インディアン・ヴィレッジ・キャンプ／三函座リバースプロジェクト／地域活性プロジェクトMUSUBU／豊田善幸
第３部　せんだいメディアテーク／リアス・アーク美術館／いわて文化支援ネットワーク／3.11絵本プロジェクトいわて／宮古市市史編さん室
第４部　プロジェクトFUKUSHIMA!／開発好明／ENVISI／仙南芸術文化センター（えずこホール）／福島県いわき地方振興局 復興支援・地域連携室

文化からの復興
市民と震災といわきアリオスと

2012年7月30日　初版第一刷

編著者　ニッセイ基礎研究所
いわき芸術文化交流館アリオス

発行者　仙道弘生

発行所　株式会社 水曜社

〒160-0022

東京都新宿区新宿1-14-12

TEL 03-3351-8768

FAX 03-5362-7279

URL www.bookdom.net/suiyosha/

デザイン　長尾敦子（長尾事務所）

フォーマット制作　山口華代（長尾事務所）

印　刷　亜細亜印刷株式会社

ISBN978-4-88065-296-2 C0030

大漁

日本大震災犠牲者之霊
ご来賓席

ONE FOR ALL, ALL FOR ONE
宮城